JN059176

シリーズ みんなで育てる家庭養護 里親・ファミリーホーム・養子縁組

ネットワークによる フォスタリング

編集代表 相澤 仁

編集 渡邊 守・長田淳子

明石書店

シリーズ刊行にあたって

　里親家庭で暮らした経験のある人が、当時をふりかえり「手をかけること、手をつなぐこと、手を出さないこと、などなど。野の花のような里親さんの手は、私に長い人生を歩んでいくための生きる力を育んでくれたに違いありません」と語ってくれています。家庭養護のもとで暮らした経験のある多くの子どもたちは、里親家庭やファミリーホームなどにおける養育支援を通して、同じように生きる力を育み人生を歩んでいます。

　未来を担うかけがえのない子ども一人ひとりが心身ともに健やかに成長発達し、健幸な人生を送ってもらうことを願い、家庭の中に受け入れ、養育支援する里親・ファミリーホームなど、家庭養護は極めて重要なシステムです。

　周知のとおり、2016（平成28）年の児童福祉法の改正により、子どもが権利の主体であることが明記されました。また、国および地方公共団体の責務として、家庭において養育されるよう保護者を支援するとともに、それが困難や適当でない場合には家庭と同様の環境（里親、ファミリーホーム、養子縁組）における子どもの養育を推進することになり、家庭養護優先の原則が法律上に規定されました。

　この改正法の理念を具体化するため、厚生労働省に設置された検討会で「新しい社会的養育ビジョン」がとりまとめられ、里親への包括的支援体制（フォスタリング機関）の抜本的強化と里親制度改革、永続的解決（パーマネンシー保障）としての特別養子縁組の推進、家庭養育優先の原則の徹底と年限を明確にした取組目標など、その実現に向けた改革の工程と具体的な数値目標が示されました。

　これらを受けて、都道府県においても「社会的養育推進計画」を策定し、家庭養護の推進に取り組んでいます。こうした抜本的な改革が行われたにもかかわらず、それを実践していくための里親、ファミリーホームおよびそれを支援する関係機関・関係者などに対する総合的なテキストは出版されていないのが現状です。

　このシリーズでは、こうした制度改正などの動向を踏まえ、里親、養親および支援する関係機関・関係者を対象の中心に据えた、実践に役立つ、子どもとともに学び、ともに生活し育ちあう、といった臨床的視点を入れた養成・研修のテキストとして作成しました。これまでの子どものケアワーク中心の個人的養育から、今後目指すべき方向性としての親子の関係調整などを含めた関係機関との連携によるソーシャルワーク中心の社会的養育を基本に据えた、子どもの権利擁護や子どものニーズに合った実践のための基本的な考え

方・あり方について言及し、里親、養親および関係機関・関係者による養育や支援の一助となることを目的として作成しました。

　具体的に言えば、里親家庭やファミリーホームなどで生活する子どもやその家族とかかわる方々に、子どもを健全に育成するには、自立を支援するには、あるいはその家族を支援するにはどのようにかかわればいいのか、そのために地域や関係機関とどのように連携・協働すればいいのか、その一助となるために作成しました。

　実践において迷ったり、考え直したいときなどは、ぜひともこのシリーズを開いてみてください。子どもや家族とのかかわりにおける悩みや迷いを解決するためのヒントが得られることでしょう。どうぞ、このシリーズを、みなさんが家庭養護を必要としている子どもの健全育成や自立支援およびその家庭支援について、深く検討していくための資料として活用してください。

　当然のことながら、子どもの健全育成や自立支援およびその家庭支援をするために必要な内容がすべて網羅されているわけではありませんので、当事者である子どもはもとより、里親、ファミリーホームおよび関係者のみなさんのニーズにお応えできない面もあります。

　あくまでも参考書のひとつですので、みなさんが里親家庭やファミリーホームで生活している子どもやその家族とよりよいかかわりをするためにはどのように対応したらいいのか、それについて検討するためのしくみや基本的な考え方・ポイント、実践上のヒント、エピソードなどについて提供しているものです。その点について十分に認識のうえ、ご理解、ご活用ください。

　このシリーズが、研修テキストなどとして活用され、里親家庭やファミリーホームなどで暮らす子どもの健全育成や自立支援について考えるための契機となれば幸いです。

　最後になりましたが、本シリーズの刊行にあっては、編集・執筆全般にわたってご指導をいただいた編集委員の方々をはじめ執筆者の方々はもちろんのこと、本シリーズの刊行をご快諾いただき、刊行全般にわたりご教示いただいた明石書店の方々、深澤孝之氏、辛島悠氏、ならびにご協力いただいた方々に、この場を借りて心より深謝申し上げます。

編集代表　相澤　仁

はじめに

　このシリーズ刊行が企画された時には、私たちの生活様式がこれほどまでに変化を求められるようになるとは想像もしていませんでした。思いかえせば、"社会的養育"も今日のような方向性になるとは、十数年前までは多くの方が想像もしていなかったのではないでしょうか。以前は、養育里親制度などの家庭養育は子どもの育ちの選択肢として今日ほど期待されてはいませんでしたし、「フォスタリング」という言葉もなければ、関係機関の「協働」が質の高い家庭養育には不可欠だという理解も薄かったように記憶しています。

　「里親制度はこの国にはなじまない……」といった先入観は、完全にとは言わないまでも、過去のものになりつつあるように思います。そのことからも分かるように、私たちは変化を重ね続けていて、これからも子どもの多様なニーズに応えるため新たな変化を重ねていくことが求められています。

　この巻の執筆に携わってくださったのは、里親養育やファミリーホームがこの国の子どもとその家族のニーズに応えられることを、これまで変化を積み重ねることで示してきた方々です。大先輩の里親の方々の多くが、児童相談所と里親家庭というほとんど二者間で里親養育を実践してこられた頃には考えられないほど、多くの機関が今日の家庭養育を支えていることを本書では記しています。児童相談所の役割が重要であることに変わりはありませんが、里親支援専門相談員やフォスタリング機関などの民間機関、そして子どもが育つ市町村との協働の重要性についても、読者のみなさまには新しい視点として理解を深めていただけることを期待した内容になっています。異なる立場と専門性に加えて、文面に表されているそれぞれの個性を読者のみなさまにぜひ味わっていただきたいと願い、章ごとの書きぶりの違いに必要以上に編集を加えないようにしました。同時に、個性の中に、包括的な支援体制の重要性、フォスタリング事業だけにとどまらない多様な協働について、同じビジョンが共有されちりばめられていることが読者のみなさまにも伝わると期待し編集しました。

　ケアワークとソーシャルワークの協働は、これからも変化の積み重ねによってさらに充実していくでしょう。子どもの実親家庭との協働や地域社会との協働もそれ以上に充実が

求められます。この巻が、これからそれらの重要な変化をつくりだすソーシャルワークの担い手のお役に立てるようにと心から願っています。

2021年7月

渡　邊　　守

目　　次

第1部　フォスタリング

第1章　児童相談所・フォスタリング機関等による包括的支援

第2章　民間フォスタリング機関による包括的支援の実際

第3章 求められている里親等の役割

第II部 チーム養育と質の向上

第4章 チームによる養育

第5章 里親等人材養成及び研修・研究のあり方

第9章 委託一時保護による連携

第10章 市町村との連携

第11章 要保護児童対策地域協議会との連携

第12章 児童家庭支援センターとの連携

■**コラム** 全国里親会と全国児童家庭支援センター協議会との相互支援協定について

第13章　児童福祉施設・自立援助ホーム等との連携

第14章　教育・医療・保健・司法機関との連携

第15章　里親会との連携

第16章　当事者活動と連携

第 1 部

フォスタリング

第1章

児童相談所・フォスタリング機関等による包括的支援

Key Word

フォスタリング機関／包括的支援／リクルート／申請／登録

1. 児童相談所とフォスタリング機関の役割とその業務

❶ フォスタリング機関とは

　2016（平成 28）年の児童福祉法等の一部を改正する法律（平成 28 年法律第 63 号）において、子どもが権利の主体であることが位置づけられるとともに、子どもの家庭養育優先原則が明記された。また、都道府県が行うべき里親に関する業務（フォスタリング業務）が具体的に位置づけられた。

　フォスタリング機関とは、「一連のフォスタリング業務を包括的に実施する機関」をいう。本来は都道府県（児童相談所）がフォスタリング業務を行うべきところであるが、民間機関に委託することが可能となっており、都道府県知事から一連のフォスタリング業務の包括的な委託を受けた民間機関を「民間フォスタリング機関」という。民間機関にフォスタリング業務を委託する場合は、児童相談所と民間機関が連携して業務にあたり、継続的で質の高い支援を目指すこととなる。また、それについては、2018（平成 30）年 7 月に厚生労働省より出された「フォスタリング機関（里親養育包括支援機関）及びその業務に関するガイドライン」によって示されている。

❷ 民間が担うフォスタリング機関の役割

　先にも述べたように、都道府県は、行うべき里親に関する業務について民間機関へその事務の全部または一部を委託することができる。都道府県は民間機関へ委託する場合でも、フォスタリング業務全体の最終的な責任は都道府県（児童相談所）が負うことを忘れず、フォスタリング業務全体の把握を行い、民間機関との連携を密にしながら進めることが求められる。そうしなければ、業務が分断され、「行政と民間機関のそれぞれの強みを活かし合う」ことができず、里親と子どもを支えるチーム連携の成り立ちを困難とさせてしまう。特に、児童相談所および民間フォスタリング機関が中心となって、マネジメントを行い、関係機関のコーディネーターとなることで、里親家庭を支える他機関連携がバランスをとることができるのである。

　民間フォスタリング機関は、NPO 法人、児童福祉施設、児童家庭支援センター、里親会等、それまでの取り組みや地域性を踏まえ、その地域においてフォスタリング業務を担うに適した団体がその業務を行うことが望まれる。

　フォスタリング機関を民間機関が担うメリットとして「民間ならではのリクルート手法」および「支援の専門性とその蓄積」「施設機能の活用」等が述べられることも多い。

もちろんそういった点が民間機関が担う強みであることは言うまでもない。しかし、都道府県（児童相談所）や民間機関を問わず、「里親家庭への支援」の専門機関として、専従担当者が他業務に追われず、継続的に里親家庭と子どもにかかわるさまざまな業務を安定的に担い、関係機関とのコーディネート機能をいかに持つかが、「フォスタリング機関」を担う機関に求められている。

❸ フォスタリング業務とは

　厚生労働省は、フォスタリング業務の目的を、「より多くの里親を開拓し、里親との確かな信頼関係を基盤に、里親の持つ養育能力を十分に引き出し、伸ばすことで、質の高い里親養育を実現し、維持すること。さらに、里親と子どもが、地域社会の偏見や理解不足のために孤立することのないよう、関係機関による支援のネットワークを形成し、地域社会の理解を促進することで、子どもの最善の利益の追求と実現を図ることにある」としている。

　また、フォスタリング業務の定義を、「里親のリクルート及びアセスメント、里親登録前後及び委託後における里親に対する研修、子どもと里親家庭のマッチング、子どもの里親委託中における里親養育への支援、里親委託措置解除後における支援に至るまでの一連の過程において、**子どもにとって質の高い里親養育がなされるために行われるさまざまな支援である**」としている。

　具体的には、以下のような業務がフォスタリング業務にあたる。

① 里親のリクルート及びアセスメント
② 登録前の里親希望者、登録後・委託後における里親に対する研修
③ 子どもと里親家庭のマッチング
④ 里親養育への支援
⑤ 里親家庭委託中の子ども及び解除後の若者に対する自立支援
⑥ 里親家庭委託中の子どもとその家族に対する交流・家庭復帰等支援
⑦ 里親制度の普及啓発（地域や関係機関等理解と啓発）

（長田淳子）

2. 里親候補者のリクルート活動

❶ 里親候補者のリクルートとは

　"リクルート"という言葉は、一般的には新兵を募集する際に使われたり、就職や求人の際にイメージされたりするものであって、子どもの健やかな育ちに貢献する社会的養育の現場では、聞き慣れないまたは使い慣れないものかもしれない。長年にわたり里親制度に携わってきた専門職や関係機関の方々、そして何十年も里親として養育を担ってこられた方々にとって、おそらく「里親候補者をリクルートする」という表現はなじみ深いものではないだろう。

　里親養育は"やりがい"や"喜び"ばかりではなく悩みや苦労も少なくない。その里親の候補者が現れるのを待つのではなく、里親になることを考えてくださる候補者の方々を地域社会の中から積極的に発掘し登録まで導く働きを「里親候補者のリクルート」という。これまでも、全国、各自治体、そしてさまざまな関係機関で里親制度の広報啓発活動は行われてきた。しかし、「広報啓発活動」＝「里親候補者のリクルート」ではない。この広報啓発のゴールは言うまでもなく"知ってもらうこと""伝えること"であって、リクルート活動の入り口の役割を果たしている。リクルート活動は、"知ってもらう"ことを通過点とし、短期～長期にわたって、子どもの委託につながる里親候補者を地域社会から多く発掘し、里親登録まで導くことをゴールとする。

❷ リクルート活動の重要性

　リクルート活動が重要であることの理由は主に2つある。

　まず、積極的に里親候補者を獲得するための活動の必要性がその1つだ。里親になるために特別な資格が必要になるわけではない。同時に誰でも里親になれるわけでもない。里親になるということは個人の義務でも権利でもない。一方で、里親になる人がいなければ里親制度は成り立たない。里親制度そのものがほとんどの人々に知られていない現状で、待っているだけでは里親候補者を子どものニーズに応えられるほど多く獲得することはできない。積極的な里親候補者獲得のためのリクルート活動は、里親養育を子どものニーズに応えるための選択肢として質・量ともに十分に機能させるために不可欠である。

　もう1つは、リクルート活動の段階から包括的支援に必要な信頼関係を築くことの重要性だ。リクルート活動は、里親候補者を"ふるい落とす"作業ではない。むしろ、里親という「生き方」を可能性のある候補者に選んでもらう活動でなければならない。里親制度

の詳細がほとんど一般社会で知られていない中、ガイダンスもトレーニングも受ける前の段階から、里親養育の意義や子どもの人権や福祉について十分に理解している候補者を期待するのではなく、リクルート活動に問い合わせをしてきた最初の一歩から、支援を担う機関と共に学び成長し成功体験を積み重ねることが、子どもが委託された後のケアワークとソーシャルワークの協働につながっていく。

　この2つの理由から、広報啓発の枠を超えて、リクルート活動を重要視しなければならないことがわかる。

❸ 具体的な取り組み

　リクルート活動の分かりやすい成果は、里親制度や里親になることについての問い合わせ件数が増えることだろう。そのための具体的な取り組みが「フォスタリング機関（里親養育包括支援機関）及びその業務に関するガイドライン」に示されているのでここで紹介したい。

　　・ポスターの掲示
　　・チラシ、リーフレットの配布
　　・ポスティングの実施
　　・車内広告の実施
　　・テレビ・ラジオにおける番組や広告の放映
　　・インターネット（ホームページ、SNSなど）を活用した情報発信
　　・市政だより及び回覧板の活用
　　・雑誌、フリーペーパーへの記事掲載
　　・街の身近な場所で気軽に説明を聞くことができる場の設定

　他にも、ユニークな取り組みが草の根レベルで実践されていると思われる。

　一方で、最も効果的なリクルートの方法は、身近な存在が里親（または経験者）でそこからの口コミだといわれている（Sebba 2012）。つまり、発信して問い合わせ件数を増やすだけではなく、里親を経験した市民が自らの経験をポジティブに身近な人々に勧められるような充実した支援を整えることが将来的には最も効果的なリクルート活動だとも考えられる。

3. 申請から登録まで

　フォスタリング業務を民間が担う自治体も少しずつ増えてきて、リクルートから委託後の支援までを行政機関以外が担う地域もあるが、里親として養育するには、例外なく、都道府県または政令都市等の里親として登録されなければならない。そして、登録に至るまでに、大きく分けて以下の3つのプロセスが必要になる。

図1-1　里親登録に至るまでの3つのプロセス
出所：厚生労働省（2018）『里親制度（資料集）』より。

　この3つのプロセスに加えて、ガイダンス（里親になることについての簡単な説明）、初回訪問、基礎研修、登録前研修、実習等が、里親登録を希望する候補者には必要になる（これらに加えて、児童相談所の所長面接を行うところもある）。一時的に保護された子どもの養育を担う養育里親と、保護された子どもの養育だけでなく法律上の親子となる養子縁組里親は、子どもと里親家庭のニーズが異なるが、この2つを申請から登録まで同じくしている自治体もあれば、別々に分けているところもある。

　また、一般世帯から希望者を候補者として募る養育里親と養子縁組里親とは異なり、特定の要件を満たす場合のみ申請できる "専門里親" と "親族里親" については、本巻第3章2と3で詳しく紹介されている。

❶ 登録申請

　登録申請のタイミングは都道府県（政令市等含む）によって異なる。候補者が、ガイダンスと初回訪問を終えて研修に入る前に申請書を提出するところもあれば、研修を終えて実習前のところ、そして実習後に申請書を提出するところもある。児童福祉法では "里親" を「要保護児童を養育することを希望する者」としている。つまり、申請するタイミングが異なっても里親になることを希望するという意思を示す行為として、必ず申請が必要になる。

❷ 家庭訪問・調査

「要保護児童を養育することを希望する者」であれば、誰でも里親になれるわけではない。都道府県知事が都道府県児童福祉審議会（以下、審議会）の意見を聴き適当だと判断された候補者が里親として登録される。その審議会の構成員へ、各候補者についての家庭を訪問し、里親として認めるにふさわしいかどうか調査して報告するのは、児童相談所（民間フォスタリング機関の場合もある）の役割となる。

❸ 児童福祉審議会からの意見聴取

都道府県知事が里親候補者を登録認定するにあたり、審議会において全ての候補者について国が定める要件を満たしているかどうかの聴取がなされる。その要件は以下のとおり。

① 要保護児童の養育についての理解及び熱意並びに児童に対する豊かな愛情を有していること。

② 経済的に困窮していないこと。

③ 都道府県知事が行う養育里親研修を修了していること。

④ 里親本人又はその同居人が次の欠格事由に該当していないこと。

ア 禁錮以上の刑に処せられ、その執行を終わり、又は執行を受けることがなくなるまでの者

イ 法、児童買春・児童ポルノ禁止法（児童買春、児童ポルノに係る行為等の処罰及び児童の保護等に関する法律）又は政令第35条の5で定める福祉関係法律の規定により罰金の刑に処され、その執行を終わり、又は執行を受けることがなくなるまでの者

ウ 児童虐待又は被措置児童等虐待を行った者その他児童の福祉に関し著しく不適当な行為をした者

実際には、これらの要件に、独自の要件を加えている自治体もある。また、審議会を毎月開催している自治体もあれば、年2〜3回開催のところもあり、申請と審議会のタイミングが合わないと里親になることに興味をもってから登録までの期間が長くなることもある。

（渡邊 守）

4. マッチングから養育支援

　ここでは、マッチングから養育支援の流れの中での留意点等についてポイントを絞って触れておきたい。中途養育からの養育および支援については、第4巻により詳しく書かれており、そちらも参照していただきたい。

❶ マッチング

　マッチングとは、子どもの年齢や個々のニーズに合わせて、里親家庭を選ぶ過程である。①子どもの発達等ニーズ把握、実家庭の状況、家庭復帰についての見通しなどの包括的アセスメント、②子どものニーズに合った里親家庭の選定、③子どもと里親家庭の状況を踏まえたチーム養育体制の支援計画、等を踏まえることが重要となる。

　また、以下の点にも留意することが重要である。

▶▶▶**実践上のヒント**：マッチングの際のチェックポイント
① 子どもの紹介の際の里親家庭の理解と受け止め、不安等がある場合の整理
② 交流中の子どもと里親家庭の様子、子どもと里親の関係性の変化等の把握
③ 子どものニーズと里親家庭の受け入れ態勢に合わせた地域資源の整理と準備

　子どもが施設や一時保護所等入所中であれば、養育状況から、委託後の様子をある程度予測することができる。しかし、急な一時保護委託や、実家庭から直接委託になる場合においては、十分な交流期間がとれないため、マッチング段階では予測できなかった様子が子どもに見られる場合もあり、より慎重に委託後の支援を行う必要がある。また、そのことについて、事前に里親家庭にも見通しを伝えておくことで「知らなかった」「聞いていなかった」という不信感につながることを回避することができる。

❷ 子どもの紹介から交流開始まで

① 子どもの紹介について

　里親家庭に子どもの紹介をするにあたっては、子どもの状況だけでなく、委託理由や実家族の状況、予定委託期間等説明を行うことになる。紹介は、最初に電話で行うことが多く、その場合、里親の理解度や、話を聞いての様子などを把握することが直接会って話をするよりも困難となる。そのため、できる限りお互いに時間に余裕を持たせてやりとりをすることが望まれる。子育て経験がない里親の場合には、子どもの年齢や発達状況の説明

を行ってもイメージが湧きにくい場合もある。日常生活においてどういったことができる段階なのか、今後の支援や対応において配慮が必要な部分があるのかなど具体的に伝えることでイメージが持てる場合もある。電話等での説明後も、一度は面接を行い、質問等を受けながら受け入れが可能かの意向を確認する。その際には、里父母だけでなく、同居家族（祖父母や実子）などの意向の確認も必要となる。

② 初回面接から交流開始の際に大切にしたいこと

　里親家庭が紹介された子どもとの交流を進めるときには、どのような交流内容になるのか、交流スケジュール、委託までの見通しなどを説明しておく。子どもを受託するということは、「育てる」だけでなく、里親家庭全体のライフスタイルの変化、地域との新たな関係の構築、児童相談所等関係機関との「公的養育」のスタートになることを念頭に、里親にも理解してもらえるような説明が必要となる。

▶▶▶実践上のヒント ：交流時期のチェックポイント

①　里親家庭が、子どもの様子把握と里親委託に関する理解を十分にできているか。まだ理解が難しい場合でも、職員が年齢や成長発達に合わせた説明を行えているか。

②　里親家庭が抱く子どもとの交流や養育に関する質問にその都度答えられているか。

③　里親家庭で生活するための子どもと里親との信頼関係や子どもの安心安全基地の移行ができているか。

④　委託に向けた、里親家庭内の環境整備および、地域資源の確認や利用準備ができているか。

❸ 養育支援

　里親家庭への長期外泊以降は、定期的に訪問を行い、里親家庭と子どもとの関係性の状態把握を行う。最初のお互いが努力をして関係を作ろうという時期から、様子見の時期、そして、里親子関係構築の時期と変遷していき、おおよそ半年程度で落ち着く過程をたどっていく。ただし里親家庭の多くは、だいたい1年ほどしたところで、日々の生活に違和感がなく、家族になれたと感じると話すことが多い。

　生活を共にすることで、子どもの状態だけでなく、里親にも自身の生い立ちを振り返り、親との関係を想起させることになるため、里親の心身の状態についても十分な状況把握が必要となる。

5. 家庭環境調整

❶ 子どもと実家族支援

　以前は、里親家庭に委託をお願いする場合は、数日から数か月ほどの短期か、高校を卒業し、満年齢解除といわれる18歳になった年度末まで委託継続となるような長期委託となる子どもが多かった。長期委託の場合、多くの子どもたちは実家族と暮らすことも難しく、里親家庭を自立した後は、単身で生活するか、里親宅に継続して居住していることの方が多かった。しかし、最近では数年単位の委託後、家庭復帰することも見られるようになっている。また、家庭復帰は難しい場合でも、可能な限り実家族との定期的な面会交流を行うことも多い。ただし、交流にあたっては、実家族と里親が直接会いやりとりすることを回避する児童相談所も多く、里親にとっては、「実親・実家族」という存在は遠く、自分たちの家庭にとって脅威のように感じ、葛藤を抱くことも少なくない。

❷ 面会交流

　面会交流については、家庭復帰のための交流の場合と、実家族との関係を切らない程度の定期的な交流とに分かれる。

① 家庭復帰のための交流

　どちらかというと短期集中的に面会・外出・外泊と進み、家庭復帰となることが多い。おおよその家庭復帰時期が決まり、そのうえで交流の開始、数泊の外泊から長期外泊の時期、子どもにはどのように説明をするのかなどが組み立てられていく。実家族のスケジュールが先行しがちになり、子どもと里親家庭の気持ちの整理がつかず、混乱することも多くみられる。子どもと里親家庭への説明を丁寧に行い、子どもの疑問や不安にその都度、関わる職員および里親が丁寧に応える体制が必要である。

② 実家族との関係維持のための定期的な面会交流

　実家族との定期的な面会は、現状では施設での面会交流の頻度よりは少ない場合が多い。毎月1回もあれば、年数回ということもある。また、実家族の状況によっては、数か月ぶりの面会も直前でキャンセルとなり、子どもが傷ついてしまうことになる場合もある。乳幼児期では、子どもが自分自身の置かれている状況を理解することはまだ難しい。よって、ときどき会う特別な存在を理解するために、里親がタイミングを図りながら説明と気持ち

の受け止めを行う必要がある。また、就学以降、子ども自身が里親家庭で生活していることを認識し、ときどき会う実家族の存在を受け止めていく行程は、真実告知やライフストーリーワークなどと並行しながら専門職が丁寧に時間をとって行う必要がある。

　時には、子どもが実家族の様子と里親家庭の違いに混乱し、「自分だけが幸せでいいのか」と葛藤を感じることもある。また、その様子を受け止めることとなる里親家庭が実家族の存在に揺さぶられ、肯定的に受け入れることが困難になることもある。面会前後の子どもと里親家庭の把握を行い、特に里親家庭の混乱を押さえ、安定が図られるように面接等を行って支援することが必要となる。

❸ 家庭復帰

　実家族のもとへの家庭復帰にあたっては、児童相談所は実家族の社会診断を行い、家族再統合に向けた家庭復帰プログラムを立て、その都度評価と見直しを行う。フォスタリング担当職員は、そのプログラムと評価を踏まえて、子どもの面会交流の状況把握を行いながら、里親家庭がどのように家庭復帰に向けた子どもの心身の支えになることができるのかを一緒に考えることが重要となる。

　　　▶▶▶実践上のヒント：子どもへの支援のポイント

①　子どもの家庭復帰に向けた説明を丁寧に行い、子ども自身の理解と意思を把握し、尊重する。

②　子どもと実家族のペースを計りながら、家庭復帰とその時期の判断を行う。

③　継続的な真実告知とライフストーリーワーク実施のための情報および素材を管理・保管する。

❹ 里親家庭へのサポート

　養育者が次の養育者を信頼し安心で安全な子どもの基地を引き継ぐ作業が養育の移行には必要となる。しかし、深い愛情をもって自分自身の家庭で子どもの養育を行う里親にとって「公的養育」であると理解していても、感情的に揺れ、「渡したくない」と感じることもあるし、「本当に子どもにとって家庭復帰が最善の策なのか」と不安に思う場合もある。児童相談所担当職員およびフォスタリング担当職員は、里親家庭のそういった感情を頭ごなしに否定せず、感情を受け止めながら一緒に整理を行う。子どもの移行に関する配慮だけでなく、里親自身のメンタルケアは家庭復帰およびその後の子どもの安心感に大きく影響することを念頭に丁寧な里親家庭支援が求められる。

6. アフターケア

❶ 子どもへのアフターケア

　2020（令和2）年度より、自立支援強化事業として、里親家庭支援に対して、自立支援相談員の配置が開始された。これによって措置解除後おおむね10年程度は状況把握を行い、適宜必要な支援を行い、状況に応じた支援窓口等情報提供を行うことが可能となった。

　これまでも、フォスタリング担当職員が委託解除後しばらくの間、里親家庭からの情報を基に見守るようなことはあった。また、里親家庭委託中の高校生に対しては、児童養護施設の里親支援専門相談員が、施設のノウハウを活かして、措置解除後の生活のシミュレーションを子どもと一緒に行うなどの支援を行っている地域もある。

　しかし、多くは、奨学金手続きや保証人など、受託をしていた里親家庭に任せることになり負担も大きく課題となっていた。中高生の時期からの短期的な里親委託も増加しており、自立支援についての里親負担軽減も加味した支援が求められている。

❷ 里親家庭へのアフターケア

　里親家庭から子どもが巣立つ場合、①必要な期間が終了した委託解除、②18歳等満年齢解除、③子どもまたは里親家庭の理由による委託解除、④養子縁組成立による委託解除、等がある。

　その他、親族里親であれば、措置解除後、里親子関係は終了したとしても、親族関係は継続するため、また異なった配慮と支援が必要となる。

　いずれにしても、措置解除という手続きは、制度上の里親子関係が終了するというだけに終わらない。どれだけ短期間であっても、生活を共にしたということは、里親家庭にとって大きな存在となっている。これまでに多くの子どもを受け入れ送り出してきたファミリーホームや里親家庭であっても、「どの子どもたちも覚えている。今どうしているのか、いくつになったのかと思い出す」と話すことも少なくない。

　措置解除前後の時期には、里親家庭の喪失感について、状態を把握しながらグリーフケア◆¹などの支援を行うことは重要と言える。ときに里親は、「公的養育の担い手」として専門職のような扱いの中で、措置解除という別れも里親自身で整理するものとされやすかった。しかし、多くの里親家庭は、社会的養護のもとで生活する子どもと接すること、中途養育も初めてであり、保育士等有資格者でもない。特に、上記の①の家庭復帰や施設への措置変更、③の理由の中でも「不調」と呼ばれるような子どもまたは里親家庭の理由に

よって委託継続が困難となった措置変更については、里親の心身のストレスも強く、食事ができない、不眠、子どものことを思い出すと涙が出てしまう、怒りや不安、喪失感など精神的な不調を起こす場合もある。

　里親家庭の状況に合わせた回数を設定しながら、電話連絡や訪問等会う機会を持ち、家族状況の把握に努め、一定の整理ができたところから、次の委託について検討することが必要となる。喪失体験を里親を辞めることや次の委託という方法で埋めるのではなく、1つ1つ丁寧に里親家庭に対して振り返りやグリーフケアを行い、その家庭にとって一歩踏み出せるタイミングに寄り添う必要がある。

❸ 養子縁組里親家庭への養子縁組成立後の支援

　養子縁組里親家庭の中には、養子縁組成立後は児童相談所等行政機関やフォスタリング機関の支援を受けず、地域で、通常の子育て世帯として生活していきたいと願う家庭も存在する。ときには、転居をして新しく生活をスタートしたいと希望する家庭もある。できるかぎり、成立後家庭の意向を尊重するが、その意向が子どものニーズに合っているものなのか、子どもにとってどう影響するのか、親子にとってそれは肯定的にとらえられる行動なのか、子どもにどのように親子関係について説明を行っていく予定なのか等把握したうえでの支援が必要となる。

　フォスタリング機関として、成立後もアフターケアとして定期的なお便りの送付や研修会、茶話会の招待などを通して、いつでも相談できる機関として存在し続けることも求められる。すぐに必要なくてもいつか必要になるかもしれないときのための「お守り」のような存在であり続ける。継続して存在することが、成立後家庭の安心になるように努めなければならない。養子縁組成立後数年以上経ってから、子どもの発達や実親についてのこと、真実告知やライフストーリーワークについてのことなど相談を受ける場合もある。そのため、フォスタリング担当職員は、その家族についてのケース資料がどこに保管されていて、誰がどのように対応していたのかなど把握し、相談があった場合には、関係機関で調整を行いながら、その家族の相談意図や子どもとその家族にとってどのような形で回答することがいいかを念頭において対応することが求められる。

（長田淳子）

▶注
1　グリーフケア　喪失の悲嘆に寄り添い、そこから一歩を踏み出せるようにサポートすること。

▶参考・引用文献──────────────────────────────
厚生労働省（2017）「里親制度運営要綱」（一部改正）
──（2018）「フォスタリング機関（里親養育包括支援機関）及びその業務に関するガイドライン」
──（2018）「里親制度（資料集）」
Judy Sebba（2012）*Why Do People Become Foster Carers?: An International Literature Review on the Motivation to Foster*, The Rees Centre for Research in Fostering and Education.

第2章

民間フォスタリング機関による包括的支援の実際

Key Word

チーム養育／子ども同士のつながり／相互尊重／エンゲージメント／協働

　フォスタリング業務は、都道府県等（児童相談所）の本来業務であり、まずは児童相談所がフォスタリング機関となることが想定されるが、民間機関への委託も可能とされている。一連のフォスタリング業務の包括的な委託を受けた民間機関を「民間フォスタリング機関」という。フォスタリング機関を都道府県等（児童相談所）が中心に担うのではなく、民間ならではの多種多様なリクルート手法や、地域に根差して各関係機関を結び、子どもと里親家庭を見守ることなどの強みを活かしたいと考える自治体も多い。そのため、ここ数年で多くの民間フォスタリング機関が誕生している。

　民間フォスタリング機関は、それぞれの団体の特色や機能、それまでの団体としての歩みを含めた強みを、その地域のニーズと里親家庭に柔軟に合わせて対応することが可能である。ただし、従来のその民間機関自身がもつ強みだけでは、フォスタリング機関として地域で生活をする里親家庭の包括的な支援を担うことは難しい。子どもと里親家庭を中心としながら、それぞれにかかわる機関とその強みを結び・つなげ、全体把握を行いながらの支援が求められるからである。里親家庭を支える各機関が、どういった機関がその家族にかかわりサポートを行っているのか、誰が何を担っているのかを把握しながら支援を組み立てる必要がある。地域で生活する子育て家庭以上に多くの専門機関がかかわることになる里親家庭が、支援過多や情報の混乱に陥ること、逆に、すっぽりと支援が抜け落ちてしまうこと、見落としてしまうことにもつながる。そのため、フォスタリング機関は、丁寧に、関係機関をつなげ、そして、その子どもと里親家庭に寄り添うように、横にも縦にも継続的な支援を行うことが求められる。

　民間フォスタリング機関の取り組みは、まだスタートしたばかりの地域も多く、自治体自身も何から始めればよいか、手探りの状態の地域も少なくない。この章では、すでに自治体や各関係機関と連携しながら、自身の団体の強みを活かし、その地域が必要とする支援についてチャレンジをしている民間フォスタリング機関について、紹介したい。ここで紹介する団体は数か所ではあるが、それぞれの特色に触れていただきながら、さまざまな支援の工夫があることを知っていただきたい。

1. 二葉・子どもと里親サポートステーション

❶ 里親家庭を取り巻く状況

① 東京都における家庭の状況

　国勢調査（2015〔平成27〕年度）によると、東京都の総世帯数は約670万世帯である。うち、

夫婦と子どもの世帯は約156万、ひとり親と子どもの世帯は約50万世帯となり、子育て世帯は全体の約31％である。

　また、東京都総務局「都民の就労構造」（2017〔平成29〕年度）では、有業者の育児の有無及び育児休業等制度の利用状況を見ると、有業者788万7千人のうち「育児をしている」人は105万人、「育児休業等制度を利用している」は21万6千人となっている。

　社会的に見ても子育て世帯が少なく、子育てをしていても育児休業等制度利用率が就労者の2.7％という社会状況の中で、里親家庭は養育している。

② 東京都における里親支援

　東京都が養子縁組を目的とせず、委託児童を育てる里親を「養育家庭」と定義し、「養育家庭制度」を発足させたのは1973（昭和48）年である。同時に都が指定した乳児院や児童養護施設に「養育家庭センター」を設置し、里親子への支援を行ってきたが、2002（平成14）年には養育家庭センターは廃止、里親支援は児童相談所が直接行うこととなった。

　2008（平成20）年度からは児童相談センターで里親支援機関事業のモデル事業を実施した。その目的は民間団体の持つノウハウを活かした里親制度の普及、訪問等による相談支援、里親委託の推進などにあった。

　2012（平成24）年度から都内全児童相談所で里親支援機関事業が開始された。現在その業務を受託しているのは、「特定非営利活動法人キーアセット」「一般社団法人東京公認心理師協会」「社会福祉法人二葉保育園　二葉乳児院」の3団体である。

　2018（平成30）年1月からは、さらなる里親支援の強化を目指し「チーム養育」が開始された。これまで里親支援機関事業の里親委託等推進員が担っていた

　　・新規委託時フォローアップ訪問　（長期外泊から委託後半年ほどまで定期的に家庭訪問）

　　・定期巡回訪問　（委託家庭へ半年に1回以上訪問）

　　・育児家事援助者派遣

　　・学習ボランティア派遣調整　等

の事業を、里親家庭の地域を担当する施設の里親支援専門相談員が担うことになった。里親委託等推進員は新たに

　　・未委託家庭への定期巡回訪問　（年1回以上訪問）

　　・一時保護委託後の里親家庭への支援　（必要に応じて電話、訪問、来所対応）

等を児童相談所職員と連携しながら行うことになった。

　同年、里親支援機関事業に里親等委託調整員を配置。「里親新規登録、登録更新時の調査書作成補助」「自立支援計画（第2片）作成補助」を担い、里親になりたい気持ちを確認したり、また委託児童がいる場合はその成長をうかがい、それぞれを書類に反映させている。

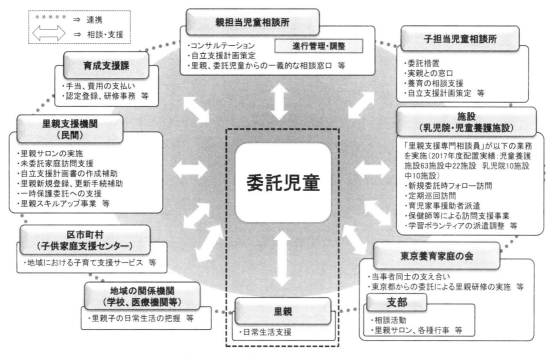

図2-1　東京都の里親制度におけるチーム養育体制について
出所：東京都福祉保健局（2018）「見える化改革報告書『子供・家庭施策』」より。

━━━▶▶▶**実践上のヒント**：チーム養育とは

　地域で生活する里親子が、孤立することなく安心して生活できるよう児童相談所が調整し、里親支援機関、区市町村、地域の関係機関等とともに里親も「チームの一員」として連携しながら児童を養育していくことが明確に示された（図2-1）。

　基本的な役割は図2-1に示されているが、各機関の強みを活かしながら、個々の状況に合わせた支援体制を構築できるよう、柔軟な対応が求められる。

❷ 二葉乳児院における里親支援の取り組み

① 相談支援

　ここでは、筆者の所属する「社会福祉法人二葉保育園　二葉乳児院」における里親支援の取り組みを紹介する。

　里親支援の中で大きな比重を占めているのは相談支援である。

　未委託家庭訪問では、最近の生活状況をうかがいつつ、多種多様な里親向け研修の中からニーズに応じた適切な講座や、サロンへの参加を案内する。一時保護委託の支援では、急な委託における不安や生活の変化による戸惑い等を傾聴し、それらを軽減できるよう助

言や情報提供を行う。

▶▶▶実践上のヒント：相談支援のポイント

　　里親支援機関事業担当の職員による訪問は、事務手続きや訪問すべき明確な課題が
その家庭にあるから訪問するのではない。日常の様子をうかがい、子どもの成長や変
化を確認し、共有することを大切にしている。また、困りごとの相談を受けることも
ある。その場合は下記のような対応を行う。

・対応した職員によるアセスメントと、語られた内容を分けて整理する
・児童相談所に伝えていない場合は、相談者から発信が可能か、支援機関から発信す
　るか、その場合は相談者の承諾を得られるかを確認する
・支援機関としてどのような支援が可能かを検討する
・どこが主に関わるかを含め、児童相談所や他の関係機関との連携づくりに取り組む
　　相談支援は 1 人ないし 2 人で対応することが多いが、サインをキャッチした職員の
みが対応するのではなく、チームで動くこと、各関係機関の専門性を尊重し、相互に
補い合いながら「里親子にとって一番必要なこと」を行っていく。

② 相互交流

　相互交流事業は、里親同士の交流、知識・スキルの向上、セルフケア等を目的とし、茶話
会や研修などを定期的に開催している。研修のテーマは相談支援を行う中で見えてきたニー
ズや、職員が必要と感じたテーマを出し合い、企画する。例えば、「発達に偏りのある子ど
もの理解と養育」「子どもと性」「真実告知」「ライフストーリーワーク」「リラックスヨ
ガ」等を行ってきた。内容によって連続講座として実施し、座学だけでなくロールプレイ
等演習を取り入れるなど、参加者が語り合い、互いに学びを深められるよう工夫している。

　また、月 1 回、養子縁組成立後の家庭（交流中の家庭も含む）を対象とした茶話会を開催
している。真実告知や特別養子縁組申し立てに関わることなど、地域のママ友とは共有し
づらいことなども、安心して話し合える場所となっている。

Episode

一歩先にある、見えないニーズをキャッチする

〜子どもプログラム・子どもキャンプの始まり〜

「私たちは、茶話会を通して同じような立場の方々とつながることができた。子どもた
ちにも同じようなつながりを作ってあげたい」

*　子どもプログラムの始まりは、このような養親さんたちのことばがきっかけだった。*

子どもたちが安心、安全に自分のことを語れる場所を作りたいという思いは、私たち職員の中にもあった。

年に数回、特別企画として、親子参加の水上バスツアーや美術館見学、公園で思いっきり遊ぶ「子どもプログラム」を開催した。

回を重ねると、子どもたちも互いに顔見知りになり、職員とも顔なじみになった。そうして開催された1泊2日の「子どもキャンプ」。養子縁組という制度で家族になったということを、子どもたちがどのように受け止めているか互いに本音で話せる機会となった。キャンプの中では、事前に養親さんから子どもに向けて書いていただいたメッセージカードも含めて職員が個別にアルバムを作成し、子どもたちに渡している。

子どもたち同士で育ち合い、支え合えることを信じ、"子どもたちにとって"という視点を大切にしながら私たちができることは何かを考え、今後も企画していきたい。

③ 普及啓発

里親委託等推進員は各里親支援機関に配置された里親リクルーターと協力して普及啓発も行っている。子どもの個々のニーズに応えるために里親登録者数を増やすこと、また里親制度の理解者を増やしていくことを目的としている。

担当市区町村や里親支援専門相談員と連携して地域のお祭りや子育て関連のイベント等に参加し、普及啓発用のチラシやグッズを配布している。また、各学校、企業、団体等からの依頼に応じて里親委託等推進員が訪問し、里親制度や社会的養護について説明している。

また、里親リクルーターが主となる業務では、都内3里親支援機関で協力し合い、教職員向けの研修や、企業へのアプローチ、地域での相談会などを実施し、普及啓発に努めている。2018（平成30）年10月にはホームページ「Tokyo里親ナビ」を開設した。里親リクルーター自らが里親家庭に訪問、インタビューし、原稿を書いている。里親になるまでの気持ちの揺れや、子どもを迎えた後の日々について、よりリアルに分かりやすく伝わる内容を目指して作成している。

❸ 二葉乳児院独自の取り組み

子育ての伴走者として、切れ目のない支援を目指して、二葉乳児院では独自の取り組みを行っている。

① 『子どもと里親のためのサポートハンドブック』1・2

これまで職員が多くの里親子に教えられたこと、職員間で話し合ったことを形にし、多くの方に見ていただきたいという思いを込めてできたのが『子どもと里親のためのサポー

図2-2　『子どもと里親のためのサポートハンドブック』1・2のパンフレット

トハンドブック』である。作成には、植山つる児童福祉研究奨励基金助成を活用した。

　第1巻は子どもを迎える前から委託後、里親家庭から子どもが離れる時等それぞれの状況の中で「子どもにとって」「里親として」「地域および関係機関として」大切にしたいことをまとめている。

　第2巻は、より具体的な内容を意識し、月齢ごとの発達と子育てポイントやホームケア、遊びやグリーフ（喪失による悲しみ）の視点等についてまとめている。

　どちらも二葉乳児院の理念である「Children First」を軸に作成している。

②「子どもと里親支援研究会」

　里親委託等推進員の業務の1つに、里親が半日〜1日施設等にて子どもの生活場面に「体験」として入る「養育体験」事業があり、その振り返り等のため、これまでも連絡会という形で各施設の方々と年1、2回集まる機会はあった。

　「チーム養育」開始後は、日々の訪問支援が各施設に配置された里親支援専門相談員の地域支援業務に移行したことをきっかけに、これまでの訪問支援の実際を伝え、引き継ぐことを目的として、月1回開催している。参加者は、日々考えていることや疑問なども率

直に語り合うことができる。所属するところは違っていても、里親支援というフィールド
で、大切にしたいことは何かを共有できる、この時間と場所は、参加者にとって大きな財
産であり、強みである。

（河村千代）

- -

2. 特定非営利活動法人キーアセット

- -

　キーアセットが包括的里親支援事業を始めたのは、まだ「フォスタリング」という言葉
が日本では使われていない2015年の4月のことになる。大阪府の池田子ども家庭センター
（児童相談所）管内の豊中市でモデル事業として、大阪府から受託したことが民間フォスタ
リング機関としてのスタートになる。今日では、全国数個所の自治体からフォスタリング
事業を受託しているが、ここでは、複数年事業実績のある大阪府と福岡市（政令市）から
の受託事業をもとに、キーアセットのフォスタリング業務の実際について述べる。

❶ 受託事業としての包括的里親支援
　キーアセットが実践するフォスタリング業務はすべて自治体からの受託事業である。民間
団体としての事業目的も大切にしているが、受託事業である以上、委託元である自治体がど
のような目的を持っているのかということを大切にしなければならない。大阪府がキーア
セットとの契約において仕様書に明記されている事業目的をひとつの例として以下に示す。

　　里親委託推進にあたり、児童が安心して生活できる養育里親の登録数の増加、里親及
　び児童への支援の充実による不調事例の発生予防にむけ、新規里親のリクルートから児
　童委託後まで一貫した支援を行う体制の構築を目的とする。
　　また、事業を実施する地域との連携を密に行う中で、市民への直接的な普及啓発を行
　うとともに、子育て支援サービスの一貫として里親制度が活用される体制を整えること
　で、地域の子どもを地域で育てる意識の醸成、要支援から要保護まで切れ目ない支援体
　制を構築することを目的とする。（平成31年度大阪府との委託仕様書より）

これに加えて、キーアセットとして次のようなことも大切にしている。

① 施設が組織の中でケアワーカーを支援して組織で子どもの育ちを支えているように、地域社会の中でケアワークを担う養育里親を組織的に支援し、里親養育における子どもの育ちを支える。

② 養育里親をリクルートから委託解除後まで支援する。

③ ソーシャルワーカーと里親そして児童相談所とのエンゲージメント（双方の成長に貢献する関係）を築く。

これらは、厚生労働省の「フォスタリング機関及びその業務に関するガイドライン」において以下のように明示されている、フォスタリング業務のめざすべき成果を得るためのものになる。

「委託可能な里親を開拓し、育成すること」
その里親と「協働できる環境を作ること」
里親委託「不調を防ぐこと」

❷ 地域社会の中で組織的に支援する

施設の強みのひとつは、組織的に子どものニーズに応えることができることだろう。図2-3中央のように、これまで児童相談所がつくってきた里親家庭と地域社会のつながりを、キーアセットが強化し、地域社会の資源を組織的に活かしながら、里親の孤立を防ぐだけではなく、より積極的に地域を組織化するように協働を進めていくことをめざしている。

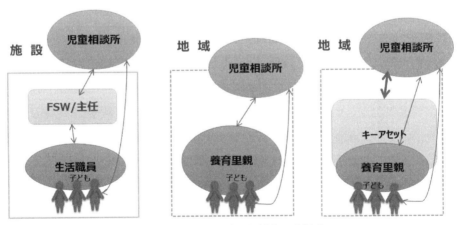

図2-3　地域社会の中で組織的に支援する

❸ リクルートから委託解除後まで

　その協働関係は、図2-4のように、リクルートから始まり、委託解除後も支援につなげるよう心がけている。

　リクルートからソーシャルワークがはじまるので、リクルート担当者の役割は非常に重要になってくる。リクルート担当者の候補者獲得戦略が成果をあげなければ、ソーシャルワークは活動する対象を得ることさえできない。キーアセットでは、リクルート担当者に"キーアセットの顔"としての自覚をもって活動してもらっている。また、候補者の方にとっては、リクルート担当者は社会的養護への案内人でもある。

　ソーシャルワーカーは、リクルート担当者が導いた候補者と共に、キーアセット独自のトレーニングプログラム「養育への旅」を学び、候補者の研修中の変化をつかみアセスメントに活かす。家庭訪問や研修を通じたアセスメントは、ソーシャルワーカーが里親候補者のライフヒストリーや生活文化、養育に対する考えなどを調査させてもらうだけでなく、候補者からもキーアセットが協働者にふさわしいかどうか評価される大切な機会だと考え

リクルート

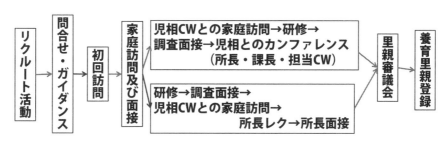

＊養育里親となる生き方を選んでいくことを一緒に考えていく
（誠実さ・柔軟性・多様性の理解・チームワークがとれる子ども中心に動ける）

登録後のソーシャルワーク

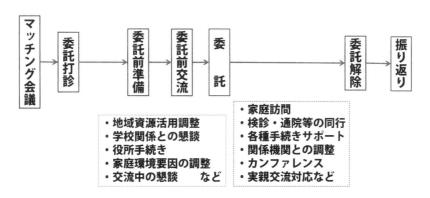

図2-4　リクルートから一貫したソーシャルワーク

ている。

　問い合わせ件数全体からすれば、実際に里親登録までに至る家庭数はわずか数パーセントにすぎない。しかし、キーアセットが候補者の方を振るい落とすような関わりをすることはない。国が示す、里親要件を明らかに満たさない場合を除き、ガイダンスから登録直前まで、里親になるという「生き方」について候補者に納得いくまで考えていただくようにしている。その中で、子どものニーズに応えることが難しいと判断されたり、里親という「生き方」にライフスタイルを近づけることが難しいと感じられたりする方なども実際には少なくない。里親という「生き方」をしないという選択をされた方々へも、里親制度と地域の要保護児童のニーズについて積極的に考えていただけるよう、できる限り努力を続けている。

❹ エンゲージメントを築く

　キーアセットでは、里親（候補者含む）だけでなく、児童相談所そして関係機関との信頼・協働関係を重要視している。その関係は、尊重や受け入れ合うことだけでなく、エンゲージメント（お互いの成長に貢献する関係）を築くものであるべきだとキーアセットでは考えている。キーアセットはフォスタリング機関として、里親を指導・監督・管理するのではなく、委託された子どもの健やかな成長という成功体験を通して、信頼関係を強めていくことで、次の成功体験につなげるよう努めている。それは、児童相談所をはじめとする関係機関とも同じで、成功体験を共有するための時間の共有、そのための機会をできるだけ積極的につくることを大切にしている。

　その結果、里親家庭の強みとキーアセットの支援力が見込まれて、家庭復帰をめざした里親委託を受け、キーアセットが必要に応じて実親支援をも担いながら行ったさまざまな調整やアプローチにより、予定通りの家庭復帰が実現したケースが複数ある等、里親養育の充実と支援の幅が広がってきている。

❺ 課題とまとめ

　児童相談所のリーダーシップと柔軟な協働体制により、事業受託から数年経った今では、大阪府や福岡市において、発展途上ながらも、少しずつ地域社会に変化をつくりだすことができてきている。

　一方で、民間のフォスタリング機関として次のような課題を常に感じている。

・「がんばります」「一生懸命やりました」では事業継続はできない。常に成果を示し続けることの難しさ。

・単年契約（補助金事業）であることの不安定さ。

・この分野での人材育成がされてこなかったので、人材確保は常に困難を伴う。

　これらの課題を常に感じつつも、毎週のように地域から新しい問い合わせがあり、里親制度に対する関心は、事業を始める以前の期待よりも大きいと感じている。また、児童相談所からの信頼が深まるにつれ、児童相談所と里親とキーアセットの協働関係が強化され、少しずつ地域社会にもたらす変化もよりポジティブなものになってきている。人材確保はこれからもキーアセットの大きな課題であり続けるが、子どもの成長の前にそれを言い訳にすることはできない。これからも児童相談所のリーダーシップのもと、関係機関そして里親家庭と、里親家庭がねざす地域と協働してポジティブな変化を生み出していけるよう努めていきたい。

（特定非営利活動法人キーアセット）

- -

3. 静岡市里親家庭支援センター

- -

　NPO法人静岡市里親家庭支援センター（以下、センター）は、「里親による里親のため里親支援」を行うため、里親会が2010（平成22）年にNPO法人を立ち上げ、2011（平成23）年に静岡市から里親支援事業の一部を、2013（平成25）年に措置を除く静岡市の里親支援事業全般を委託された。

　活動の財源は、市からの委託事業費と篤志家（個人及び特定企業）からの寄付金、賛助会費等である。豊かとは言えないが、「里親家庭支援センター」という名称に象徴されるように、子どもを中心に据えて、里親家庭の包括的養育支援を行っている。活動の軸となるのが、「里親制度の普及・啓発」「養育スキル向上のための研修」「相談・支援」の３本柱である。これらは継続してセットで行ってこそ意味のあるもので、支援事業全般（措置を除く）を静岡市から委託されていることで一貫して継続的に行えるのが強みとなっている。

　静岡市は図2-5のような３層構造の支援体系を成し、当センターが調整役を担っており、数年来、里親委託率の高さを保っている。施設が少ないという地域性もあり、大きな変動があってしかるところを、46〜50％で推移しているのは、里親の稼働状況（受け入れ可能な状態）や、不調による措置解除件数が際立って少ないことに理由があると考える。

　当センターのフォスタリング業務を事業に照らし合わせて紹介したい。

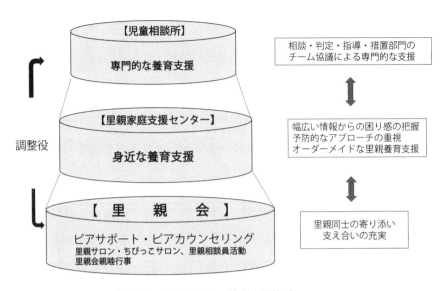

図2-5　静岡市の里親養育支援体系

❶ 普及啓発事業

　里親制度説明と里親体験談をセットにした①「出前講座」は当センターの名物となっている。届け先は子育て支援団体や民生児童委員、大学で社会福祉を学ぶ学生など。里親制度説明にどんな趣向を凝らしても、里親養育よもやま話には敵わない。里親自らが語る、笑いあり涙ありの日常は、聞き手の心にスッと届き、深刻になりがちな社会的養護児童に関するイメージを解きほぐす。

　このほか②「里親月間記念講演会」の開催。同じ時期に児童養護施設の協力のもと、子どもたちと一般公募の市民がペアになって行う③「一日里親体験会（フルーツ狩り）」を企画している。③への参加が里親登録へもっともつながりやすい。子どもと触れ合い数時間過ごすことは、里親養育の良いイメージとモチベーションが高まりやすいのかもしれない。

　④「里親制度説明会」、⑤「マスメディア・街頭広告等での普及啓発」、⑥「SNS、機関誌発行」なども行っている。

❷ 研修事業

　①「各里親登録及び登録更新研修」のほかにもさまざまな研修を実施している。まず②「乳児受託前研修」。乳児を受託する里親がその子どもとの交流中に乳児院や一時保護里親宅で行う育児実習である。入浴や爪切り、授乳やあやし方、おむつ替えや健康チェック、安全チェックなど、赤ちゃんとの生活をスムーズにスタートするために最低30時間かけて行う。

　実習を施した一時保護里親宅は、もうひとつの実家となってレスパイトや養育援助者と

①スタートサロン（里親サロンデビュー）
②小学生と遊ぼう（児童養護施設）
③保健福祉センター見学（1.6健診、離乳食教室、センター長講話）
④「子どものいる暮らしシミュレーション」乳児院および児童養護の里親支援専門相談員
⑤保育園　保育参加
⑥プレ・レスパイトケア　養育体験（レスパイトケア前に里子のことを里親から学ぶ）
⑦レスパイトケア　養育体験（里親相談員等の支援を受けてレスパイトケアを実施）
⑧里親宅における乳児受託前実習
⑨乳児院　ボランティア体験
⑩里親養育体験談（聴講後、グループワークで養育の振り返りを行う）
⑪里親サロン、ちびっこサロンへの参加
⑫ファミリーサポートセンター見学
※センターが各里親に必要なものを選択

図2-6　未受託里親のためのフォローアップ研修

して支援を続けることもある。ふたつの家庭がともに子どもの成長を喜び見守る。

③新規登録里親を対象に、セラプレイを取り入れた「里親スタート研修」、そして体験型の「未受託里親のためのフォローアップ研修」（図2-6）がある。

この研修に参加して子どもと触れ合い、子育て支援関連機関やその支援者の存在を知る。受託の機会を待つ間に、個別に必要な研修を通して子どもの空気を身にまとい、躊躇せずに子どもを受けとめる準備をする。例えば、"幼児期以降"からスタートする養育経験のない里親が③「保健福祉センター見学」の乳児健診や離乳食教室で"新生児期""乳児期"に触れ、子どもの育ちが「つながっている」ことの気づきにつなげたい。いつか周産期教育も実現させたい。

当センターはこれまで、子どもの発達に応じた養育スキルや知識習得のために必要な研修を取り入れてきたが、数年前から事務負担が増大し、里親までも研修の多さに負担を感じて受講意欲が落ちてしまうという本末転倒な事態が発生した。そこで、里親の養育経験や子どもの年代に応じて受講できるよう、研修内容を見直し体系化した（図2-7）。

全里親に向けた自由参加型の研修ではなく、その研修プログラムの対象となる家庭にダイレクトに参加を促す。養育の同じステージにいる同期生のように、共に課題を共有しながら学習を進める。里父が参加しやすい工夫も成果を上げている。

受託前（里親スタート、未受託フォローアップ）
➡ 乳幼児期（安心感の輪）
➡ 幼児・学童期（フォスタリングチェンジ・プログラム）
➡ 中・高・自立期（お仕事フェスタ、福祉就労　等）
➡ 知識向上（心理教育プログラム、養子縁組グループセッション、ライフストーリー・ワーク　他）

図2-7　研修体系～登録後の里親の卵から里子のゆりかご・自立まで～

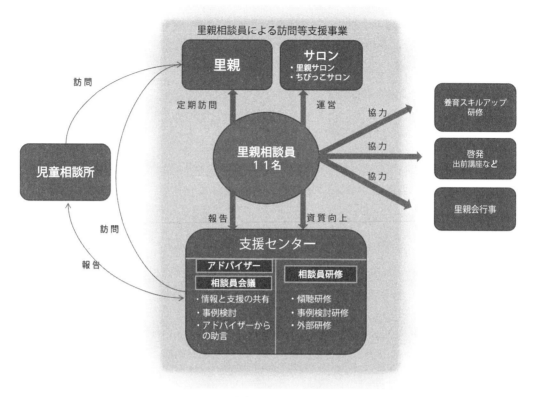

図2-8　里親相談員活動のイメージ

　特別な支援を必要とする里子が6割を超えるという現実にあって、研鑽なくして養育は乗り切れない。里親登録前から研修の重要性を強調すること、そして里親会の仲間や里親相談員といった当事者から研修の大切さを伝えることによって、受講は増えている。

❸ 相談支援事業

　相談支援はセンター職員による訪問等支援に加え、①「里親相談員による訪問等支援」の他、②「里親認定登録事務補助」、③「子どもに適した里親とのマッチング」、④相互交流事業「里親サロン」、乳幼児をつれて集う「ちびっこサロン」、「合同サロン」、⑤元里子の自立相談援助、⑥レスパイト・ケアの調整、⑦週末・季節里親、⑧資格保有里親による養育援助、⑨施設と里親との懇談会、⑩里親委託推進委員会の開催、⑩里親賠償責任保険加入事務、などの里親養育を支援する事業を実施している。

　そのうち、特徴的なものとして①「里親相談員による訪問等支援」（図2-8）がある。里親相談員は、専門里親を含むベテラン里親11名によって構成され、センターが行う新規委託や養育が困難になっている里親宅訪問を引き継ぐ形で、養育が安定している家庭を訪問する。本来の役割である自身の養育に支障をきたさないことを基本に、訪問回数の偏り

や相性等を考慮して、担当をコーディネイトする。

　里親相談員は傾聴研修で、自身の経験だけで判断したり答えを出すことはしないように「聴く」スキルを習得している。

　訪問先で日々の様子を聴きながら、養育に夢中な本人は気づかない問題の芽に"里親センサー"が働く。注意信号が灯った時は「センターに伝えておくね」、「一緒に話そうか？」と養育相談につなぐ役目も担っている。

　相談員会議（8回／年）メンバーは里親相談員に加え、センターソーシャルワーカー、児童養護施設や乳児院の里親支援専門相談員。時には児相のケースワーカーや保健師などの参加もある。内容は、訪問報告だけでなく、新規委託状況や新規里親登録等の情報共有のほか事例検討も行う。センターや里親相談員が家庭訪問することが当たり前になったことで、親子関係の変化や里母の心身のエネルギー消耗度合いを把握し、タイムリーに養育援助やレスパイトなどのピアサービスにつなげ、活用されるようにもなった。頼る方も頼られる方も「知り合いだから安心」ということだろう。

　次に②「里親認定登録事務補助」についてである。

　当センターは里親希望者からの相談を受けると、来所面接を複数の職員がリレー形式で最低3回行う。「養育里親研修テキスト」（全国里親会）の基礎研修カリキュラムを基に里親になろうと思ったきっかけや夫婦の養育観、希望者自身の育ちなどを聞き取る。それらが養育に反映すること、社会的養育を必要とする子どもの育ちやそれにより表出する行動、持ち合わせたリスクなども実例を交えて伝えていく。これにより、「里親のイメージが思っていたものと違う」と、フェードアウトする方も少なからずいる。面接研修を終えて、里親制度と子どもに関する理解が深まり、「里親になったら子どもを養育できそう」だとご本人やセンター職員ともに自信を持てたところで申請手続きに駒を進める。

　施設実習では児童養護施設、乳児院の里親支援専門相談員の協力により、有意義な体験学習の場になる。里親になるまでの道のりで記憶に残る研修は、子どもと関わった「施設実習」だとほとんどの里親が口をそろえる。

　また、里親サロンへの参加も里親希望者に大きな影響を与える。子どもの養育に悩みを抱えながらも里親仲間と明るく、楽しげに養育している姿を見ることに加え、「大丈夫。私たちが助けるから」と先輩里親に背中を押されることも多い。

　当センターでは、DVD視聴から始まるすべての研修や体験にレポート提出を義務づけている。レポート作成は重荷に感じる方もあるが、自身の体験や、社会的養育の理解を「書くこと」で深める。「普通の夫婦」が「社会的養育を担う里親」に変化していく様子を写し出しており、マッチングに活かされる里親アセスメント資料となる。数年後、養育中の本人たちに読み返してもらうのが楽しみでもある。

　これらを経て申請がなされると、センターは自宅を訪問し「里親調査票」を作成して児童相談所に提出。児童福祉審議会では、候補者についての説明も行う。

　申請前からの一連のかかわりから里親候補者とセンターとの信頼関係の構築が始まっている。見えてくる夫婦の人柄や生活、ものの考え方から、どんな里親家庭になりえるのか、養育課題になるのは何で、どんな手当てや補いが必要なのかを想定し、時が来たら③「子どもに適したマッチング」につなげる。里親になった後も夫婦はさらに進化し続けるが、子どもの養育が始まった途端、思わぬ姿に変化することもあるということを肝に銘じている。

　最後に④相互交流事業「里親・ちびっこ・合同サロン」を紹介する。

　静岡市内3区の里親宅や児童養護施設を会場とし、会場主を中心に、相談員に運営を任せている。里親同士の語り合いだけでなく、「合同サロン」は里子同士、里親と他の家庭の子どもが交流する場になっている。子どもにとって、ヨソの里親（大人）とかかわるのはとても良い経験になる。自分の養育家庭以外の文化や養育の考え方に触れることで、別モデルを見ることができる。また、ヨソの家の里子と話すことで「同じ境遇の子どもがいる」という安心感を持つ。さらに年齢が上がると、「里子」ならではの学校生活での苦労や工夫、対処法などを話し合う光景も見られる。

　2021（令和3）年度より「自立のための生活相談支援事業」を委託され、措置解除された後の自立を継続的に支援する。解除後のつまずきや生活の悩みや不安の深刻さを目の当たりにし、支えが不可欠であることを強く感じた。フォスタリング業務に自立支援を加え、里子の今とこれからを 支えていきたい。

　子どもの健全な成長のために、「質の高い里親養育の実現」が求められている。

　養育経験がない「子どもとの生活を経験したくて」里親制度にたどり着く里親登録者も多い。そんな養育者の卵たちに寄り添い、背を押し、支え、導き、「里親になって良かった」と思ってもらいたい。私たちは子どもの安心安全な日々の暮らしを守り支える里親養育を、児童相談所、里親会、児童養護施設や乳児院と共に手を取り合って支え、エンパワメントしていくことを目指している。「質の高い里親養育の実現」に向けて。

（佐野多恵子）

▶参考・引用文献────────────────────────────
厚生労働省（2018）「フォスタリング機関（里親養育包括支援機関）及びその業務に関するガイドライン」
「日本の人事」https://jinjibu.jp/keyword/detl/176/（2019.12.7）

海外のフォスタリング機関の実践から見える
日本のこれから

　海外（いくつかの西側諸国）のフォスターケア、そして民間のフォスタリング機関が発展してきたプロセスを見るとき、私は日本のこれからの里親制度に対して大きな希望と、小さな不安を覚える。

　フォスターケアや民間フォスタリング機関が発展してきた国々では、今日、多くの目覚ましい成果をあげ、子どもの現在と将来に変化をもたらすサービスが実践されている。しかし、それらのサービスが実践されるに至ったプロセスは、子どもにとっても地域社会にとっても厳しいものだったのだろうと思う。児童虐待の発見→施設内虐待の発見→脱施設化→里親委託へのシフト（極端なものも含め）→里親委託不調ケースの増加という歴史を経て、里親制度の社会的イメージの低下という結果を招いた。民間のフォスタリング機関の登場と彼らの活躍は、そのネガティブなイメージに歯止めをかけるだけでなく、今日では子どもの現在と将来にもポジティブな変化を生み出している。

　日本のこれからの里親制度に対して私が抱く希望のひとつは、地域社会の里親制度に対するイメージだ。フォスタリング機関導入のプロセスを、それらの国々と異なり、里親委託不調ケースの増加や地域社会の里親に対するネガティブなイメージ拡大といった悲劇的ダメージを経ることなく、進めることができた。もちろん、日本でも里親委託不調は決して少なくないと思われるが、いくつかの西側諸国にみられるような驚くほど多くの措置変更回数をひとりの子どもが経験するような事態には至っていない。恐らく、不調を経験した子どもを組織的なケアで受け入れている施設の存在が、それに歯止めをかけているのではと推測する。里親制度に対してネガティブなイメージが地域社会に定着していない日本が、その質と量を高めるためにフォスタリング機関を導入できたことで、こつこつとポジティブなイメージを、児童相談所を中心にフォスタリング機関や里親支援専門相談員などの専門機関／職が積み上げることで、里親制度が子どものニーズに応えられる質量を得る日がそう遠くない将来にやってくるだろう。ポジティブなイメージの積み上げとは、子どもの成長とポジティブな変化を里親家庭が経験できるケースを積み上げることにつきるの

ではないだろうか。そのポジティブな経験は里親の口コミを通じて地域社会に浸透していくだろう。

　一方で、小さな不安が2つある。ひとつは、フォスタリング機関の働きの中心となるソーシャルワークやリクルートの担い手の確保だ。これほど重要な役割にもかかわらず、その担い手（専門職）を養成するためのシステムや教育機関等との連携がまだまだ十分とは言えない。もうひとつは、フォスタリング機関とピアサポートを担う機関との連携がまだ充実しているように見えないことだ。言うまでもなく、児童相談所もフォスタリング機関も万能ではない。どんなに優秀なソーシャルワーカーや心理等の専門職でも、里親のピアになることはできない。里親が労働ではなく"生き方"として里親になることを選ぶということは、どこまでも里親側に立ち里親が安心して声を発することができるピアサポートが絶対に必要になってくる。英国ではFostering Network、オーストラリアではACWAなど、里親養育の質・量の向上のために、行政でも民間フォスタリング機関でもない里親側に立つ専門機関が存在している。そして、彼らは行政ともフォスタリング機関とも協働している。その協働がまだ大きく注目されていないように見えることに少し不安を感じてしまう。

　それらの小さな不安も、ここ数年の里親制度の改善を見れば、きっと近い将来、解消されると期待せずにはいられない。つい数年前まで、日本の社会に里親制度はなじまないと根拠もなくあきらめていた我が国が、今日では里親制度の充実に本気で取り組んでいる。この事実を目の当たりにした今では、私の不安など、行政と専門機関そして里親の協働が進む中では杞憂に終わるだろう。心からそう願っている。

（渡邊 守）

第 **3** 章

求められている里親等の役割

1. 子どもにとっての養子縁組里親の役割

❶ 子どもにとっての養子縁組里親とは

　子どもはまず、生みの親のもとで、健やかに成長できることが第一である。何かの事情で親と暮らせなくなった時、社会がそれを援助をする責任を負い、施設や里親家庭で養育することも必要となる。さらに、以後できるだけ早く、永続的に関われる「親」のもとで暮らすことができるように援助をすることが望まれる。将来にわたって父母が育てることが難しい状況があった場合、法的にも親に代わって養育を引き受けるのが、社会的養育のひとつの養子縁組里親である。

① 養親となるための研修

　2009（平成21）年の里親制度の改正で、「養子縁組を希望する里親」としての位置づけがされ、2017（平成29）年にはその登録にあたっては養育里親と同様に研修の受講が義務づけられた。養子縁組里親研修は、家庭養育の必要な児童を受け入れると共に、養子縁組によって児童の養親になるために必要な基礎的知識や技術の習得を行うと共に、その資質の向上を図ることが目的であるとされる。養子縁組里親として登録するには「基礎研修」「登録前研修」の講義と実習の受講が必要であり、5年ごとの登録更新時には更新研修の受講が求められる[1]。

② 未成年養子縁組

　未成年養子縁組は普通養子縁組と特別養子縁組の2本立てになっており、どちらかの選択で行う。普通養子縁組は従来からある民法で、成人・未成年の区別はなく、養子となる者と養親となる者との契約によって成立する。未成年者の場合は家庭裁判所の許可が必要で、15歳未満の場合はその意志が表示できないとみなされ、代諾者（親権者または後見人）が未成年者に代わって承諾することになる。特別養子縁組は実親との親子関係が法的になくなり、養親を唯一の親とする養子制度で、養親の責任がさらに明確になった制度といえる。特別養子縁組は裁判所が特別養親子であることを確定し、宣言することである。

　縁組要件を満たす場合、養親となる者の6か月以上の養育状況を考慮のうえで審判される。

❷ 養育前に養親として考えておくと望ましいこと

　養子養育を考えるのは子どもを育てたくてもその機会を得られなかった夫婦が多いこと

もあり、養子養育は子どものいない夫婦のための制度と言われることがあったのだが、本来は子どものしあわせを共に考えてもらう子どものための制度として位置づけられる。

　養子養育を考える人たちは、たいがい、血縁関係がなくても親子は成り立つと考えて踏み切ろうとしている。それは大切なことのひとつである。養育に当たっては経済の安定、健康、受け入れ環境など大切なことであるが、ここでは、気持ちや考え方に関することを４つ取り上げる。

① 　養子を迎える動機や願いがどこにあるのか。「家の跡取りのため」などの大人側だけの望みに片寄っていないか、また、その子を育てることを夫婦がそれぞれ自分が望み、決めたと思えるかである。配偶者のどちらかだけの望みを叶えることになってしまうと、子どもへの長いかかわりでの課題を解決していく力をあわせられないからである。

② 　迎える子どもは、離別を経験し、不安な状況に遭遇したであろうことを理解して、まずは養育に携わること、子どもには安全な環境を用意し、養親に安心をいだけることが大切である。子どもは安心の中から信頼、愛情の関係が芽生える。

③ 　養子であることを子どもに話すことの心構えを持つ。いわゆる真実告知は養親には大切な姿勢のひとつである。

④ 　養子を育てるうえで協力者の存在の確認をし、協力者を確保しておきたい◆2。

❸ 養子養育の養親に求められる課題

① 真実告知

　子どもを迎えて、その子どもを可愛いと思え、生活も落ち着いて来たなと言う時が告知のタイミングと言える。養子の年齢があまり高くならないうちが望ましい。3、4歳から小学入学前ぐらいに話す養親は多い。最初は「血のつながりがないが、お父さん、お母さんが、望んで親子、家族になった」と言うようなことを告げることから始まる。

② 養子が自分の生い立ちを理解し受容する援助

　養子が自分の生い立ちを理解し受容できるよう援助することは養親のひとつの役割である。

　真実告知から始まって、成長過程のエピソードも含め、子どもの年齢や成長に応じて、たくさん子どもに話してあげることが求められる。なぜ、親や家族と暮らせなかったか等も含まれる。養親は養子の生みの家族を全面的に否定することがないよう心がけることが求められる。

　養子は子ども時代、思春期、成人、さらに、結婚では、例えば養親への感謝と共にこの幸せを生みの親にも伝えたい。子どもの誕生の際には、生みの親はどんな思いだったのだ

ろうか等々を生涯にわたって考えることがあると思われる。養子への援助は養親だけではなく、かかわった専門機関からも支援を受けることができる。また、専門機関も経験値を積み上げさらに支援の充実に務めることが必要であると言える。

（米沢普子）

2. 養育里親・専門里親の役割

❶ 養育里親の役割

　養育里親とは、養子縁組を目的とせずに、要保護児童を一定期間、里親自身の家庭で預かって養育する里親のことをいう。数日から2か月程度の委託一時保護として子どもを受け入れる場合もある。

　養育里親は、短期間の委託から18歳の満年齢措置解除までの長期間養育することもある。子どもとその家族のニーズに合わせた多様な内容と期間の養育であり、「公的養育」である。そのため、養育里親のみで養育を担うのではなく、子どもを中心として里親、児童相談所、市区町村、里親支援機関等が連携して養育に当たる「チーム養育」が求められている。

　また、地域の子育て支援の担い手としても存在意義を持つ。例えば、ショートステイの受け入れ家庭として登録を進める自治体も多い。地域の子育て世代の相談先としての活用を考える地域もある。「地域の子どもは地域で育てる」という考えから、学区ごとに1家庭以上の里親家庭の登録を目指し、一時保護などでも、子どもができる限り生活の場を変えなくてもいいように里親の普及啓発に当たっている地域も増えている。

　そして、養育里親は、短期長期にかかわらず、子どもとその家族の親子関係に配慮し、家庭復帰または定期的な面会や外出を通して可能な限り親子関係の安定と継続が可能となるように支援を行う。また、子どもの心身の状態に応じた養育を行うことで、子どもが安定的なアタッチメントを再構築し、安心安全な生活場所と養育者（養育里親）との生活を通して、子ども自身が自分らしく成長する場を提供することが大きな役割のひとつである。

❷ 専門里親の役割

　専門里親とは、虐待等で心身に傷を受けた子ども、非行等の問題を有する子ども、また、身体障害や知的障害、精神障害などを有する子どもなど、特別な専門的支援及びケアを必要とする子どもを養育する里親のことをいう。

　より専門的な知識と養育力が求められるため、専門里親として、スクーリング及び実習などの研修が必要となる。専門里親になるためには、養育里親の経験が３年以上等いくつかの要件がある。

　また、１度に委託できる子どもの人数が２人までで、委託期間は２年以内となっている。ただし、子どものニーズに応じて必要と認められる場合には、期間を超えて養育を継続することが可能である。

　専門里親として養育を行う子どもは、さまざまな特別な支援を必要とする。そのため、児童相談所や病院、児童発達支援センター等関係機関との連携を密にしながら養育することが求められる。他機関との細やかな調整が必要なことも多く、より「チーム養育」としての連携と、チーム養育構成メンバーとなる諸機関が専門里親家庭に子どもの養育と他機関調整が集中しないようにしなければならない。**チーム養育構成メンバーは、子どもの安心で安全な生活の場となる専門里親家庭を支えることも役割として担う。**

　専門里親は、子どもの特別なニーズに対して柔軟に対応が可能な里親家庭であり、ときには、妊娠出産を迎える子どもや、出産後間もない未成年母とその子どもの両者の委託、LGBTなど生活様式から配慮が必要な子どもの養育についても期待されている。

　ただし、そういった特別なニーズを持つ子どもについて、すでに、多くの養育里親が受け入れをしており、専門里親の委託数はそれほど多くないのが現状である（表3-1）。

表3-1　養育里親および専門里親の登録里親・委託里親数

	養育里親	専門里親
登録里親数	9592世帯	702世帯
委託里親数	3326世帯	196世帯
委託児童数	4134人	221人

出所：福祉行政報告例（平成30年3月末現在）より。

3. 親族里親の役割

　親族里親は、「両親等子どもを現に監護している者が死亡、行方不明、拘禁、疾病による入院等の状態になったことにより、これらの者による養育が期待できない場合において、その子どもの福祉の観点から、家庭における養育環境と同様の養育環境において継続的に養育されるよう、扶養義務者（民法に定める扶養義務者をいう）及びその配偶者である親族に子どもの養育を委託する制度である。」（厚生労働省2011）とされる。

表 3-2　親族里親の登録及び委託児童数

	親族里親
登録里親数	560世帯
委託里親数	543世帯

出所：福祉行政報告例（平成 30 年 3 月末現在）より。

　また、扶養義務のないおじおばなどの親族については、養育里親が適用され、同様に里親手当が支給される。

　親族里親は、子どもの実親等との縁故があり、故郷や風習、親族関係等を大きな負担なく移行することができることが、役割のひとつといえる。中には、実親や子どもの幼少期からを知っている場合もある。また、親族里親と子どもの顔立ちが似ているなど、子ども自身も自分の生い立ちから今までの成長を知っている存在と生活を共にすることで、安心で安全な生活場所の安定を早期に図ることができる。

　反面、関係が近いからこそ、子どもの実親へのさまざまな感情を親族里親が抱きながら養育する場合もある。特に、自死などの死亡、行方不明、拘禁などの理由によって、親族自身も傷つき、喪失体験としてケアが必要な場合もある。里親制度でいえば、少なくとも18歳など満年齢で、または、里親家庭での委託の必要性が消失した場合は委託解除となり、子どものペースとニーズに合わせながら自立を促して、里親家庭を巣立っていくことになる。しかし、親族里親は、里親子関係が終了したとしても、「不調」と呼ばれるような委託途中の措置解除であっても、親族関係を切ることはできず、その後も何らかの関係を継続していくこととなる。

　そういったつながり続ける関係の中での「里親養育」であること、その部分に強みと複雑さがあることをフォスタリング機関職員は念頭に置いて、配慮と支援を行う必要がある。

4. ファミリーホームの役割

　ファミリーホーム（小規模住居型児童養育事業）は、養育里親として養育経験がある者や、児童養護施設等において子どもの養育を行った経験がある者が養育者となり、養育者の家庭に5～6人の子どもを養育する制度である。

　ファミリーホームは、養育里親と同様の子どもが対象となる。里親委託ガイドラインで

表3-3　ファミリーホームについて

1）運営形態 　①里親移行型、自営型 　　養育里親または施設職員として子どもの養育経験がある者が養育者となる場合 　②法人型 　　施設を経営する法人が、その職員を養育者・補助者として行う場合 2）職員配置 　養育者２名＋補助者１名、又は養育者１名＋補助者２名 　※養育者は、小規模住居型児童養育事業を行う住居に生活の本拠を置く者に限る。

は、「子ども同士の相互作用を活かしつつ、複数の子どものいる環境の方がより適合しやすい子どもや、個人の里親への委託には不安感を持つ保護者に対しても有用であることから、子どもの状況に応じてファミリーホームへの委託を検討する。」と書かれている。ファミリーホームの強みは、複数の子どもが生活することでの相互作用、子ども同士の育ち合いを活かした養育である。そのため、子ども同士の関係が安定するような配慮が必要となる。特に、新しく委託となる子どもが加わった場合には、ホーム全体の力動に変化が見られることもある。加わった子どもの特性や状況により、在籍している子どもにプラスにもマイナスにも影響が及ぶことを念頭に、構成員に配慮して委託を検討する。　その他、複数委託が可能なため、きょうだいの委託の可能性や、年長児童が中心となるホーム、幼児から高校生まで縦割りのホームなど、里親家庭では対応が少し難しいと考えられるニーズであっても対応することが可能であり、子どものニーズに対する対応の幅が拡がることは、ファミリーホームの役割であり、強みである。

　福祉行政報告例（2020〔令和2〕年3月時点）では、全国で、ファミリーホームは417か所。委託児童数は、1660人となっている。

（長田淳子）

5. 児童福祉司の役割

　社会的養護を必要する子どもたちの家庭養護を進めていくために、児童相談所の児童福祉司の役割は言うまでもなく大きい。なぜならば、里親委託なのか児童福祉施設入所なのかを決めるのが児童相談所であり、子どもやその家族と向き合いながら、その時点での子どもの最善の利益を追求するのが、担当の児童福祉司だからである。

❶ 実務の矜恃

2016（平成28）年の児童福祉法の改正により、家庭養育優先の原則が明文化され、家庭養育を進めていく、外的な環境は整ってきている。児童相談所の中で児童福祉司が自分の担当ケースにおいて、家庭養育優先原則のケースワークを行うことができるのか、その積み重ねが委託数を押し上げていくことにつながるだろう。その積み重ねを確実なものにしていくポイントは何か。それは合意形成である。児童相談所は措置権という権限を与えられているが、実際には保護者との話し合いが土台となっている。その話し合いが破綻した時に、例えば児童福祉法第28条のような「強い」権限行使を行う仕組みになっている。例えば、欧米の児童保護の仕組みでは、裁判所が子どもの福祉に関する決定を行うことになっているが、合意形成を土台とした行政による措置というのが、現状の日本の児童福祉の仕組みである。他国の庭は青く見えるかもしれないけれども、いま与えられている仕組みの中で、最善の利益を追求するというのが実務の矜恃というものであろう。

❷ 合意形成による措置

児童福祉司は、実親と養親の間で合意形成を目指すことになる。児童相談所の現場においては、やや防衛的な文脈で使用される「里親委託は、実親が子どもを取られてしまうと思い込むので、同意が難しい」という発言は、本書の読者であれば、おそらく誰もが一度は聞いたことのある台詞ではないだろうか。それは、実親の率直な思いの吐露であるかもしれないが、児童福祉司はそれをそのまま鵜呑みにしてはいけないし、そこで思考を止めてはいけない。

児童福祉司は、実親の思いを受け止めつつ、その子どもにとって最善の利益は何かを代弁する存在である。ここから実親と児童福祉司との合意形成を積み上げていくのが、里親委託のケースワークの肝であり、始まりである。実親は自分が産んだ子どもがより良い環境の中で育ってほしいと心から願っている。児童相談所がかかわるような厳しい環境においては、分かりやすい意思表示ではないかもしれないけれども、実親は絶対にそう考えているはずであろう。その思いに触れられるかどうかが、児童福祉司の仕事の醍醐味である。その気持ちに触れることで、実親はきっとその子どもの最善の利益を満たす決断をする。その大きな決断をする実親は本当に尊いといえよう。里親委託は決して子どもを実親から奪うものではなく、里親という社会的資源の下で、その子どもの成長を共に分かち合う支援である。

❸ 児童福祉司の自己覚知の必要

紙幅の都合もあり、ここでは児童福祉司と里親との合意形成については論じることがで

きなかったが、やってはいけないことだけを記しておきたい。子どもを取り巻く大人たちが、それぞれ違ったメッセージを子どもに感じさせるような環境を作ってはいけない。子どもが今いる環境に迷いを感じて、不安を感じることになるからである。実親、児童福祉司、里親の三者が、その子どもの未来のために合意形成を維持することができるか。

　児童福祉司が実親や養親を責めたくなってきたら、それは危機的な状況に陥っていると注意をすべきである。児童福祉司は関係者の思いをつなぎ合わせることが何よりも大事であり、自己覚知が強く求められる。

（佐藤　剛）

- -

6. 里親支援専門相談員の役割

- -

　里親支援専門相談員は2012（平成24）年に「子どもと里親の側に立って里親委託の推進と里親支援を行う専任の職員」（「里親委託ガイドライン」より）として児童養護施設、乳児院に配置されることになった。

　「里親委託ガイドライン」において里親支援専門相談員の役割は、(a) 所属施設の入所児童の里親委託の推進 (b) 退所児童のアフターケアとしての里親支援 (c) 所属施設からの退所児童以外を含めた地域支援としての里親支援の3つの役割を持つと記されている。

❶ 里親委託の推進
① 施設内で里親養育の理解を深める
　里親委託の推進を考えるにはまず施設内での里親養育の理解を深めることが重要である。特に乳児院に比べ委託経験の少ない児童養護施設では、職員が里親にかかわる機会も少ないため、里親支援専門相談員が工夫をして伝えていく必要がある。それは里親委託が必要な子どもと里親をつなげるには、施設職員が子どもにとっての里親委託の必要性を実感できることが重要だからである。具体的には、以下のような取り組みが考えられる。

・施設の行事に里親家庭を招待する

・里親委託した子どもの様子を職員に伝える

・「里親体験談」や「里子体験談」を盛り込んだ職員研修を実施する

② FSW（ファミリーソーシャルワーカー）との連携

　里親支援専門相談員が把握している里親の情報などをFSWと共有しながら入所児童の里親委託の可能性を探っていく。また里親支援専門相談員は里親委託に特化した話ができる役割なので、FSWと役割分担しながら児童相談所に対しても里親委託の可能性を追求する発言ができる。またその際に施設でできるアフターケアを提示しながら話をすることも必要である。

　里親委託ができない理由を探すのは簡単である。里親支援専門相談員、FSW、児童相談所それぞれの専門性や知識をもって、どのような支援があれば里親委託が可能になるか考えていくことが重要である。

③ 里親との交流

　里親との交流中は子どもの担当職員と里親の間に立ち調整役となる。特に交流中の里親は施設職員に「評価されている」という緊張状態であることも多く、施設に対して意見や思いを伝えづらい状態であるため、里親側の立場として寄り添い丁寧に里親の気持ちや不安を聞く必要がある。そして子ども側に立っている担当職員と里親の気持ちをすり合わせながら交流方法を考えていく。

❷ アフターケアとしての里親支援～子どもの育ちをつなげる

　子どもの出身施設として委託後も継続的にかかわっていくことは大切である。細く長くつながっていくことで、子どもや里親のタイミングで育ちを振り返ることができたり、育ちを共有することができる。ただしアフターケアは子どものニーズに応じて実施する取り組みであり、そのためにも施設側の思いだけで考えるのではなく、里親側の思いや状況（子どもの状況によって今は来てほしくないということもある）も考慮しながら、一緒に考えていく必要がある。

❸ 地域支援としての里親支援

① 施設職員である強みを活かす

　里親支援専門相談員は里親と同じ社会的養護の子どもの養育に携わっているので、里親の思いを共感し一緒に子どもの育ちを支えるという、里親子に寄り添った支援をすることができる。またさまざまな状況にある子どもを養育してきたスキルや施設の専門職と里親をつなげることによって、施設の専門性を里親養育に活かすことができる。

　施設職員のできる支援の具体例としては、以下のような取り組みがあげられる。

・乳児を委託された里親に栄養士から離乳食の説明をしてもらう
・幼児を一時保護することになった里親に病気の時の対応の仕方やその年齢の子どもの特徴を伝える
・不登校の子どもなどの対応について、施設職員として対応した経験を話す

② 継続的な支援

　里親支援専門相談員は児童相談所の職員に比べ定期的な異動はなく、長期間継続的に里親家庭にかかわることができるという強みがある。継続的にかかわることで里親家庭の良い時も悪い時も理解しているという信頼関係の構築が、里親家庭を支えるうえで重要になる。また子ども（里子、里親家庭の実子）とも継続的に関係を築くことによって、子どもの相談先として機能することもできる。

（矢内陽子）

7. フォスタリング機関職員の役割

　フォスタリング機関が担う業務は、「フォスタリング機関（里親養育包括支援機関）及びその業務に関するガイドライン」のなかで、その目的と成果目標が示されている（厚生労働省2018）。フォスタリング機関職員の役割は、その目的と成果を達成するためにそれぞれの専門性と資質を発揮することである。ここでは、その役割を具体的に紹介する。

❶ フォスタリング業務の目的と成果目標

　先述の「ガイドライン」では、フォスタリング業務の目的を次のように示している。

・より多くの里親を開拓し、里親との確かな信頼関係を基盤に、里親の持つ養育能力を十分に引き出し、伸ばすことで、質の高い里親養育を実現し、維持すること
・里親と子どもが、地域社会の偏見や理解不足のために孤立することのないよう、関係機関による支援のネットワークを形成し、地域社会の理解を促進することで子どもの最善の利益の追求と実現を図ること

　また、目的に続いて次のように成果目標も示している。

・委託可能な里親を開拓し、育成すること

・里親との信頼関係を構築し、相談しやすく、協働できる環境を作ること

・子どもにとって必要な安定した里親養育を継続できる（不調を防ぐ）こと

これらから、「里親の開拓」「里親との信頼関係の構築」「安定した里親養育の継続」といった役割のキーワードが見えてくる。

❷ 里親の開拓

ボランティア活動や自己研鑽またはキャリアアップなど、「生き方」の選択肢が数多くある中から、多くの人々に里親になるという生き方を選択してもらうには、"知ってもらう"だけでは十分ではない。知ってもらいアクションを起こしてもらうことが必要になる。具体的には、里親制度や里親になることについての問い合わせがその最初のアクションになる。そのアクションを起こしてくださる候補者の方を数多く獲得しなければ、子どものニーズに応える里親養育の質・量を確保することはできない。

また、子どもの養育を抱え込んでもらうための里親を開拓するのではなく、子どものニーズに応えられるように、里親候補者の家庭の養育力とその家庭とつながり支える地域力のバランスを整えることをめざした開拓が求められている。つまり、候補者の段階から多様な子どものニーズに応えられる理想的な家庭の出現を期待するのではなく、子どものニーズに応えるための里親という「生き方」を地域資源とつなげながら実現できるよう調整することが里親の開拓の大切な役割となる。

❸ 里親との信頼関係の構築

質の高い里親養育は、ケアワークのみで実践されるわけではない。時に不安定で組織ではない"家庭"において、子どものニーズに応えるためには、ケアワークとソーシャルワークの協働が不可欠である。この「協働」は、管理する側とされる側、または指導する側とされる側といった分断された関係ではなく、お互いの成長に貢献する（または貢献してきた）信頼関係によって成立する。里親候補者のころから、研修やアセスメントにはじまり、里親としての成長とソーシャルワーカーとしての成長に子どもの受託前からお互いに貢献し、さらに子どものニーズに応えるために共に悩み、そして子どもの成長と変化を共に喜ぶ経験を積み重ねることが里親との信頼関係の構築につながる。

❹ 安定した里親養育の継続

ここでいう"安定した里親養育の継続"とは、養育上の課題や問題に直面することのな

い状態を言うのではない。子どもに育ちの場と"育て"を提供する里親が、さまざまな子どもの変化の中でその養育を続けられる環境を整えることが"安定した里親養育の継続"を支援することになる。里親という「生き方」を続けるには物理的環境だけでなく、生き方を支える情熱が必要になる。その情熱を保ち続けるために必要なものは、目の前の子どもの成長・変化だろう。里親と子どもという近い距離では、その大切な子どもの成長と変化に里親が気付くことが難しいこともしばしばある。また、養育上の課題や悩みばかりが目についてしまい、その成長と変化を見えなくしてしまうこともある。だからこそ、協働者として信頼されるフォスタリング機関職員が、里親と共に子どもの成長と変化を確認し、里親の「生き方」を支え"安定した里親養育の継続"につなげることが役割として求められる。

　また、丁寧なマッチングや、可能な限り里親や委託される子どもを養育計画にかかわる会議に参加できるよう調整をしたり、定期的に養育の見通しを里親と確認したりすることも"安定した里親養育の継続"には大切な役割であることもつけ加えておきたい。

（渡邊 守）

▶注
1　「養子縁組里親研修運営について」平成29年3月31日厚生労働省局長通知
2　公益社団法人家庭養護促進協会編「養子を育てたい人のための講座」講義テキスト

▶参考・引用文献
厚生労働省（2011）「里親委託ガイドラインについて」 平成23年3月（平成29年3月一部改正）
―――（2012）「里親及びファミリーホーム養育指針」平成24年3月29日
―――（2014）「ファミリーホームの設置を進めるために」ファミリーホームの設置運営の促進ワーキンググループ　平成26年3月
―――（2017）「里親委託ガイドライン」
―――（2018）「フォスタリング機関（里親養育包括支援機関）及びその業務に関するガイドライン」
全国里親委託等推進委員会（2014）「里親支援専門相談員及び里親支援機関の活動、里親サロン活動に関する調査報告」

第II部

チーム養育と
質の向上

第 **4** 章

チームによる養育

Key Word

チーム養育／ケアワークとソーシャルワーク／会議のあり方

1. チーム養育とは

❶ チームで養育するということ

　一般の家庭であっても里親家庭であっても、家庭単体だけで子どものニーズに十分に応えることは難しいと言っても過言ではないだろう。家庭は時に脆弱で不安定だ。組織力があるわけでもない。子どものニーズに応えるために多くの場合、大人は地域社会に出て行って（つながって）必要なものを獲得しなければならない。

　このような表現だけで終えると、家庭そのものがとてもネガティブに思われるかもしれない。しかし、地域社会につながらなければ子どものニーズに応えることが難しいところに家庭で子どもが育まれることの強みがある。小さなことであっても、地域社会につながることの成功体験を、家庭を通じて子どもが得ることができるのは、家庭の強みであり、その子どもが大人社会で将来生きていくために必要な経験となる。

　このように子どもの育ち育てのニーズや課題を家庭内で抱え込むのではなく、時にもがき戸惑いながらも地域社会とつながりながら、フォーマル・インフォーマルにかかわらず地域の資源を活用することが、望ましい家庭養育のかたちと言えるだろう。親族やママ友・パパ友、お世話になった保育士や学校の教員、ご近所さんや子どもの友達、かかりつけの小さなクリニックの医師などなど、実子の子育てを振り返るとき、濃淡の個人差はあれ、多くの親が家庭内の養育力だけで子育てを続けてきたわけではないことを思い出すことができるだろう。それはつまり、地域社会の中で多くの家庭が、個人ではなくチームで子どもの養育を実践しているということになる。チーム養育とは、その専門性の有無を問わず、多くの家庭が経験している身近なものだと言える。

❷ 里親家庭とチーム養育

　では、家庭養育の担い手である里親家庭も、一般家庭と同様に地域に根差したフォーマル・インフォーマルな資源を自ら獲得し活用すればそれで十分なのかというと、決してそうではない。すべての子どもの健やかな育ちの責任を国と地方公共団体は負っているのだが、今の地域の子育てや教育にかかわる社会資源は、イレギュラーな家庭である里親家庭にとって使いやすいものだとは必ずしも言えない。場合によっては、里親自身が、地域でどのようなサービスがあってどうすればそれを自らの養育に活かすことができるのか知らないこともあるかもしれない。チーム養育どころか、「里親」という一般にはほとんど理解されないマイノリティになったことで、孤立を強いられるリスクを里親は負っている。

　その里親の孤立を解消するため、地域社会の中にあるさまざまな資源を里親家庭の子どもの育ちに活かせるよう、里親の養育とつながりをつくり、ニーズに応じてカスタマイズするソーシャルワークの働きが必要になる。養育を担う里親に、「地域とつながりなさい」「開かれた里親家庭になってください」と一方的に要求するのは、ケアワークとソーシャルワークの両方を同時に里親に要求することになってしまう。

　子どものニーズに応えるために、さまざまな専門職や地域の関係者とつながりをつくり、その子どもと里親家庭で活かされる支援をカスタマイズしていくことが、チームによる養育であり、それを整えることがソーシャルワークの役割となる。ケアワークとソーシャルワークの協働が、チーム養育の基礎となり、ソーシャルワークの担い手が子どもと里親家庭のニーズに応える多様なチームをコーディネートすることで、里親養育の質・量の向上が期待できる。

❸ さらに求められるチーム養育

　一般的にはほとんどの家庭は、生まれる前から子どもと育てる大人が過去を共有している（多くの場合、胎児のころから）。また、家庭の子どもと大人が生活上経験する文化の衝突もない。一方、里親家庭で育まれる子どもは、里親と共有していない過去がある。里親の"普通"は、子どもの"普通"ではないことなど日常にあふれている。これからの里親養育には、里親（ケアワークの担い手）とソーシャルワーカー（ソーシャルワークの担い手）が、「この子どもはなぜこのような行動をするのだろう」と考えるだけではなく「どのような過去の経験がこの子どもにこのような行動をとらせるのだろう」ということも共に考えることが求められるようになるだろう。この二者で考えるだけではなく、実親を含む過去の養育者（施設職員や以前の里親等含む）をチームに招き入れることが子どものニーズに応えるための視野を広げるために必要とされる。特に実親は、その子どもの人生の一部であることからも、チームに招き入れるソーシャルワークが求められるようになるだろう。里親養育だけでなく家族再統合等も視野に入れて、里親家庭と実親が加わることができるチーム養育のコーディネートがソーシャルワークに求められる。

2. チーム養育の必要性

❶ "家庭" と "ニーズ" の変化

2016（平成28）年改正児童福祉法で、家庭養育優先の原則が示された。一方で、子ども
の養育を担う"家庭"はその家庭力を低下させている（市川2015）。また、家庭において、
育児に対する孤立感や疲労感、自信の喪失がみられると言われている（内閣府2004）。女性
の社会進出の促進、そして"家庭"そのものの多様化が進む中で、家庭養育のひとつである
里親養育は今後子どものニーズに応えられなくなるのではと疑いを持たれるかもしれない。

これまでの里親制度は、子どもの健やかな育ちの責任は国及び地方公共団体にあるにも
かかわらず、充実した公的支援体制や地域の豊かな子育て資源に支えられてきたとは言い
難い。今日の日本に里親制度があるのは、支援の存在も知らないまま、ひたすら自己犠牲
と自己研鑽と忍耐、そして子どもへの愛情によって養育を担い続けてきた名もなき多くの
里親のおかげだと言っても過言ではないだろう。

これまで、養育を担いながら、子どものニーズに応えるための資源を自ら探し、つなが
り、そしてなんとか自力で地域に自分の"味方"または"仲間"をつくってきたであろう多
くの里親の姿を、これからの望ましい里親像とするのであれば、日本の里親制度はまもな
く質・量とともに子どものニーズに応えることができなくなるだろう。

先に述べた家庭力の低下だけでなく、子どものニーズの複雑さも増しているとの児童養
護施設等の現場の意見もある（全国児童養護施設協議会2019）。一方で、個人である家庭に対
して"家庭力の向上"を期待するだけでは、子どもの現在と将来に変化をもたらす制度と
して期待することはできない。

❷ 地域力の向上

そこで必要となってくるのが、里親家庭が根ざす地域の"家庭を支える力"の向上である。
新しい家庭のかたちである里親家庭に対しても使いやすく効果的な子育て支援が提供され
るよう、地域の"家庭を支える力"を向上させることで、子どものニーズに応える里親養
育の質と量を確保できる可能性は高まるだろう。里親家庭は、現時点では地域社会におい
てマイノリティだろう。マイノリティに属していない一般的な家庭であっても、育児に対
する孤立感や疲労感そして自身喪失がみられるのであれば、里親家庭にとっての養育の困
難さは一般家庭以上であろう。その困難な養育を担う里親家庭のニーズをつかみ、地域に
おいてニーズに応えられるサービスとつなぎ、時にカスタマイズし、必要な場合には新た

なサービスをつくりだす働きの担い手の存在が、里親養育の質・量の向上の鍵となる。

❸ ケアワークとソーシャルワーク

　"家庭"が組織ではないため、単体では子どものニーズに応えることが難しい存在である。その家庭が社会的養育の担い手として機能するには、地域とのつながりが不可欠となる。地域とつながり、さまざまな資源を通じて子どものニーズに応えるという点で、一般家庭と里親家庭は共通点を持つ。しかし、地域のほとんどのサービスが、養育する子どもと過去を共有していないという絶対的な違い、そして遺伝子的にも法律的にも親子ではない里親と子どもの関係を、想定しているようにはみえない。その違いを理解し、里親家庭を地域とつなげる働き、ソーシャルワークを誰かが担わなければならない。それをケアワークの担い手である里親家庭に同時に担わせることは、これからも里親個人の努力や忍耐に里親制度の質・量の発展を委ねることになる。これまでの里親制度の課題、そしてこれからの子どものニーズをみれば、それが望ましいものだとは言えないだろう。

　家庭で最も子どもに近い存在である里親が子どものニーズをつかみ、それに応えるためのさまざまな資源を提供するチームをソーシャルワーカーが地域で整えることで、里親制度はその質を子どものニーズに応えられるものに発展させることが期待できる。そして、その鍵となるのは協働であり、その協働のために、里親とソーシャルワーカーがお互いの成長に貢献していると実感できる関係を、ソーシャルワーカーが積極的に築いていくことが重要である。

（渡邊 守）

---

3. チーム養育のための会議のあり方

---

❶「チーム養育」の「チーム」となるために

　先にも書かれているように、里親養育支援には、「チーム養育」という視点が欠かせなくなってきている。その理由のひとつとしては、里親家庭に委託されている子どもの委託理由として虐待による委託が増加していることが言える。平成30年度児童虐待相談対応の内訳児童養護施設入所児童等調査結果（2018〔平成30〕年2月1日）によると、里親家庭に委託されている子どものうち4割が虐待を理由に委託となっている。平成30年度 児童虐待相談対応件数のうち、里親及び施設入所になった4641件のうち里親委託が651件であり、

この10年でみても、2.3倍となっている。また、子どもの措置理由としては、「虐待」の他にも、「父または母の精神疾患等」「経済的理由」「拘禁」と続く。

　さまざまな措置理由とともに、子どもが里親家庭に委託となったときの年齢や、それまでに実家庭で生活をしていたのか、それよりも前にすでに乳児院や児童養護施設等に入所していたのか、一時保護委託が過去にあったかなど、里親家庭に来るまでの子どもと実家族との生活と関係性も含んだ「子どもの歴史」は多岐にわたる。一方、里親家庭も、家族構成や里父母の年齢、里親になった理由、里親自身の成育歴、住宅環境、地域環境、その地域の子育て支援サービスおよび学校体制など、多種多様な里親家庭の強みがあり、脆弱さの見られる部分を有する場合もある。そして、その強みや弱さは、年を経るなかで強まったり弱まったりしながら変遷していく。そういった子どもの状況と里親家庭の体制がかけ算のようになって、さまざまな支援の形が必要となり、それにかかわる機関も体制も、その子どもと里親家庭によって異なっていく。

　特に、子育て支援および里親家庭支援にかかわる職種は専門性が高まり、多くの職種と窓口に分散されていることが多い。里親支援だけ見ても、フォスタリング機関職員および施設の里親支援専門相談員、児童相談所里親担当職員、子どもの担当児童福祉司および児童心理司、出身施設があればその担当職員と職種も異なれば、所属も異なる。そういった構成員で子どもと里親家庭を「チーム」として支えることは、それぞれの強みを連携して過不足なく活かすことで有効となり、支援を重層的に行って厚みを出すことが可能となる。しかし、反面、密な連絡連携を怠ると、複数の機関が同じ支援を何度も行ってしまい、方針があいまいになって里親家庭を混乱させてしまうことにもなる。そして、最も避けたいこととしては、誰かが担っているつもりで、誰も重要な役割を担わずにいて、子どもと里親家庭がその隙間から落ちていってしまうことである。そういった事態を避けるためにも、そして、重層的に厚みをもった支援を行うためにも、チーム内の連絡連携は必須事項となる。その方法のひとつとして「会議」「ミーティング」がある。こういった「会議」は、特に「チーム養育」と言われるようになってから、里親家庭を含んで行うことも多くみられるようになっている。構成員はその意図するものによって異なるが、いずれの場合にも、「子どもにとって何が必要で、何ができるか。何ができていなくて、どうすればいいのか」「そして、今あるチームメンバーの強みが有効に活用できているのか」を整理し、お互いに知る場でなければならない。

❷ さまざまな取り組み

　会議の持ち方として、さまざまな形がある。

> ▶▶▶**実践上のヒント**：会議の形態の例
>
> ①　「委託前カンファレンス」「里親応援ミーティング」と呼ばれるような委託前後の里親家庭と地域の関係者が集まる会議形態。
> ②　子どもと里親家庭に関する情報共有と対応検討を行う関係者会議。
> ③　児童相談所で年2～3回開催され、年間の課題設定や里親委託促進にかかわる議題を中心に取り扱う里親委託等推進委員会。
> ④　里親支援にかかわる職種それぞれの立ち位置と役割分担および、より良い里親支援のあり方に対する検討会議。

　会議の持ち方は、定期的なものもあれば、里親認定時や委託決定時など節目節目のときに持つものもある。上記のものだけでなく、自立支援計画を立てるための里親家庭への訪問についても、毎年、子どもの意向を知る場であり、子どもの養育方針を立てるための重要な会議と言える。

❸ 子どもと里親家庭を支えるための「会議」とは

　上記のように、会議やミーティングの持ち方は、その意図によって形態が変わる。ただ、すべてにテーマ（意図）があり、その目的のために、かかわる機関職員が集まることになる。

　多くの場合、多忙な職員が集まるのは、困難となった養育の改善を目的とするものや、子どもの課題の再整理や新たな対応が求められるときなどであろう。「子どもにとって」の視点を見失ってしまうと、関係機関が集まる会議は、時に、「この委託を継続するのか、継続が難しいと見立てるのか」の「判断」をするためのものとなってしまいがちになる。

　確かに、そういった判断をせざるを得ない場面も存在する。しかし、**チーム養育の中で求められるのは、細やかで柔軟な、それぞれの強みを再認識して、ベストを尽くすための「会議」**である。それは、児童相談所及びフォスタリング機関が柱となってコーディネートを行う必要がある。里親家庭含む「チームメンバー」が、自分の担当領域の確認と責任の所在を確認し、その部分のみを報告して終わるような形ではなく、肩を組んで円陣を組み、それぞれの担当部分に責任を持ちながら支え合えるような関係性を作るためのものとしたい。そのような会議を継続的に重ねることが、関係者もお互いに強みを知り、信頼関係を築いていく過程となり、「チーム」となっていくのである。

4. チーム・アプローチによる養育の実際

❶ チーム養育及び支援ネットワークの重要性

　「『フォスタリング機関（里親養育包括支援機関）及びその業務に関するガイドライン』について」によると、チーム養育の重要な点は、「里親個人が責任と負担を一身に負うことなく、重層的な支援を行うため、里親とフォスタリング機関、児童相談所が『養育チーム』を組みながら里親養育を行うこと」とされている。

　乳児院や児童養護施設等は、地域で社会的養護の担い手として長く存在していることで、その役割が周知され、理解と対応のノウハウが蓄積されている。周囲も、施設入所に至った子どもたちの課題や特別な配慮について理解していることから、受け入れ態勢が整っており、職員間の連携方法も構築されている。反面、里親家庭は、複数名の委託経験や子育て経験が里親家庭にあれば、ある程度の地域の子育て支援を理解しているが、そうでなければ、里親自身も方法を知りえず、どこから手をつけていいかもわからない状態にもなる。子どもの養育に対しては、十分な専門性と経験を積んだそれぞれの専門機関と専門職から構成される包括的な支援体制が必要となる。それを里親だからと里親自身で開拓していき、関係機関との連携もとるべきという理解では、里親家庭に集中して養育を担ってもらうことが困難となり、多くの負担をかけてしまうことになる。

❷ フォスタリング機関の役割

　そのために、フォスタリング機関が地域の状況を把握し、ネットワークを構築して、その子どもと里親家庭に応じた「チーム」を編成する必要があり、その都度、アセスメントを行い、チームを見直しながら再構成していく。こういったコーディネーターとしての役割が、フォスタリング機関に求められる。子ども（ときには、子どもと実家族）を中心に置き、里親家庭とフォスタリング機関、児童相談所等が「養育チーム」となり養育方針含む支援体制を構築する。そして、関係機関を加えた「応援チーム」による地域ネットワークを構成して、里親養育を理解したうえで、必要な支援を必要なタイミングで対応できるような体制づくりを行う。

　【応援チーム構成の機関例】◆1
　　市区町村（主に家庭福祉主管課や母子）、保健センター、乳児院や児童養護施設（里親支援専門相談員）等、教育委員会、学校、保育所・幼稚園・認定こども園等、医療機関、児

童家庭支援センター、里親会、民生委員、児童委員　等

　また、フォスタリング機関は、フォスタリング業務を担う人材の育成にも取り組まなければならない。平成20（2008）年、厚生労働省は、里親支援機関事業を開始し、民間団体への委託を可能とした。平成24（2012）年には、児童養護施設及び乳児院に里親支援専門相談員の配置が可能となり、以降、里親支援に関する専門職の配置と事業整備が進んでいる。しかし、諸外国に比べて、里親支援に特化する職種や民間団体の数はまだまだ少ない。新たにフォスタリング機関を開設していくうえでも、人材育成は欠かせず、急務でもある。

❸ 里親家庭とチーム養育

　この「チーム養育」という体制が、有効に機能するためには、フォスタリング機関が、里親養育に継続的にかかわり、養育に寄り添いながらともに子どもの養育を担うメンバーとして、里親家庭との信頼関係を紡ぎだしていく行程が必要となる。里親家庭からは、「チームというけれど、最後まで残るメンバーは自分くらい」「メンバーが毎年変わることで、一緒に戦うチームメイトが誰かもわからない」というような声も聞こえる。そういった関係性では、無理やり編成されたものとしかとらえられず、養育を一緒に担うことにも二の足を踏んでしまうだろう。

　子どもにとって、養育者である里親以外にも養育を担う存在が複数あるという意味が、負担にならないように丁寧に説明を行い、子どもの声にも耳を傾けることも重要である。

Episode

　養育里親。里父母ともに就労。乳児が委託となるのを機に里母が休職。転居間もなくであることから、近隣の環境等わからず、どこで遊ばせていいかもわからない状況で不安を抱くようになる。

　◆里親支援事業担当者が、新規委託時の訪問を長期外泊より委託後半年頃まで実施。それ以降は、3～6か月に1回定期訪問を行う。訪問の際に、子どもの発達状況等の把握、里親子関係の把握、里母のメンタルヘルスについて確認を行う。

　里母と一緒に地域の子育て支援ひろばに行き、子育て支援担当者と顔合わせし、自治体の子育て支援サービスの説明を受ける。

　◆居住地の子育て支援担当内でこの里親宅の担当者を決める。子育て支援制度説明およびひろばや一時保育等の説明を行い、定期的に電話連絡をして、地域の子育て支援につながるよう支持する。

　◆居住地を担当する児童養護施設の里親支援専門相談員を、里親の相談先として紹介。

施設の行事などに招待。毎日の子どもとの散歩の際などに施設の園庭に立ち寄ってもらい、日々の悩みや地域の子育て情報について情報提供を行う。

　主に、里親支援事業担当者が、その他の担当職員と情報共有を行い、その経過等を報告書にまとめて児童相談所里親担当者へ提出することで、児童相談所が全体把握を行いながら、必要に応じて地域の保健センターへつなぐなどの体制を整えた。

　子どもとの生活ペースが合うまでの間の里親家庭の心理的負担把握および里親子関係の把握を里親支援機事業担当者が担当し、児童相談所里親担当者とアセスメントを行った後、居住地の子育て支援担当および里親支援専門相談員との連携をコーディネートした。

　＊事例は、意図が伝わる範囲で、個人が特定されないように配慮し、いくつかの事例を合わせて描いたものである。

（長田淳子）

▶注
1　厚生労働省子ども家庭局（2018）「『フォスタリング機関（里親養育包括支援機関）及びその業務に関するガイドライン』について」

▶参考・引用文献
市川光太郎（2015）「家族力・家庭力の低下が引き起こす児童虐待の実態」https://medicalnote.jp/contents/151009-000003-FOLDRT（2019.9.2）
公益財団法人全国里親会（2013）「特集　不調ゼロを目指す児童相談所の取り組み」『里親だより』第97号、2〜5頁
厚生労働省（2020）「社会的養育の推進に向けて」
内閣府（2004）「家庭や地域の子育て力」https://www8.cao.go.jp/shoushi/shoushika/whitepaper/measures/w-2004/html_h/html/g1223310.html（2019.9.2）
全国児童養護施設協議会（2019）「今後の児童養護施設に求められるもの」

有効に機能する
支援者間コミュニケーションのあり方
──良好な協働のために

　「有効に機能する」＝解決に向けた協働がポイントになると考えた。多職種による「連携」や「情報共有」が話題になるのだが、繰り返し取り上げられる課題になっているのは、これがなかなか難しく、さらなる工夫が必要であることのあらわれなのだろう。このコラムでは、関係性の特徴を考え、協働のコツについて述べていきたいと思う。

バランス理論

　効果的に協働を行うためには、まず安定した良好な関係が必要になる。安定した関係性には、図1、図2のような2種類のパターンがある。バランス理論によれば、関係性の積が（＋）の状態が安定となると言われている。図1のように良好な関係が、三者それぞれで築けていれば協働は安定してスムーズに行われる。しかし、図2のような形で、Cの批判で話題を一致させてAとBの二者間で良好な関係を築くことがある。AとBの二者間では安定した関係ではあるが、このパターンでは三者の協働は困難で課題解決に向けた取り組みができず、問題を維持する状態におちいってしまうことになる。特にCに大きな課題がある場合は、このような関係性になることが多い。

　この問題維持の関係性の状態で、AがCに対して支援を行うとすると、効果的な支援を行うためには、AはCと良好な関係を築くことが必要になる。そうすると、図3のように積が（－）になる。この場合、安定に向けて、関係性の変化が生じる。A－B間が（＋）→（－）となるか、B－C間が（－）→（＋）となるような動きが起きてくる。否定や非難といったネガティブなやりとりが多くなると図4のような新たな問題維持の関係性が出来上がってしまうことになる。

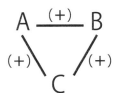

図1　協働的な安定

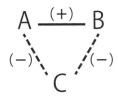

図2　関係維持の安定

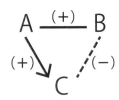

図3　不安定な状態

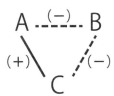

図4　問題維持の安定

パートナーシップとコラボレーション

　効果的な支援を行っていくためには、パートナーシップとコラボレーションが大切だと考える。パートナーシップとは、従属的、依存的でない対等な関係であって、互いに信頼し合って、主体性や特性を尊重し合いながら、互いに責任を持ち合う関係性のことである。これは支援者間だけなく、支援を受ける利用者との間でも築かれるべき関係性なのではあるが、かなり意識していないと、支配─被支配関係になっていってしまう。

　コラボレーションは、複数の立場や人によって行われる協力・連携・共同作業のことで、「意外な組み合わせ」「付加価値の創出」のニュアンスが込められている。目標達成のために、それぞれの機関が持っている特性（システムや機能）を絡み合わせて、効果的な支援を行っていくことである。それぞれの機関が得意なことを持ち寄って支援を協議し、実行していくことになる。コラボレーションがうまくいくためにはパートーナーシップが必要になる。

少しマシな状態を目指して

　良好な協働を実現するためには、まず目的や目標を確認して共有する。次に、アセスメントの共有だが、この時に大切にしてほしいのが、問題や課題といったリスクだけでなく、普通にできていることや目標達成に役立つリソースなどのストレングス（強み）も含めた包括的なアセスメントに取り組むことである。次に、どのように目標に近づいていくのかの道筋を検討し、ショートゴール（短期目標）を定め、そこに行きつくためには何が必要なのか、どんなストレングスが増えればいいのかを考え、共有し、それぞれが行動に移していく。このようなサイクルを繰り返していくことが大切である。リスクを無くすことではなく、リスクを管理しながらストレングスを増やす姿勢。このような立場で話し合うことが大切である。

（菅野道英）

■コラム

フォスタリング機関（里親養育支援機関）ガイドラインについて

　2016（平成28）年改正児童福祉法において、家庭養育優先原則が明記されるとともに、都道府県が行うべき里親支援業務が明確に位置づけられた。

　家庭養育優先原則を徹底し、子どもの最善の利益を実現するためには、受け皿となる里親を増やすとともに、質の高い里親養育を実現することが不可欠である。そして、質の高い里親養育を実現するため、里親のリクルート、研修の段階から委託前・委託中・委託解除後に至る包括的な支援体制の構築が強く求められている。この包括的な支援を担う機関がフォスタリング機関であり、厚生労働省においては、2018年7月にフォスタリング機関についてのガイドラインを策定した。

　フォスタリング機関が担うべき業務（フォスタリング業務）は、都道府県（児童相談所設置市区を含む。以下同じ）が行うべき業務であり、各都道府県はフォスタリング業務の実施体制を構築する責務を有しているが、都道府県（児童相談所）自らがフォスタリング業務を担うことも、その全部又は一部を民間機関に委託して実施することも可能である。

　都道府県（児童相談所）自らがその役割を担う場合には、児童相談所がフォスタリング機関と位置づけられる。また、民間機関にフォスタリング業務を委託して実施する場合について、ガイドラインでは「里親の強みと課題を理解し、里親や子どもとの間の信頼関係を築く観点から一貫した体制の下に、継続的に提供されることが望ましい」ことから、一連の業務を部分的に委託するのではなく、「包括的に委託することが望ましい」としており、包括的な委託を受けた民間機関のみを「民間フォスタリング機関」と定義している。また、民間フォスタリング機関のメリットとして、権限を持つ児童相談所とは異なる立場で里親の思いに寄り添った支援ができること、人事異動がある行政機関とは異なり、継続性や一貫性を意識した人材育成や経験の蓄積が可能であることなどをあげ、民間フォスタリング機関への期待をにじませている。とはいえ、乳児院や児童養護施設など民間フォスタリング機関の担い手として期待される機関に対し、いきなり包括的に業務を委託することは必ずしも容易なことではない。ガイドラインの策定にかかわったひとりとして、各都道府県には、民間機関を育成する視点を持って、将来的に委託可能性を検討するというスタンス

74

を強く期待したい。

　さて、ガイドラインにおいては、まず、その目的として「里親制度は『子どものための制度』との共通認識の下、質の高い里親養育を実現すること」を明記し、一貫して「里親支援」ではなく「里親養育支援」という言葉を使用している。フォスタリング機関には、常に「子どもの最善の利益」の視点からの支援が求められる。例えば、「子どもと実親との関係性に関する支援」についても、フォスタリング機関の重要な業務として取り上げているのも、このガイドラインの特長のひとつと言えよう。

　また、フォスタリング業務の成果目標として、①委託可能な里親を開拓し、育成すること、②里親との信頼関係を構築し、相談しやすく、協働できる環境を作ること、③子どもにとって必要な安定した里親養育を継続できる（不調を防ぐ）を掲げている。

　そのうえで、具体的なフォスタリング業務の内容を、①里親のリクルート及びアセスメント、②里親登録前後及び委託後における里親に対する研修、③子どもと里親家庭とのマッチング、④子どもの里親委託中における里親養育への支援、⑤里親委託解除後における支援に区分し、それぞれの業務の具体的な実施方法や取り組みのポイントについて、実践例も紹介しながら解説したものとなっている。

　最後に、民間フォスタリング機関と児童相談所との関係について触れておきたい。ガイドラインでは、フォスタリング業務を民間に委託する場合であっても、フォスタリング業務の最終責任は都道府県（児童相談所）にあること、児童相談所の体制強化は引き続き必要であること、両者は信頼関係を構築し、情報共有を徹底し、協働して問題解決に当たることが必要であることなど、その成否にかかわる極めて重要なポイントを指摘している。

　フォスタリング機関は、家庭養育優先原則に基づく里親委託を推進するために中核的な役割を果たす必要不可欠なものとして位置づけられている。このガイドラインが質の高いフォスタリング機関の整備に資することを願っている。

（長田浩志）

第5章

里親等人材養成及び研修・研究のあり方

Key Word

家庭養護／人材養成／ OJT ／ OFF-JT ／研修／研究／エビデンス

1. 家庭養護における人材養成の現状と課題

❶ 里親の人材養成の現状と課題

　何事も初動が肝心である。それは、里親における人材養成についても例外ではない。里親を希望する人が、実践への入り口をくぐる前が、その後の人材養成を左右するといっても過言ではないだろう。

　近年、里親登録をしている人は増加傾向にあり、2018年現在で約1万2000世帯が里親に登録している。増加はしているものの、社会的養護を必要とする子どもたちの数には到底届かず、圧倒的に足りていない。しかし、問題は数の多少にとどまらない。これら里親登録者の約65％近く（2018年現在）が未委託であり、里親を希望していても子どもを委託されない里親が数多くいるからだ。

　もちろん、統計を取った時点でたまたま子どもを受託していなかった、あるいは、たまたま子どものニーズに合う里親がいなかった、高齢になり里親としての受託は希望しないが、里親に協力したいため里親登録を残している人がいる、などさまざまな理由があるだろう。しかし、それらを考慮しても65％近くが委託されていないということは、初動対応に問題があり、里親として活躍してもらえない里親がいるということを意味する。里親の人材養成において、もっとも重要な課題は、初動対応であると考えられる。

❷ 家庭養護を支援する機関の人材養成の現状と課題

　現在、日本で里親を支援する機関としては、児童相談所、民間フォスタリング機関、児童養護施設・乳児院（里親支援専門相談員）などがある。しかし、近年の調査を見ても、児童相談所をはじめとしたこれらの機関の里親支援に携わる配置人数は決して十分ではない。

> **Episode**
>
> 　里親家庭への支援を行う職員の研修に何度か参加したことがある。そこでは、ほとんどが職員1人だけの職場、または2人だけの職場から来ているのを目にした。1人職場では、同じ里親を支援する立場で働いている人との横のつながりもままならない。さらに異動が伴う児童相談所や施設の場合には、1年〜4年ほどで異動し、せっかく築きかけた他機関の職員とのつながりが切れてしまうことも分かった。そのような状況下では、毎年のように、里親支援の職種は初めてであり、何をしたらいいのかと悩む職員が後を絶たない。そのため、里親家庭を支援する際に生じる悩みや苦労を分か

> ち合いたいと考えている人が多いことを知った。

　家庭養護を支援する人の人材養成は、日本ではまだ途に就いたばかりであり、里親を支援し、養成していくことができる機関は、現状においてはほとんどないことが大きな課題のひとつである。

---

2. 家庭養護における人材養成のあり方

---

❶ 里親の人材養成のあり方

　筆者は、ある民間フォスタリング機関の職員から、「養育里親さんは、子育てを生き方として選んでやっている」という趣旨の発言を聞いたことがある。つまり、「里親をする」ということは、何かの「活動をする」ということではなく、その人の人生の生き方となっていくというのだ。「里親をする」ということは、里親にとって、非常に大きな意味を持つということである。

　そうであるならば、里親として生きていこうと決めるとき、つまり、初動の段階で「里親」というものを理解しておくことは、里親を希望する人たちにとって非常に重要な点であるのは間違いない。里親は「社会的養育」、つまり、保護された子どもたちを社会から預かって養育するということを理解して里親になることが必要になる。

▶▶▶実践上のヒント

　里親を希望する人が、里親が行うのは私的な養育ではなく、「社会的養育」であるということを理解するまで里親申請は待ってもらい、面談や家庭訪問を行い、根気強く丁寧に説明を続ける必要がある。

　初動対応の部分でそれを理解しないまま、もっと言えばそれを理解させてもらえないまま、里親となってしまった場合、それはその人にとって、またそこに委託される子どもにとって、不幸なことになる可能性が高まることを意味している。こうしたことは、その後も続く里親の人材養成の観点からも避けるべきことである。

　加えて、里親は、社会的養育はチームで行うことを理解しておく必要がある。私たちにとって、最も私的な空間である家庭を子どものために提供し、日常生活において子どもを

養育するということは里親自身の「生活そのもの」であるということになる。したがって里親がさまざまな機関と協働するためには、里親は時にそのもっともプライベートな部分を見せることを余儀なくされることがある。そう考えると、里親にとって他機関と連携して協働することは、一見大変そうに思えるかもしれないが、子どもの育ちだけでなく里親自身の育ちを促すことにもつながるし、何よりも養育の負担が軽減されることを里親には知ってもらいたい。

❷ 家庭養護を支援する機関の人材養成のあり方

　家庭養護を支援する人は、まず、里親との信頼関係の構築を目指さなくてはならない。信頼関係を構築していくには、まず里親に敬意を持つことが何をおいても大切なことであろう。家庭養護を支援する人の人材養成の初めには、これらを理解してもらうことが重要になる。

　里親登録者のうち未委託の里親が大きな割合を占めることはすでに述べたが、さまざまな里親を活用できるのか否かは里親を支援する機関にかかっているといっても過言ではないだろう。里親となった人が「社会的養育」と「チーム養育」を理解しているのであれば、そうした里親を活用できないのは非常にもったいないことである。

　もちろん、子どものニーズに照らして委託を決定する必要はある。しかし、100％相性の合う完璧な親子というものは、里親に限らず見つからない。里親を支援する機関の職員の中には、子どもやその親に関する経験を多く積まれた方がいるだろう。学生時代から、対人援助や人の心理を熱心に勉強し、現職についてからも熱心に研修を受け続けている方もいるだろう。そうした方々には、多くの知識と経験から、理想、と考えられる里親像があるかもしれない。そして、理想の里親像とは程遠い里親たちが登録しているかもしれない。しかし、この世界にはさまざまな人がいる。当然、里親もさまざまな人がいる。自分の知識・経験からくる価値観に当てはまらない人を排除するのではなく、その人の可能性に目を向ける必要があるだろう。自らの価値観をよく知り、そして、この世界には多様な価値観があり、それらすべてに敬意を払う必要があると学ぶことは、ソーシャルワークの第一歩でもある。

　里親を支援する機関は、里親が子どもを受託したとき、その里親がその子どもに対して不足している部分について気づくかもしれない。里親に不足部分があるから、その子どもにふさわしくないのではなく、その不足部分は里親支援機関が補完するべきであろう。

▶▶▶実践上のヒント

　里親の不足部分を補完するためには、里親を支援する機関自身が、自分たち機関の力量・強み・弱みを見極め、里親の弱みがどのようなものであれば、自分たちが補完できるのかを知る必要がある。そして、機関自身と職員自身の力量を上げていく必要がある。

　子どもを里親に委託できるか、できないかは、里親の持つ能力以上に、里親を支援する機関の能力にかかっているといっても過言ではないだろう。

　家庭養護を支援する機関は、自らの価値観にとらわれず、家庭養護を実践しようとする里親に敬意を持ち、里親との間に信頼関係を構築し、里親の強みに着目し、弱みに対しては支援の中で補完していくという姿勢を持てる人材を養成することが望まれる。

3. 家庭養護における研修のあり方

❶ 里親における研修の現状と課題

　養育里親に関して言えば、以前と比較すると、研修自体はかなり体系化したものになってきた。特に里親登録前の基礎研修・認定前研修については、厚生労働省からも「里親研修カリキュラム（例）」が例示されているし、登録前には、実習を含めた研修を数日行うことになっており、多くの自治体である程度は取り組まれている。認定後は、地域の里親にアンケートを取るなど、地域の里親のニーズを探り、必要なものを実施したり、あるいは多くの研修を組み、その中から、里親に選択してもらったりしている地域が多いようである。

　養育里親研修の課題としては、地域の里親の実情に合った、あるいはニーズにかなう研修を行えていない点、また、登録前の研修を含め、日程や頻度、内容は地域によってさまざまであり、研修の中身に格差が生じている点があげられるだろう。さらに登録前・認定前の研修は、多くの自治体で取り組まれているとはいっても、より中身が濃く、時間と日数をかけたものにすることが検討されてもよいだろう。

　しかし、養育里親以外の研修については、さらに多くの課題点がある。専門里親は、養育里親以上に座学や実習の研修のカリキュラムが濃い内容となってはいるが、虐待や非行等のより専門的な養育を行う里親としては、より長い時間をかけて研修を積む必要があるように思われる。

　また、親族里親や養子縁組里親については、養育里親と同じ研修を受講してもらうことも少なくないだろう。親族里親や養子縁組里親については、養育里親と同様の研修内容でもよい研修もあるだろうが、それぞれの里親の種別に合った独自の研修も必要である。養育里親と同様に、それぞれの研修カリキュラムを一から組み立てる必要があるのではないだろうか。また、養子縁組里親や親族里親の研修については、養育里親以上に、地域差が

あるように思われるため、それぞれの研修カリキュラムに最低限の水準を示し、養育里親とは別建てで研修カリキュラムを作成する必要がある。

❷ 家庭養護を支援する機関における研修の現状と課題

　家庭養護委託を推進していくには、大前提として里親家庭への支援を充実させる必要がある。しかし、里親家庭への支援体制は徐々に整備されようとしているものの、未だ十分とは言えないように思われる。そして、家庭養護を支援する機関の多くが、少ない配置人数で家庭養護の支援にあたっている。

　特に、日本における家庭養護の制度は、近年激動の中にある。その中で、家庭養護に関係する職種にある人々は、国の度重なる制度改正に翻弄されてきたといっても過言ではないだろう。そのような状況下のため、**家庭養護を支援する機関のための、全国規模の体系的な研修は未だ組み立てられていない。**そしてその結果、家庭養護を支援するための研修を十分に行えず、支援の多くが、職員個人の施設や機関での経験であったり、社会人としての経験であったり、といった個人的な「経験値」に頼っているように思われる。

　家庭養護を支援する機関における研修はそもそも体系化されていない。そのため、学びたければ、自分で学びの場に出ていくしかないのが現状である。その現状を打破するためには、まず家庭養護を支援する機関同士の連携を強化するべきである。児童相談所、里親支援機関、施設の里親支援専門相談員など、家庭養護関連の機関、職員と連携し、研修を体系化していく必要がある。厚生労働省のホームページには「フォスタリング機関人材育成報告書」が掲載されているが、今後、**家庭養護を支援する機関同士の全国的な組織の中で、最低限の研修の水準を検討する必要があるだろう。**

❸ 家庭養護における研修システム

　里親と家庭養護を支援する人が学ばなくてはならないことは非常に幅広い。子どもの身体的・心理的発達など子どもに関する基本的なことに加え、被虐待児があらわす行動や発達障害、子どもにかかわる社会的資源などがある。また、里親が直面する特有の課題、つまり、子どもを人生の途中から養育する中途養育がもたらす課題、子どものアイデンティティにかかわるさまざまな課題（里親家庭での名字をどうするか、小学校での1/2成人式、真実告知など）や実親との交流、里親家庭の実子とのかかわりなどもある。

　地域によって状況はさまざまであると考えられるが、「今年は○○のニーズがありそうだから○○のテーマで行こう」といったような行き当たりばったりの研修ではなく、**必要な研修を体系的に組み立てる必要があるだろう。**

　そして、可能であれば、**受講者それぞれの段階に合わせてステップアップしていくこと**

ができるような組み立てが望まれる。

> ▶▶▶**実践上のヒント**
>
> 　登録・認定後、未委託の里親には、里親のモチベーションがますます高められるよう、また今後、子どもを受託する時の備えとなるような養育の幅広い研修が用意される必要がある。また、子どもを受託した里親には、受託している子どもの養育につながるような、里親のその時の養育の悩みや受託している子どもの気質や特徴、それまでの環境的背景につながるような研修が求められる。

　体系的に研修システムを組み立てていく必要性と受講者の段階に合わせた研修システムの組み立ては里親と家庭養護を支援する人のどちらにも共通する点である。

　加えて、家庭養護を支援する人は、ソーシャルワークを学ぶ必要がある。まず、里親との信頼関係を構築するとともに里親だけでなく、里親家庭の子どもとも向き合い、子どもと直接かかわることが重要である。それによって、子どもの気持ちや子どもが家庭で置かれている状況を支援者自身が身をもって知ることができるし、里親の養育の悩みもより理解できる。

　また、里親の養育の愚痴を聞くこと、里親に寄り添うこと、里親の養育の苦労を認めることは、家庭養護の支援の大切なポイントではあるが、時には里親も専門家からのアドバイスがほしいこともある。そのための社会資源の引き出しを作っておくことも家庭養護の支援機関とその職員に求められる重要な要素である。

> ▶▶▶**実践上のヒント**
>
> 　子どもにかかわる弁護士、心理士、医療関係者、保育者など、必要な時には里親がほしいアドバイスをピンポイントで提供することができる専門家をいつでも紹介できるようにしておくことが必要である。

　家庭養護を支援する人には、それぞれの家庭と子どもを十分に理解し自らも支援を行いながら、その時々に必要な社会資源を過不足なく組み合わせて活用していくソーシャルワークのスキルについても研修システムの中に取り入れることが望まれる。

❹ OJTによる研修のあり方

　里親におけるOJTは、施設現場などでの実習が考えられる。特に、里親登録前の里親希望者や未委託の里親に対しては、児童養護施設や乳児院等での実習は非常に有効である

と考えられる。

　その理由を里親側から見れば、第一に、児童養護施設や乳児院で実習を行うことで、里親自身が社会的養護を受ける子どもたちと接する機会を得ることができるからである。里親を希望する人が抱いている「子ども像」と社会的養護を受ける子どもは大きく異なることがあるが、その場合には、それを修正することができる。

　第二に、職員の子どもへのかかわり方を見ることができるからである。子どもたちと職員とのかかわりを見ることで、里親希望者が児童養護施設や乳児院に負のイメージを抱いていれば、それを払拭できるし、対応が難しいと思われる事柄についてもどう対応したらよいか理解することができる。

　第三に、ある年齢の子どもがどの程度の発達を遂げているのかを見ることができる。里親を希望している人の中には、子どもの養育については初めてという人もいる。そのような人にとっては、どのくらいの年齢の子どもがどの程度の発達を遂げ、どの程度のことを理解できるのかを知るだけでも有意義な研修となる。

　さらに、里親家庭を支援する側から見れば、第一に児童養護施設や乳児院等の職員が里親希望者と接することで、里親への理解が深まることがあげられる。第二に、子どもに対してどのようなかかわりを持てる人なのかを実際に子どもと接する場面を観察することで理解できる点をあげられる。ただし、この時に職員が気をつけなくてはならないこともある。それは、施設での実習を通して職員が感じたことはすべてではなく、**実際は異なることもある**ということだ。結局、私たちは人を分かったつもりになったり分析を重ねたりしても、その人のごく一部を知ることにしかならない。

Episode

　認定後の10日間の実習を乳児院で受けている。実習の時に「いいな」と思った里親でも、実際に子どもを養育すると「あれ？」ということがある。そして、逆に、実習の時に職員同士で「あの里親さん、大丈夫かな？」と不安に思うような里親であっても、実際に委託されてみると、子どもととても良い関係を構築していることもある。（里親支援機関職員談）

　認定前の登録時や認定前研修の段階では、里親が周囲の人からどのくらいインフォーマルな支援を受けられるか尋ね、「ママ友、いますよ」ということはある。しかし、実際に周囲の人ととても良いお付き合いをされているというのは、委託後、１週間に１回、10日に１回訪問する中で知ることができる。（里親支援機関職員談）

　さらにいえば、短い実習の間でも、里親と向き合って熱心に指導してくれる施設であればいいが、現実的には、子どもとの日常や施設運営の中で忙殺され職員一人ひとりが疲弊している現場も決して珍しくはない。そのような中で、里親を希望する人の実習を指導することは、難しいのではないかと思える施設もある。また、若い職員が多く、自分たちよりも年上の里親を希望する人に対して「指導」することに躊躇する職員もいるようである。しかし、里親の研修を請け負うのであれば、里親や里親を希望する人のことを熱心に指導してもらえなければ、実習の意味が失われてしまう。

> **Episode**
>
> 　ある里親が認定前研修の一環として、児童養護施設に実習に行った。職員からは「子どもとかかわってください」と言われるだけで、特にそれ以上の説明等は何もなかった。子どもたちと遊んでみたが、子どもごとの細かい禁止事項のルールも多く、それらは子どもから聞かされた。職員はただただ忙しそうで質問をできる雰囲気ではなかった。とはいえ、職員自身もこんなに忙しい状態で仕事をするのはつらそうに見え、里親の指導をできないのは無理もないと里親は感じた。（里親談）

　家庭養護を支援する人たちにおいても、他機関での実習は有意義であると思われるが、現状においては、支援者の実習を行えるほど体力のある現場は、ほとんどないと思われる。いずれも少ない配置人数で里親家庭への支援を行っており、そもそもモデルとなることができるような現場自体が日本では稀少である。今後、里親家庭を支援する機関の横の連携が強まり、1〜2日程度であったとしても、職場見学を行い合えるようなシステムができることが望ましい。

❺ OFF-JTによる研修のあり方

　家庭養護（里親・支援者の両者）におけるOFF-JTは、講義形式の座学が多いように思われる。体系的なことを学ぶため、知識を蓄えるためには、講義も重要である。しかし、家庭養護にかかわる研修については、講義だけでなく、グループワークを取り入れる必要があり、むしろ、研修の中心には講義ではなく、グループワークを据えるべきだろう。

　グループワークでは、主体的・具体的に受講者自身に考えてもらうことが必要である。そして、自分の意見を述べるだけでなく、ほかの人の意見を聞く場をつくり、相互作用を実体験することが重要である。

> ▶▶▶**実践上のヒント**
>
> 　具体的な場面を設定してのロールプレイなども取り入れた事例検討を数多く取り入れることが有効である。

　一つひとつの事例はケースバイケースであり、ひとつとして同じ事例はあり得ないが、たくさんの事例を検討することで、想像力が働くようになる。日常のあらゆる場面で、もしこのようなことが起こったら自分はどのように対応したらよいかと、考える機会を増やすことにつながる。また、事例検討の場で、複数の人々の意見を聞くことで、ひとつの事例に対する幅広い考え方が身につき、複数の対応の仕方を知ることができる。そうした一つひとつの事例検討が積み重なることでさまざまな場面において応用していくことが可能になる。

> ▶▶▶**実践上のヒント**
>
> 　具体的な受講者の価値観を問うような抽象的な事柄に関するグループ討議も有効である。

　子どもの養育の過程においては、養育する側のそれまで歩んできた人生の歴史やその歴史の中で築き上げられてきた人生の価値観が如実に顕れるものである。自分が大切に思っているもの、自分の家族観、人生観といった受講者の価値観は、同じ日本で生活し、同じように里親、あるいは家庭養護の支援者であっても異なることが多い。里親の研修にも支援者の研修にも価値観を問うワークをグループ討議に取り入れることによって、自分がそれまで当たり前に考えてきたものとは異なる価値観に触れることになり、自分の考え方がすべてではないことを具体的に知ることは、家庭養護に携わる者としての幅を広げることにつながる。

4. 家庭養護における研究のあり方

❶ 家庭養護における研究の現状と課題

　社会福祉の分野では、エビデンスが重要であり、それは家庭養護の分野でも同様である。エビデンスとは、証拠・根拠を意味する。つまり、根拠のない実践は脆弱であるということだ。しかし、家庭養護の分野の研究は歴史が浅く、エビデンスがまだ十分に蓄積されていない部分が多い。そして、十分なエビデンスがないがゆえに、専門家や経験者が語る、

個人的な経験や伝聞が、ある程度、絶対的なものとして受け止められてしまうことがある。確かに、それらの語りは、個人的な経験などから生まれた貴重なものであるが、それらを家庭養護にかかわるすべての人・子どもに一般化するのは、リスクが伴う。なぜなら、それはひとつの語りであるにもかかわらず、それ以外の可能性を排除してしまう危険性があるからだ。その語りに当てはまらない人にとって、時に、新たな苦しみを生む要因ともなる。

　エビデンスの蓄積には、科学的な研究が必要となる。社会福祉などで一般的に使われる調査研究の手法としては、大規模な質問紙調査と現場の思いも含めて丁寧に聞き取るインタビュー調査などがある。そして、それらは、研究者、あるいは現場の人々それぞれによって行われることも多い。

　多くの場合、現場は「今すぐ『この問題』に対する解決策が欲しい」ということが多いのではないだろうか。研究者が、より広く、また長期的な視野に立った研究を行うときには、今役立つ結果がすぐには出ないこともある。そのため、現場の人々と研究者との間に離齬が生まれることがある。**両者の思いのギャップは研究と実践の乖離を生み出すことにもつながる。**

　家庭養護の分野では、エビデンスの蓄積が十分ではなく、現場の人々と研究者が十分な協働関係を築ききれていないことが現状であり、課題である。

❷ 家庭養護における研究のあり方

　それでは今後、家庭養護における研究はどうあるべきなのか。筆者は、**現場と研究が循環しあうようなシステム**が望まれるのではないかと思う。

　調査研究にはある一定の手法と作法がある。そうした手続きを踏むことで結果がエビデンスとしての信頼性を得ることもできる。現場ではそうした手法や作法を学ぶ時間はない。しかし、研究者は、研究手法などを学んできたのだから、ある程度熟知していると考えていいだろう。

　一方で、研究者は現場とのつながりや、現場での経験が少ない。現場の人々は、自分たちの実践によるデータや研究者が知らない現場では常識とされていることを研究者に提供することができる。**現場の人々と研究者の2者が協働する**ことで、現場の思いや現実に即した研究が行え、研究者の独善的な研究ではなくなるのではないだろうか。

▶▶▶実践上のヒント

　調査研究のデザイン、具体的な質問項目等を研究者のみで決めるのではなく、現場の人々にもかかわってもらうとよいだろう。

　具体的には、研究者が調査研究を始める前に、現場での課題、問題視されていることなどを現場の人々から教えてもらう**カンファレンスの場を作る**などがあげられる。その過程

では、具体的な調査の項目やどのような尋ね方をすれば目的に合った回答を得られるかなどについても議論されるべきであろう。また、**現場から調査してほしいことを研究者側にオーダーする**ことも考えられる。もちろんその場合も、なぜその調査が必要なのかという大枠から細かい質問項目などについて議論しながら進めていく必要がある。

　加えて、大規模な質問紙調査などを行うと、現場には質問紙だけが配布され、現場の人々はそれに回答するだけになる。一般的にこの種の社会調査では20〜30％の回収率があればよいといわれているが、当然回収率が多いほうが調査の信頼性が増す。里親を対象とした調査を見ると、回収率は、多くの調査で50％近く、場合によっては60％以上のときもある。里親たちは、一般的な家庭よりも、熱心に調査に協力してくれていることがよく分かる結果である。そしてそれは、里親というまだ世間一般に認知が希薄なものを広めたいという思いの表れかもしれない、あるいは、つらいことや理不尽なことを経験したことから研究の発展を願っているのかもしれない。

　だが一方で、「一生懸命時間を作って調査に協力しても、自分の協力が何のためになったのか分からない」という現場の声もよく聞かれる。調査研究をした者は、報告書を出すことが多いが、報告書は協力を得た自治体・施設・機関などには送付されても、協力してくれた現場の職員や里親一人ひとりにはわたらないことも多い。質問紙調査は誰が協力してくれたかは分からないようになっているということもあり、ホームページなどで公開する程度が現状である。

▶▶▶実践上のヒント

　調査結果を現場の人々にフィードバックをすることで、調査がより深まる可能性がある。

　本来であれば、現場で回答してくれた人たちに対して、**分かりやすい言葉でフィードバック**する必要があるのではないか。研究者側が、現場の人々に調査のフィードバックする場を設けることができれば、それに対して現場の人々が意見をだすことができる。つまり調査のフィードバックへのさらなるフィードバックが得られる。調査の結果に対して現場の直感的な印象を知ることで、調査の解釈が絞られたり、逆に広がったり、その**調査はより深められていく**。今後の家庭養護の研究では、調査前における意見交換などにとどまらず、**調査後においても研究と現場が相互にかかわりあうような研究**を望みたい。

（三輪清子）

▶参考・引用文献
三輪清子・大日義晴（2018）「『養育里親の登録・研修・支援に関する調査』報告書」

■コラム

全国家庭養護推進ネットワーク

　我が国における子どもの社会的養護は、これまでその多くを施設養護に頼ってきたが、2016（平成28）年の児童福祉法改正において、里親委託をはじめとする「家庭養護」が原則とされ、さらに子どもたちのパーマネンシー保障という観点から特別養子縁組を推進していく方向が明確に打ち出された。

　今後、全国すべての地域、現場において、家庭養護が原則だと言えるほどに、里親委託やファミリーホームへの委託を増やしていかなければならない。そのためには、里親、ファミリーホーム、施設、児童相談所、民間養子縁組あっせん機関、フォスタリング機関、学会、行政、メディアなどさまざまな関係者相互のネットワークを構築・強化するとともに、それぞれの現場で関係者が共通認識の下、密接に協力して具体的な対策に取り組むことが必要となる。また、今後は、障害児施策や子育て支援施策、母子保健施策、学校教育等の関連分野との連携と協働も、ますます重要性を増してくるであろう。

　「全国家庭養護推進ネットワーク」は、こうした環境の中で、家庭養護とその関連分野の関係者相互のネットワークの構築・強化を図るとともに、実効性のある施策について、志ある方々が、それぞれの主体間の垣根や主義主張の相違を超え、横断的に交流、討議し、お互いを高め合うプラットフォームとして設立された。設立発起人には、関連分野の学者、有識者、メディア、専門職団体、関係省庁OBなど多くのみなさんが名前を連ねられ、こうした趣旨に賛同し、共に声を上げていただいている。

　このネットワークの主要事業として、年に一度FLECフォーラムを開催している。これは、すべての子どもたちに家庭での生活を（Family Life for Every Child: FLEC）という思いをこめて、家庭養護とその関連分野にさまざまな立場で携わる関係者が集い、相互のネットワークの構築・強化を図るとともに、実効性のある施策について意見を交わすことを目的にしている。家庭養護の推進に興味・関心のある方はどなたでもご参加いただけるので、幅広い分野の多くのみなさまの参加を心からお待ちしている（詳しくは事務局を預かる一般社団法人共生社会推進ネットワークのHP（https://isephp.org/）をご参照いただきたい）。

　このネットワークとフォーラムの運営は、潮谷義子（社会福祉法人慈愛園理事長、前熊本県

知事）・柏女霊峰（淑徳大学総合福祉学部教授）・相澤仁（大分大学福祉健康科学部教授）３氏の共同代表の下、筆者が代表幹事として実務面をとりまとめさせていただいている。

　筆者は養育里親として2007年の３月に里親登録をし、長期短期合わせて10数人の子どもたちを受託してきたが、これまでのそうした現場経験に加え、かつて厚生労働省の行政官として社会的養護に関する政策立案を担当していた際の行政経験をも踏まえて、若干上記の繰り返しにはなるが、次の３点にしっかり留意して運営していこうと考えている。

　①　広く社会的養護、子ども家庭支援に関心のある方々が、立場や主張の相違を超えて横断的に集い、率直な交流、意見交換により、人のネットワークを広げていく場とする。

　②　この分野に志のある方が個人として集い、しがらみに囚われず、自由に議論できる場とする。

　③　理念や理論だけではなく、現実の社会のそれぞれの現場を一歩一歩前に進めていくための具体的な政策について議論する場とする。

すでに開催された第１回、第２回のフォーラムでは、「新たな社会的養育ビジョン」や各地方自治体の「社会的養育推進計画」を踏まえた今後の社会的養護の課題や、フォスタリング機関のあり方、施設の多機能化・高機能化、特別養子縁組推進の展望や課題、アドボカシーシステム、障害児施策から、子ども子育て支援諸施策の連携と協働など、現場の視点からマクロ的な政策まで、さまざまな課題を取り上げ、有意義で刺激的な議論ができたものと自負している。

また2021（令和3）年1月の第3回FLECフォーラムでは、「施設の多機能化と家庭養護支援の仕組みづくりに向けて」をメインシンポのテーマとし、2022（令和4）年に予定されている児童福祉法改正に向けてネットワークの幹事会としての制度改正提案をさせていただくとともに、7月には児童福祉法改正を展望する緊急シンポジウムも開催した。

　筆者自身も一里親として、子どもたちにとって「家庭」という場がいかに重要であるかを日々強く再認識する。このネットワークとフォーラムが、我が国のすべての子どもたちに、然るべき育ちの場としての「家庭」を保障し、その未来を切り拓く一助となることを切に願っている。

（藤井康弘）

第 6 章

ファミリーホームにおける自己評価・第三者評価

1. 養育・支援の質の向上のための自己評価とその活用

❶ ファミリーホームの要件と家庭養護の位置づけ

　ファミリーホームは、2008（平成20）年児童福祉法改正により「小規模住居型児童養育事業」として制度化され実施となった家庭養護の形態である。「小規模住居型児童養育事業（ファミリーホーム）実施要綱　第1目的」に、以下のように事業目的が記されている。

　　小規模住居型児童養育事業は、養育者の家庭に児童を迎え入れて養育を行う家庭養護の一環として、保護者のない児童又は保護者に監護させることが不適当であると認められる児童（以下「要保護児童」という。）に対し、この事業を行う住居（以下「ファミリーホーム」という。）において、児童間の相互作用を活かしつつ、児童の自主性を尊重し、基本的な生活習慣を確立するとともに、豊かな人間性及び社会性を養い、児童の自立を支援することを目的とする。

　「里親及びファミリーホーム養育指針」（2012〔平成24〕年3月）が、生活実践の方向性を示すガイドラインとして示されている。また、この指針の内容を養育上の多様な実例を用いながら解説する『里親・ファミリーホーム養育指針ハンドブック』が全国里親委託等推進委員会（当時）から2013（平成25）年に発刊、用いられてきた。また、2015（平成27）年に日本ファミリーホーム協議会が策定した倫理綱領も、目指すべき姿を示す。子どもの権利擁護を担保しながら、児童福祉法に明記された子ども主体の実現に向かって、どのように「説明がつく」養育や運営をともに「育てて」いくかが問われている。

　厚生労働省によると、2020（令和2）年3月末の全国のファミリーホーム設置数は417か所、委託児童数1660人で増加傾向である。国が政策として掲げる家庭養育優先原則に基づき、家庭での養育が困難又は適当でない場合は、養育者の家庭に子どもを迎え入れて養育を行う里親やファミリーホーム（家庭養護）を優先する方向でその活用が進められている。里親・ファミリーホームをあわせた「里親等委託率」は、2019年3月末に20.5％となっている。

　制度化以前から里親型のグループホームとして自治体で行われていた事業を法定化したものがファミリーホームであり、里親のうち多人数を養育する事業形態、相応の措置費が交付できる制度とした。実践が始まると、里親から移行したファミリーホームのほか、新たに開設したものの中には、施設分園型グループホームとの相違があいまいな形態も生じ、

本来の家庭養護の理念の明確化をとの要望から、里親及びファミリーホーム養育指針（2012〔平成24〕年）策定に合わせ、以下のように確認されている（児童福祉法施行規則と実施要綱を改正）。

1. 「里親及びファミリーホーム養育指針」という形で指針を里親と一体のものとした。
2. ファミリーホームは、児童を養育者の家庭に迎え入れ養育を行う家庭養護である理念を明確化した。
3. ファミリーホームは、里親が大きくなったものであり、施設が小さくなったものではないとの位置づけとした。

以下のように実施要綱の改正が行われている（2012〔平成24〕年）。

① 　小規模住居型児童養育事業を行う住居を「ファミリーホーム」、小規模住居型児童養育事業を行う者を「ファミリーホーム事業者」と称する（制度化以来、「小規模住居型児童養育事業所」等と称し施設的な印象となっていたことから、事業を行う住居を「ファミリーホーム」、事業を行う者を「ファミリーホーム事業者」と名称変更）
② 「夫婦である2名の養育者＋補助者1名以上」又は「養育者1名＋補助者2名以上」とし、家庭養護の特質を明確化
③ 「養育者は、ファミリーホームに生活の本拠を置く者でなければならない」とし、同じく家庭養護の特質を明確化
④ 「委託児童の定員」などの用語に変更
⑤ 　養育者の要件は、養育里親の経験者のほか、乳児院、児童養護施設等での養育の経験が有る者等に変更

　また養育者は、事業を行う住居に生活の本拠を置く者に限る（それ以外は補助者）とした。養育体制は、養育者2名（配偶者）＋補助者1名、又は養育者1名＋補助者2名とし、基本的には夫婦が住まう住居での家庭養護を実践モデルとし、提示した。形態としては、「自営型」として①養育里親の経験者が行うもの、②施設職員の経験者が施設から独立して行うものとがある。「法人型」も設置可能であり、施設を経営する法人が、その職員を養育者・補助者として行うものがある。施設職員が法人（施設）を退職して独立し、「自営型」を開設する形もある。それまで職員として勤務していた法人が、関係を切ることなく、孤立を予防し、法人としてそのファミリーホームをバックアップする連携スタイルもある。
　ファミリーホームの養育の特性は、以下のように整理される。

① 　家庭養護（養育者の家庭に迎え入れて養育を行う）として位置づけ

② 　第2種社会福祉事業（多くは個人事業者。法人形態も可能）

③ 　定員5〜6名

④ 　養育者と補助者があわせて3名以上（措置費上は、児童6名の場合、常勤1名＋非常勤2名）。

事業形態や会計監査などは施設に準じているが、里親の発展型であり、家庭養護である。

❷ ファミリーホームにおける養育の基本と留意点

「養育指針」でも、家庭養護を基本とすることが重ね重ね確認されながら記載され、中でも（子どもの権利擁護の章において）子どもを権利の主体として尊重すること、「日常的に子どもが自分を表現しやすい雰囲気をつくり、自分の思いをいったん受け止めてもらえる安心感や養育者との関係を確保することが養育の要」としている。子どものニーズに応えられる養育者であるかが最も重要だからである。子どもの背景や状態は多様で養育が困難な場合もあり、関係機関や社会資源との連携や協働が必須である。また、毎日の生活を子どもたちとともに「パターナリズム」（上下関係）でなく「パートナーシップ」（横並びの対等な関係）でどう創っていくかが子どもの権利条約の時代に求められる子どもの養育の課題である。子どもを「育てる」営みであるが、子どもの「育ち」をどう積むことができるかに、家庭養護の養育者の専門性が問われる。

3.　権利擁護

〜「里親及びファミリーホーム養育指針」第Ⅱ部各論　3.　権利擁護　より

（1）子どもの尊重と最善の利益の考慮

・子どもを権利の主体として尊重する。子どもが自分の気持ちや意見を素直に表明することを保障するなど、常に子どもの最善の利益に配慮した養育・支援を行う。

・子どもが主体的に選択し、自己決定し、問題の自主的な解決をしていく経験をはじめ、多くの生活体験を積む中で、健全な自己の成長や問題解決能力の形成を支援する。

・つまずきや失敗の体験を大切にし、自主的な解決等を通して、自己肯定感を形成し、たえず自己を向上発展させるための態度を身につけられるよう支援する。

・子どもに対しては、権利の主体であることや守られる権利について、権利ノートなどを活用し、子どもに応じて、正しく理解できるよう随時わかりやすく説明する。

（2）子どもを尊重する姿勢

・社会的養護を担う養育者として理解する必要のある倫理を確認し、意識化するとともに、養育者らは子どもの権利擁護に関する研修に参加し、権利擁護の姿勢を持つ。

・独立した養育の現場で子どもに密にかかわる者として、子どもが、生活の中で自分が

大切にされている実感を持てるようにする。

⑶　守秘義務

・子どもが委託に至る背景や家族の状況など、養育者として知り得た子どもや家族の情報のうち、子どもを守るために開示できない情報については、境界線を決めて確認し、守秘義務を守り、知り得た情報を外部には非公開で保持する。

・近隣に話をしにくかったり、里親として子どもを養育していることを周囲にどう言えばよいかわからなかったりする里親も多い。「特別な子ども」として認識されることが目的ではないので、ごくあたりまえの家庭生活を送り、養育していることの理解を得る。

⑷　子どもが意見や苦情を述べやすい環境

・日常的に子どもが自分を表現しやすい雰囲気をつくり、自分の思いをいったん受け止めてもらえる安心感や養育者との関係を確保することが養育の要であることを、養育者が理解する。

・併せて、子どもが相談したり意向を表明したりしたい時に相談方法や相談相手を選択できる環境を整備しておく。また、そのことを子どもに伝え、子どもが理解するための取組を行う。

・子どもの側からの苦情や意見・提案に対しては、迅速かつ適切に対応する。

・子どもの希望に応えられない場合には、その理由を丁寧に説明する。

⑸　体罰の禁止

・体罰は、子どもにとっては、恐怖と苦痛を与えるものであり、ある行為を止めさせる理由を教えることにはならない。

・体罰はある行為を止めさせる即効性のある方法であるが、体罰という方法では、理由があれば力で他者に向かってよいことを結果として教えることになってしまう。また、子どもに自己否定感を持たせることとなる。それらの理由から、体罰がなぜ養育の方法として適切でないかを理解する。

・養育者はいかなる場合においても体罰や子どもの人格を辱めるような行為を行わない。体罰の起こりやすい状況や場面について、研修や話し合いを通して、体罰を伴わない養育技術を習得することも大切である。

⑹　被措置児童等虐待対応

・子どもが里親家庭やファミリーホームでの生活に安定した頃に起こる試し行動や退行による行動、思春期の反抗など様々な行動に養育者は戸惑いながらも、対応する経験を重ねていくことで子どもとともに成長していく。

・しかし、時に子どもの行動が激しくなり、養育者の対応の限界を超えることがある。

子どもも養育者も行き詰まった上での不適切な対応が、被措置児童等虐待に結びつくことを理解する。

・体罰や子どもの人格を辱める行為、子どもに対する暴力、言葉による脅かしなどは不適切なかかわりである。子どもを大切に養育したいという思いが先行し、しつけから逸脱することがないようにする。

・被措置児童等虐待防止のもつ意味とそのための取組について、十分に認識し、養育者のみならず、実子による受託した子どもへの虐待、受託した子ども間の暴力等も想定した予防体制が必要である。

・養育者も一人の人として不適切な対応をすることもある。そうした場合、子どもがそのことを表明したり、子どもから第三の大人など他者に伝えることはできるし、伝えてほしいなど、養育者が子どもに説明する。

・里親家庭やファミリーホームが密室化しないための、第三者の目や意見を取り込む意識を持ち、工夫する。

　子どもとの関係が悪くなり始めると固定化した人間関係の中で問題状況が密室化し、さらに深化することも考えられる。養育者が住み込む「ホーム」において第三者のまなざし・かかわりを取り込むのは努力だが、公的養育として安全の担保と信頼の確保は欠かせない。

❸ 養育のふり返りと自己評価

　「里親及びファミリーホーム養育指針」の各論の最後には、独善的な運営と養育を回避する考え方が示されている。

5.　養育技術の向上等
（1）養育技術の向上
・養育者らは、子どもの養育・支援及び保護者に対する養育に関する助言や支援が適切に行われるように、研修等を通じて、必要な知識及び技術の習得、維持及び向上に努める。

・社会的養護に携わる者として、養育者一人一人が課題を持って主体的に学ぶとともに、地域の関係機関など、様々な人や場とのかかわりの中で共に学び合い、活性化を図っていく。

・研修などの場で養育者が「できていない」ことを開示できる安心感を確保する。
・ファミリーホームでは、主たる養育者は、養育者だけでなく補助者についても、資質

向上のため研修会等への参加の機会を設ける。

（2）振り返り（自主評価）の実施

・養育者らは養育のあり方をより良くしていくためには、できていないことや課題の認識とともに、養育の中ですでにできていること、子どもに表れているよき変化等もあわせてとらえ、多面的に振りかえっていくことが必要である。

・ファミリーホームでは、運営や養育内容について、自己評価、外部の評価等、定期的に評価を行う。養育者だけなく、子どもも相談できる第三者委員を置くことは、ファミリーホームの養育の質を高める方法である。

「ふり返れる力」は、専門性である。公的な第三者評価の一環としての狭義の自己評価にとどまらず、運営や子ども理解、養育の要点の確認を加えていくこと、「子どもにとって」を軸においた観点からの気づき・学びを次に活かす柔軟性をもったルーティンが重要となる。

❹ 日本ファミリーホーム協議会による倫理綱領の作成（2015〔平成27〕年）

以下は、日本ファミリーホーム協議会の倫理綱領◆1である。

日本ファミリーホーム協議会 倫理綱領（平成27年5月21日採択）

　すべての子どもは、家庭において豊かな愛情を注がれ成長していく権利を持っています。

　私たちファミリーホームは、社会的養護を必要とする子どもたちに、子どもにとってあたり前の生活の場である「家庭」を提供し、迎え入れます。

　子どもを権利の主体として尊重し、地域に根ざした家庭としての暮らしを通して子どもの豊かな発達と自立を支援し、子どもたちが自己肯定感を感じられ、ともに育ちあうことのできる生活を子どもたちとともにつくります。

　私たちファミリーホームは、家庭養護として事業化され社会的な養育を担う者として公的責任を託されていることを自覚し、子どもや家族、社会から信頼される、専門性を持った養育力の向上に努めます。

1.　子どもの最善の利益の尊重

　私たちファミリーホームは、一人ひとりの子どもの最善の利益を第一に考え、愛着関係と基本的な信頼感を基盤とする養育を通し、子どもたちの豊かな発達と自立を支援します。

2.　家庭養護の保障

　私たちファミリーホームは、養育者が地域に住まう家庭に子どもを迎え入れ、家庭で

の生活を大切にしながら、養育者と子ども、子ども同士の関係を守り、活かし、子ども
たちが豊かに育ちあうことを支援します。

3. 子どもとその家族への理解と支援

　私たちファミリーホームは、それぞれの子どものおかれた状況や生きてきた歴史、育
ちの姿を受けとめ、子どもとその家族との関係を大切にしながら養育します。

4. 守秘義務の遵守・プライバシーの保護

　私たちファミリーホームは、守秘義務を守り、子どもやその家族のプライバシーを尊
重し、子どもも大人も相互に信頼と安心に満ちた家庭生活の実現に努めます。

5. 子どもの安全・安心の保障と権利擁護

　私たちファミリーホームは、子どもの基本的人権と権利を擁護し、いかなる理由があ
っても、あらゆる虐待・人権侵害・社会的排除を否定し、これらから子どもを守ります。
よって、私たち自身もこれを行いません。

6. 子どもの意見表明の支援と子どもの代弁

　私たちファミリーホームは、家庭生活を通して子どもの自己実現を支援し、子どもが
主体的に自らの意思を表現できるよう支えます。また、日々の養育を通して子どもの声
を聴き、ニーズを受けとめ、子どもの立場に立ってそれを代弁・発信していきます。

7. 地域社会や他機関との連携

　私たちファミリーホームは、地域の人々と協力し合い、関係機関・団体と連携するネ
ットワークや関係者とのつながり・支援を活用しながら、ひらかれた養育を目指します。

8. 信頼される養育のための専門性の向上

　私たちファミリーホームは、研修や仲間との学び合い、自己研さんを通して人間性や
専門性の向上に努め、社会的養護の養育を担う者としての責務を果たします。

　これらを実質的な生活におとしこみながらかみくだくように実践に結びつけていくこと
は、まさに「子どもたちとの協働」「関係者との協働」である。その姿勢が必要だ[2]。

　2017(平成29)年3月、実施要綱がさらに改正された。家庭における養育環境の実現に向け、
法人型のファミリーホームであっても養育者となる職員の人事異動が想定されていないこ
とが求められた[3]。施設分園型グループホームとの相違がどうあるのか、ファミリーホー
ムのあり方をめぐってかねてより議論されてきた論点も背景にある。「新しい社会的養育
ビジョン」(平成29年8月)以後、改めて「『家庭環境』とは言い難いファミリーホームが
存在する」等の関係者の課題認識が示され、同時に「家庭で養育できない子どもがまず養
育されるべき環境は family based care である」と明記された。家庭には弱さもつきもので
ある。個性豊かな各ファミリーホームの持つ強み（strength）と課題の確認は両方必要だ。

> **Episode**
>
> 　補助者のAさんは、ある社会的養護施設に保育士として勤務した経験を持つ人である。「養育の中で子どもの最善を考えたとき、養育者のしていることは違うなと思ったり、子どもと接する中で養育者に対して言えないことをくみ取ったりしたときには、風通しよく伝えてくださいね。ファミリーホームは、閉じていてはよい養育ができません。あなたにはそういう立場を期待していますので、よろしく」と伝え、養育者は補助者を地域から迎えた。「このことは、被措置児童等虐待防止でもありますからね」と。高校生が不機嫌そうに部屋にこもる夜もある。部屋をノックする訪問する補助者。いろいろな出来事が日々あっての生活。だからこそ、の養育チーム。養育者夫婦と補助者は日常的な小さな気づきを互いに出しあい、信頼をより深めながら、語らいながら養育を創っている。

　家庭養護を支援する人の人材養成は、日本ではまだ途に就いたばかりであり、里親を支援し、養成していくことができる機関は、現状においてまだ不足していることが大きな課題のひとつである。

2. 養育・支援の質の向上のための第三者評価（利用者評価）事業とその活用

　家庭養護であっても公的養育であり事業者であるファミリーホームには外部からの第三者評価を受ける努力義務がある。そのことの意味を整理する。

❶ 第三者評価実施への経緯

　そもそも福祉サービスの第三者評価は、戦後の福祉体制を転換する社会福祉基礎構造改革の理念を具体化する仕組みとして位置づけられる。基本的方向は以下である。

①サービスの利用者と提供者の対等な関係の確立、②個人の多様な需要への地域での総合的な支援、③幅広い需要に応える多様な主体の参入促進、④信頼と納得が得られるサービスの質と効率性の向上、⑤情報公開等による事業運営の透明性の確保、⑥増大する費用の公平かつ公正な負担、⑦住民の積極的な参加による福祉の文化の創造

　第三者評価は、④が具体化されたものである。2012（平成24）年度から、社会的養護関係施設では第三者評価の受審と結果の公表が義務づけされ、種別ごとの運営指針（家庭養護では「里親及びファミリーホーム養育指針」）が策定、第三者評価のガイドラインも改定された。それをもとに、各都道府県が評価基準を設定し、第三者評価の専門性を持つ評価者が実施する。

　ファミリーホームの受審は努力義務であり任意だが、積極的な受審が推奨される。

❷ 第三者評価の要点

　第三者評価実施は、厚生労働省通知「社会的養護関係施設における第三者評価及び自己評価の実施について」（平成30年通知を改めたもの）に記載されている。

　児童福祉施設のうち、社会的養護関係施設である児童養護施設、乳児院、児童心理治療施設、児童自立支援施設、母子生活支援施設は、「児童福祉施設の設備及び運営に関する基準」により、第三者評価の受審及びその結果の公表が義務づけられている。これらの施設は、第三者評価を3年に1度以上受審する義務、また評価基準の項目に沿って、自己評価を毎年行う義務がある。施設には被虐待児等が多く措置され、DV被害を受けた母子等も入所するため、受審の義務づけがされた。第三者評価機関の認証は、原則として全国推進組織が行い、有効とすることになっている。ファミリーホームと自立援助ホームの受審は「児童福祉法施行規則」で努力義務とされた。

　第三者評価は、まず、評価基準に沿って自己評価を行うことから始まり、組織全体で、施設運営を振り返り、できていることやできていないことを洗い出し、そして、外部の目で評価を受けることを通じて、今後の取り組み課題を把握する。評価手法は、書面調査（事業者による自己評価）、訪問調査、アンケート等による利用者の意向を把握する利用者調査により構成されている。また、受審にあたり、第三者評価の評価基準に基づいた自己評価をホーム内で行い、ホーム全体で協議しながら、日頃の運営や養育について自己点検を行い、取り組みの改善を意識化すること、関係者がその機会に話し合うことは、適正な運営と養育の質の向上へのプロセスとして意味がある。受審費用は、3年に1回計上できる。

❸ 第三者評価の意義

　受審の意義として、次のような点が考えられる。

・提供する養育や支援の質について、日頃の努力点や成果とともに、改善点や留意点、以後必要な取り組み事項が見つかる。具体的な目標設定に向けた気づきが得られる。
・評価項目を通し、子どもの視点から生活を見直すことができる。

・積極的な取り組み姿勢を対外的に示し、社会的理解につなげていくことができる。

　家庭養護には施設と同様のマネジメントが求められるわけではない。養育者・補助者が審査項目を通して日常をふり返り、気づき、軌道修正に向かえるよう評価のあり方を「育てる」ことや日常との関連づけが重要である。利用者の声を聴くことの具体化も進めたい。

3. 養育・支援の質の向上のための監査と運営改善

❶ 指導監査の必要とその意味

　ファミリーホームは、児童福祉法第34条の5、ファミリーホーム実施要綱等に基づき、都道府県による指導監査を定期的に受けることとなっている。各自治体は人員・運営・安全管理等の項目ごとに基準を設け、実地検査等により運営面も確認している。その内容は、必要と認める事項の報告、関係者への質問、ファミリーホームへの立ち入りによる養育状況や環境の確認、設備や帳簿書類その他必要事項に関する確認・検査である。

　内容としては、法令遵守、適正な運営体制、適正な会計について、委託児童の権利擁護、緊急時・災害時対応とその備えに関する確認等がある。あわせて、養育の質、日頃の委託児童との関わりや生活支援の実際等について、行政担当者と運営者が成果と課題をともに確認する機会である。活かすべき特性をさらに活かし、環境整備と養育の質の向上を図ること、子どもと子どもの将来に「説明のつく」養育の模索が求められる。

❷ 第三者委員の選定と配置

　独立性の高いホーム運営は、ともすると閉鎖的になり、大人・子ども間の上下関係が生じることもあり、留意が必要である。また、措置児童はもとより保護者や地域住民などからの苦情等にも公正に対応し、改善を図るようにするため、第三者委員を選定し、配置するとよい。養育者の意識の向上、子どもの意見をくみ上げる仕組みづくりのための学び合いも必要だ。

　第三者委員は、子どもの権利擁護の視点を持ち子どもの意見をくみ取れる、率直な意見、助言を言える等の観点を考え、直接ホームと利害関係のない人に依頼するとよい。どんな養育者も考え方や判断のくせ、価値の偏りがあるものだ。よって、自己覚知が必要であり、それは専門性として求められるものである。

依頼の具体例として、地域の児童委員・民生委員、社会福祉士、保育士、児童福祉関係者、保護司等の他、子どもがよく利用するコンビニエンスストアの店長等に依頼する例もあるという。子どもにとって身近で、意見を言いやすい人が適任とされている。

大きな意味で「ファミリーホームの運営や養育を見守り、気づいたことは意見してくれる人（一緒に考えてくれる客観的な伴走者）、子どもの思いを受けとめ、養育を支えようとしてくれる人をつくる」ことにもなろう。

補助者は、子どもや養育、養育者のありようをサポートし、時にチェックする存在になり得る。ただ、補助者の人数や年齢層、養育者との関係性、働き方、養育への関与のし方は多様であり、今後も議論が残るところである。「客観的なまなざし」を入れる役割を果たすには、補助者の意識向上も求められよう。

❸ 今後の養育・支援の質の向上のための視点

養育の質が担保され、社会から信頼される実践の模索は常に必要である。制度化以来、ファミリーホーム間の実践や養育の質の格差も指摘されてきた。個々の子どもの課題に応えることのできる養育力を養育者・補助者が備えること、家庭における多人数養育であることから子どもたちの状況を関係機関・社会資源とともにアセスメントすること、リスクマネジメントの観点からも子ども同士の関係性をとらえ育ちあいを促すことも重要だ。児童相談所との連携はもとより、社会資源活用の面では地域の里親との連携、フォスタリング事業等との協働、実親との協働も必要である。被措置児童等虐待の防止も試みながら、孤立化しない仕組み作り、ファミリーホームへの支援体制整備もまた要検討である。

Episode

「高年齢の子どもが、いつも文句を言うので、本当に困るわ」という養育者。しかし、ためた思いを養育者をとびこえて子どもが第三者委員に寄せることはない。よく聴くと、毎日の要望や期待するかたちを養育者に存分に表現できているともとらえられる。子どもは安心できる生活の場でこそ、信頼し期待する人にのびやかに自己表現をする。養育者に甘え、見離されない関係を確かめながら改めて自分を生き始める。人間関係が密な家庭生活では、期待する相手にとくに自分を「出す」もの。「日々『言えている』のは、いたって健全な気がします。よい意味で、意見表明してよい人、よい場だと思えている証しではないかと。だんだんと相手への言い方の配慮もできるようになるといいですね」と、養育者と語り合った。

（横堀昌子）

▶注

1　**倫理綱領**とは、専門職が利用者に寄り添って支援に携わるうえでの倫理観や業務上の責任等、サービス提供の前提となる重要な遵守事項等を取りまとめ明文化したもの。前文と条文、各条文の解説から成る。「価値と原則」「倫理基準」、コンプライアンスの内容等をもりこみ、各国家資格の職能団体やそれぞれの福祉施設協議会等が作成・公開している。自らの働きを通して果たす責任や専門性を社会に対して説明・宣言するとともに、弱い立場に置かれがちなサービス利用者の権利保障と権利擁護のための考え方や留意点を確認する指針として活用するものである。

2　倫理綱領の各条文の意味等については、横堀昌子（2015）「日本ファミリーホーム協議会倫理綱領策定によせて」『社会的養護とファミリーホーム』Vol.6、福村出版参照。

3　厚生労働省発出、平成29年3月31日雇児発0331第39号の通知で、ファミリーホーム実施要綱の第2（2）③部分に、ファミリーホーム事業者は「家庭における養育環境と同様の養育環境は、単に虐待等のない良好な生活基盤であるだけでなく、子どもの逆境体験や離別・喪失による傷つきを回復するための生活基盤として、『家』という物理的環境のほか、一貫かつ継続した密な関係性を形成し養育能力がある特定の養育者との生活が共有できること等が必要であることから、養育者となる職員については人事異動が想定されていないことが望ましい」と追記されている。

▶参考・引用文献

相澤仁編集代表、松原康雄編（2013）『子どもの権利擁護と里親家庭・施設づくり』明石書店

ファミリーホームの設置運営の促進ワーキンググループ（2014）「ファミリーホームの設置を進めるために」平成26年3月発行

―――（2014）「ファミリーホーム事例集」平成26年3月発行

全国里親委託等推進委員会（2013）『里親・ファミリーホーム養育指針ハンドブック』

ファミリーホームだからできること、強み、日々のこと

　私の所属する社会福祉法人麦の子会では、2021年4月には4軒のファミリーホームを運営しています。法人型ですが、このうち3つのホームの養育者は、里親を長くやっていました。

　麦の子会の関係者は、かつて、10組くらい里親登録をしていました。みんなで助け合ったり法人の職員の協力を得たりしながら、連携して子どもたちを育ててきました。法人が障害のある子どもの支援をしていることもあり、困り感が高い子どもや障害の重い子どもが多く措置されるようになりました。里親さんたちは一生懸命育ててくれましたが、里父も働いていて困り感の高いお子さんを養育することは大変なことでした。子どものパニックや暴力などで大変な時に対応したり、一人ひとりの子どもの障害や養育について検討したりするなど法人の職員が応援することが増えていきました。

　そんな時にファミリーホームの制度があることを知りました。ファミリーホームは、養育者だけではなく補助者もいて、障害のある子どもたちのことも手厚く養育できるのではないかと思ったのです。

　ファミリーホーム設立についてみんなで話し合いを何度も重ねました。そんな時里親さんから「6人の子どもを育てていくファミリーホームであっても、これまでのように障害のある子どもや虐待を受けた子どもたちを育てていくには、後方的な支援があったほうが安心」との意見が出されました。そのような経過で、私たちは里親だけが子どもの養育の責任を取るのではなく、法人と一緒に子どもたちを育て、社会的養護の子どもを支える拠点となる法人型のファミリーホームをつくろうということになりました。

　里親よりももっとたくさんの子どもを助け、家庭養育を経験させたいという思いの方が多くいます。ファミリーホームにはもちろん、里親からファミリーホームになった里親型も多くあります。

　私たちのファミリーホームの朝は早く、里母は4時半に起きます。なぜなら、子どもが起きてこないこの時間は、里母にとって自分のケアをする自分だけの大切な時間なのです。この時間があって、6人の子どもの養育を日々頑張れると言います。

その後の朝は大忙しです。全員分の洗濯をして、事務作業をしてから、6人分の朝食を作るのです。里父は子どもと一緒に起きてきて、幼児さんと障害のある子どもの着替えや、洗面、食事の介助をします。まだ起きていない残りの小学生3人や高校生に声をかけ起こします。みんなでご飯を食べて、児童発達支援事業、小学校、高校へとそれぞれに登園、登校します。障害のある子どもは学校まで送っていく必要があります。遅刻しそうになる高校生を地下鉄まで送ることもしばしばあります。

　毎日のように事件が起きます。日常の中で子ども同士が言い争いになることが多く、里母が間に入ってそれ以上不穏にならないように気を遣う日々です。時として子どもが暴力をふるったり、物を壊したりすることもあります。暴力をふるってしまう子どもの気持ちを理解し適切なかかわりをしながらも、他の子どもの気持ちをケアすることも欠かせません。障害のある子どもは、学校の友達や先生ともうまくいかず、里親がお迎えに行くことも多々あります。ただ、法人型のためその場合は放課後デイサービスでみてもらうことができます。日中は子どもたちがそれぞれの場で活動していますが、里親さんたちには、掃除、買い物、庭の草取り、学校とのやり取り、病院受診、幼児さんの母子通園など見えない多くの仕事があります。

　また、子どものことを振り返るためのスーパービジョンを法人から受ける時間を設けています。特に課題が多い子どもが不穏になり、暴力が出てしまった次の日は、その振り返りをして子どもの気持ちや今後の支え方等を話し合うとても大事な時間です。

　食事は補助者が作ってくれています。夕方子どもたち帰ってきたら、またにぎやかな暮らしです。お風呂に入り、ご飯を食べ、宿題を見てあげたりしながらの団らんの時でもあります。

　これまでも困り感の高い大変なお子さんを育ててきました。ファミリーホームの養育者さんは「子どもから暴力を受け骨折したこともありましたが、ファミリーホームの子育てに生きがいを感じています。その子どもが困難を乗り越えて、今とても安定した生活をしています。あの時、別れないでよかった」と言っています。ファミリーホームという家庭

養護の中で24時間近い時間寝食を共にし、地域で暮らしながらいろいろな人や機関と連携し、子どもたちが少しずつ里母父を信頼し、他の人たちを信じることができるようになっている姿が何よりもうれしいことです。

　施設をやめてファミリーホームを立ち上げた里親さんも、できるだけたくさんの子どもに家庭養育で育ってほしいという願いを持っている方が多いのです。

　ファミリーホームは今、基本となる基準は同じですが、さまざまなファミリーホームがあります。乳幼児期の子ども、思春期の子どもなどそれぞれのファミリーホームの強みを生かして子どもを受け入れ、地域の子育ての核になっているところもあります。また、緊急一時保護の子どもの受け入れなど、地域の拠り所として全国で大切な役割を果たしています。

　社会的養護の必要な子どもで、比較的困り感の高い子どもも一緒に地域の中で、家庭養育が保障することができるのは、ファミリーホームには養育者の里母や里父だけではなく、サポートしてくれる補助者が配置されていることも大きな要因です。今後は、地域での専門機関や施設、フォスタリング機関との連携がますます必要になってくるでしょう。

　社会的養護の必要な子どもたちそして比較的困り感の高い子どもたちも一緒に、家庭で、地域で、みんなで支えることができるのがファミリーホームの強みとも言えます。

（北川聡子）

ファミリーホームの運営について

　ファミリーホームとは、厚生労働省が定めた第二種社会福祉事業で「小規模住居型児童養育事業」を行う住居をいいます。

「ファミリーホーム」は、家庭環境を失った子どもを里親や児童養護施設職員など経験豊かな養育者がその家庭に迎え入れて養育する「家庭養護」です。

　事業という言葉がつきますが、あくまでも養育者の家庭の中で、5～6人の子どもを預かり、子ども同士の相互の交流を活かしながら、基本的な生活習慣を確立するとともに、豊かな人間性及び社会性を養い、将来自立した生活を営むために必要な知識及び経験を得ることに主要な目的があります。

　ファミリーホームは、2008（平成20）年の児童福祉法改正により「小規模住居型児童養育事業」として全国的に実施されました。

　それ以前から里親型のグループホームとしていくつかの都道府県等で行われていた事業を、新たに里親制度と並ぶ家庭養護の制度として国が法定化したものであり、里親のうち多人数を養育するものを事業形態とし、相応の措置費を交付できる制度としたものです。

　ファミリーホームは、法人または個人が事業者として行うことができますが、この事業は、養育者の住居において、複数の委託児童が養育者の家庭を構成する一員として行わなければならないため、養育者には以下のような要件があります。

　児童福祉法第34条の20第1項各号のいずれにも該当しない方であって、次の各号のいずれかに該当する方。

　（1）養育里親として2年以上同時に2人以上の委託児童の養育の経験を有する方

　（2）養育里親として5年以上登録している者であって、通算して5人以上の委託児童の養育の経験を有する方

　（3）乳児院、児童養護施設、情緒障害児短期治療施設又は児童自立支援施設において児童の養育に3年以上従事した方

　（4）都道府県知事が前各号に掲げる者と同等以上の能力を有すると認めた方

　養育をしているのは「２名の養育者（夫婦）と補助者１名以上」又は「養育者１名と補助者２名以上」であり、かつ「養育者はファミリーホームに生活の本拠を置く者でなければならない」とされていることから、子どもたちは養育者の住まいで家庭の一員として養育されています。

　開設にあたり、里親が条件を満たして開始する場合と、児童養護施設等を辞めてファミリーホームを開所する方もいます。また、法人型のホームも増えてきていますが、里親登録が条件となりました。個人で開設する場合は事業主として、税務上の扱いも同時に行っていく必要があります。

　日本ファミリーホーム協議会では運営に関してもアンケート調査を実施する中で、自治体間の格差がまだ多くあることが課題としてあがっています。

　独自で定められている要件、開設にあたり必要な提出書類の内容、必要な設備、各種加算、監査の有無、補助金有無など格差があります。

　運営に関しては、措置費が子どもが６人から５人になった場合でも単価が変わり運営できるようになりましたが、４人以下ですと運営が厳しくなります。ファミリーホームに子どもが来られるかは児相次第です。ファミリーホームをいつでも安心して続けられるように、４人になっても運営できるようにという声があります。

　また、現在も困り感の高いお子さんを受け入れているホームがほとんどということもあり、家庭養護としては４人程度が良いという意見もあります。一方で、少しでも家庭養護で多くの子どもを受け入れたいので、６人を育てたいという意見もありました。今後、ファミリーホームのあり方を、子どもの対場に立って模索していく必要があります。

　子どもたちの状況をみると、手帳や受給者証を持っている、発達障害、被虐待体験、非行傾向、暴力、引きこもり、不登校、外国人の受け入れなどさまざまな配慮が必な子どもが増えています。フォスタリング機関との連携については、国からはファミリーホームは支援の対象ではないという回答もあったためか、「連携している」が２割に満たない状況です。

日本ファミリーホーム協議会で立ち上げているあり方検討会では、方向性が2つ出されています。1つ目は、より家庭的な養育のために4人の子どもで運営できるファミリーホームについて。もう1つは、一時保護、ショートステイ、フォスタリング機関との連携による里親支援が含まれる地域の家庭養育の拠点となる多機能型についてです。

　4人の子どもで運営できるファミリーホームについては、4人くらいがより家庭的に養育できる理想の人数、など約半数のホームが賛同の意見をあげています。

　もう1つの多機能型については、地域の社会的養護の必要な子どもを受け入れたり、里親の集まりを設けたり、一時保護の子どもを受け入れたり、これまでの養育経験を生かして社会的養護の家庭的な拠点となる方向も模索しています。

　いずれにしても、これまで10年以上の歴史の中で、社会的養護の必要な子どもたちを地域の家庭という拠点で育ててきたファミリーホームの実績は大きいものがあります。

　今後ファミリーホームは、施設ではない家庭の中で、必要な子どもたちのために専門性を高めつつ、子どもにとって安心安全の拠り所として家庭の機能、地域の子育ての拠点としての役割も果たし、子どもたちの明るい未来に貢献していきたいと考えます。

（北川聡子）

第III部

さまざまな連携

第**7**章

児童相談所と里親・ファミリーホームとの連携

Key Word

児童相談所／3つのC（Clinic, Consultation, Coordinator）／相談業務／措置機関／
里親支援

はじめに

　社会的養護にかかわる関係者にとって、児童相談所との関係は重要なものなのではあるが、児童相談所がどのような組織でどのような考えを持ってどんな仕事をしているのか、見えにくいのではないだろうか。

　筆者は、公務員としての職歴のすべてを児童相談所で、児童心理司、児童福祉司、スーパーバイザー、管理職として過ごし定年で退職した。その経験を生かして、現場感覚を織り交ぜながら児童相談所のことを理解していただきたいと思っている。

1. 児童相談の歴史と特性

　戦前（大正末期から）の社会情勢から、子どもにまつわるさまざまな取り組みがなされた。それは、乳幼児や青少年の高い死亡率から、養育知識や養育スキルの向上を目的とした「児童健康相談事業」、青少年の就業にあたって、能力や適性に見合った職業につくことを促す「少年職業相談事業」、精神薄弱児（知的障害児）に対して、障害に即した指導や教育を行う「教育相談事業」などがあった。これらはそれぞれ独立した取り組みであったが、児童の個性や知能の科学的な検査を用いた鑑別が相談の中に組み込まれ、客観的な情報に基づいた指導が行われるようになっていった。

　児童相談事業は、社会的な要請に基づく政策として取り組まれており、子どもの権利を著しく侵害するような児童虐待についても問題視され、子どもを劣悪な環境から守るためにもさまざまな研究や社会運動がなされ、国としても1933（昭和8）年に児童虐待防止法を成立させるなど、子どもが安全・安心な環境での育ちを意図した取り組みがなされていった。

　第二次世界大戦後、1947（昭和22）年12月12日に制定された児童福祉法（児童の福祉を担当する公的機関の組織や、各種施設及び事業に関する基本原則を定める法律）により児童相談所の設置や機能などが規定された。当時、社会問題となっている、孤児、浮浪児、不良児、障害児などの要保護児童を一時的に保護し、鑑別し、適切な措置（施設入所や養子縁組）を講じることが、主な仕事となっていた。

　このような事情から、児童相談所は、要保護児童を発見・保護し、児童の個性や知能を科学的な検査を用いて鑑別を行い、措置をするため、措置部、判定指導部、一時保護部の三部体制をとり、措置部の業務をサポートする形で有機的な運営を図ることとされた。この組織形態が、現在まで、基本的な形態として引き継がれてきた。

　業務内容としては、非行に関する相談や障害に関する相談は設立当時から続けて対応しており、措置機関（施設入所や里親委託の決定）としての役割を継続しつつ、その時々の社会的な課題に取り組む形で、障害児の早期発見・早期療育、不登校児の支援などに取り組み、社会資源の整備に貢献してきた。

　1995（平成7）年頃には、児童相談所の役割として、①高度に専門的な指導・治療を必要とする事例や困難な事例の相談に応じるクリニック機能（Clinic）、②市区町村への情報提供や技術支援などのコンサルテーション機能（Consultation）、③広域ネットワークの核としてのコーディネーター機能（Coordinator）を充実すべきとされ、『3つのC』として提唱され、地域の児童家庭相談の拠点としての機能を追求していた。

　そんな中、社会的に児童虐待への対応が課題となり、1997（平成9）年に「児童虐待等に関する児童福祉法の適切な運用について」という通知が出され、児童相談所が持つ権限をフル活用した支援を求められた。その後、2000（平成12）年には「児童虐待の防止等に関する法律」が施行され、児童虐待対応が児童相談所業務の中心になっていった。この間も、悲惨な児童虐待の事件があり、児童福祉法をはじめとする関係法令の改定により、児童虐待対応の拠点、子どもの権利擁護を担う機関として機能強化がなされてきた。

　実は、児童相談所の業務は、時代が変わっても設立当初の措置・判定指導・一時保護の三部制が土台になっており、現在でも安全・安心な生活を保障する手段に施設や里親に措置をすることは大切な支援方法になっており、措置後のサポートも大きな課題になっている。

----

2. 児童相談所の役割と業務

　児童福祉法は、第1条で、「全て児童は、児童の権利に関する条約の精神にのっとり、適切に養育されること、その生活を保障されること、愛され、保護されること、その心身の健やかな成長及び発達並びにその自立が図られることその他の福祉を等しく保障される権利を有する。」と権利の主体と位置づけられている。また、第2条では、「全て国民は、児童が良好な環境において生まれ、かつ、社会のあらゆる分野において、児童の年齢及び発達の程度に応じて、その意見が尊重され、その最善の利益が優先して考慮され、心身ともに健やかに育成されるよう努めなければならない。」とされ、「意見表明権」や「最善の利益の優先」などの、子どもの権利条約の具体的な内容が盛り込まれている。

　児童相談所は、児童福祉法第12条に基づき、各都道府県、政令市に設けられた児童福祉の専門機関である。すべての都道府県および政令指定都市には必置であり、2006（平成18）年4月からは、中核市にも設置できるようになっている。都道府県・政令市では規模や地理的状況に応じて複数の児童相談所や、支所を設置している。児童相談所運営指針では、児童福祉法の理念を実現するために市区町村などの基礎自治体が行う、児童及び妊産婦の福祉に関し、①必要な実情の把握、②必要な情報の提供、③家庭その他からの相談に応ずること並びに必要な調査及び指導、④家庭その他につき、必要な支援などの業務に対して、専門的な知識及び技術を必要とするものについて技術的援助及び助言をする、となっている。その他には、相談判定・一時保護・措置という3つの機能がある。

① 相談判定機能

　0歳から18歳までの子どもに関する家庭その他からの相談のうち、専門的な知識及び技術を必要とするものについて、必要に応じて子どもの家庭、地域状況、生活歴や発達、性格、行動等について専門的な角度から総合的に調査、診断し、それに基づいて援助方針を立て、子どもの支援を行う。

② 一時保護機能

　必要に応じて子どもを家庭から離して一時保護所、児童福祉施設、里親等に一時保護する。

③ 措置機能

　子どもや保護者に対して、在宅で児童福祉司、児童委員、市町村、児童家庭支援センターが指導をする。または、ファミリーホームや里親への委託、児童福祉施設等に入所させるなど支援の決定を行う。

　また、行政機関の機能として、権限行使が規定されている。これは、民法に規定された親権者の親権喪失、親権停止もしくは管理権喪失の審判の請求やこれらの審判取消しの請求、未成年後見人選任及び解任の請求などを家庭裁判所に対して行うことができる。

3. 児童相談援助の流れ

　基本的に児童相談所は、受けた相談は全て受付し、初期の見立てをして、児童相談所で

相談を継続していくのか、他の機関を紹介するのかを判断することになっている。ここでは、基本的な相談の流れについて説明をする（➡本巻第10章も参照のこと）。

❶ 相談の受付（受理）

　直接保護者や子どもから相談を受ける場合と関係機関や住民から情報が寄せられる通告や送致などにより、相談援助活動が始まる。以前は、直接に相談を受理することが多く、相談に行くよう指導され、相談の意欲が薄くてもスタートは切れていたが、児童虐待通告などの間接的な情報による受理が増え、相談のスタートを切るのが難しくなっている。まず初期情報から、大まかな見立てを行い、診断を確定するためにどのような調査が必要なのかを決めるまでが受理の作業となる。

　児童虐待などで危険性の高い事例は、受理段階でアセスメントを実施して緊急度を見極め、権限行使による介入的な支援を始めることになる。

❷ 調査

　調査は、子どもの健全な成長発達にとっての最善の利益を確保する観点から、子どもや保護者等の状況などを明らかにし、子どもや保護者等にどのような援助が必要であるかを判断する。基本的に、相互信頼関係の中で成立するもので、主として児童福祉司や相談員が担うとされている。

❸ 診断と見立て

　専門職員による調査・診断を統合する形で総合診断を行う。
① 社会診断（主に児童福祉司が担当）

　保護者や子ども、関係者との面接、観察や照会などにより、社会学的に現状を把握する。
② 心理診断（主に児童心理司が担当）

　保護者や子どもとの面接や心理検査、観察などにより、心理学的に現状を把握する。
③ 医学診断

　医師による問診・診察、医学的検査や医師、保健師などからの照会などにより、医学的に現状を把握する。
④ 行動診断

　一時保護所での行動観察や生活場面での面接により、子どもの現状を把握する。
⑤ その他の診断

　その他の専門職（弁護士や理学療法士、言語聴覚士など）による診断。

　医療のように医師の指示のもとにというような階層構造はなく、合議で見立てを組みあ

げていく。

❹ 援助方針

　アセスメントや見立てに基づいて、それぞれの診断をねり合わせ、子どもの現状をなるべく客観的に評価し、総合診断を立てる。そして、今後どのようなことをすれば適応的なスキルなどが獲得できるのかという支援計画を立てることが必要になる。この支援計画は、子どもの安全・安心な生活を土台に発達支援、修復と回復、治療を行うものである。ただし、援助方針はその時点の見立てによって策定されるもので、絶えず状況は変化していくので、再アセスメントによる見立て直しをしていく必要がある。支援の初期段階でかかわりが深まることで新たな情報により見立てを変える必要になることは珍しいことではない。

❺ 具体的支援

　法的には、「指導」という用語になっているが、「支援」と同義語としてとらえていただきたい。支援には、措置（行政処分）によるものと措置によらないものに分けられるが、ここでは在宅で行う支援と親子分離による支援に分けて説明する。

① 在宅による支援（『　』は行政処分とならない支援）

　数回までの助言で終結できる『助言指導』「訓戒誓約」、継続的な来所、家庭訪問を行う『継続指導』「児童福祉司指導」（児童福祉司指導は、「2号指導」とも言われる）、『他機関あっせん』「児童委員指導」「市町村指導」「児童家庭支援センター指導」などのアウトソーシングによる支援などがある。それぞれ、子どもや家族の事情に合わせて子どもや保護者への支援を行うものである。

② 親子分離による支援

　在宅のままでは子どもの健全な発達保障、できないという見立てがなされ、子どもの課題を解決するのに適当と判断される場所で、適切な支援を受けながら生活をしていくことになる。措置後も児童相談所は、課題解決に向けて必要な支援を行うことになる。具体的には、子どもを児童福祉施設等に措置したり、里親やファミリーホーム（小規模住居型養育事業）に委託したり、養子縁組するものである。基本的には親権者の同意による支援ではあるが、児童虐待事案などで同意を得られない場合がある。その場合は、家庭裁判所の審判（児童福祉法第28条の申し立て）を得て、措置・委託をすることになる。これ以外に、親権停止や親権喪失などの申し立てにより親子分離が行われることもある。

4. 家庭養護—養育里親・ファミリーホーム（申請・認定、委託、援助など）

　2016（平成28）年の児童福祉法改正では、児童を家庭において養育することが困難、適当でない場合には、家庭的な養育環境で継続的に養育されるような措置をしなければならないとされている。このため、家庭的な養育環境を提供できる特別養子縁組を含む養子縁組や里親、ファミリーホームへの委託を優先して取り組んでいかなければならないとされた。さらに2017（平成29）年8月、今後の社会的養育のあり方を示す「新しい社会的養育ビジョン」において「就学前の子どもの75%」「就学後の子どもの50%」を、里親に委託する目標を掲げた。社会的養護の対象児童の多くが、虐待を受けたり、貧困であったり、心も身体も傷つき、集団生活となる施設では落ち着くことができない場合がある。アタッチメント（愛着関係）の観点から職員が入れ替わることで子どもたちの精神的な支柱が失われるとの指摘もあり、特に乳幼児では、同じ大人と一緒にいることで、人として外部に興味を持ち、安心して成長ができると言われ、里親の利用が推奨されている。

　日本では、里親について、家の跡継ぎといった養子縁組のイメージが強く、実親家庭などから保護された子どもの一時的な社会的養護の担い手という理解が十分に出来上がっていない。以前は、里親となることを希望する人は、一定の調査を受け、審査を受けて認定されるという簡単な手続きで里親になることができた。しかし、子どもを預かって育てるという責任だけでなく、里親の養育には難しい課題がある。子どもと里親が愛着関係を形成していく過程には、「試し行動」をはじめとする多くの困難がある。特に最近は、被虐待体験のある子どもが多く、情緒・行動上の問題に里親は戸惑い、悩み、振り回されることがある。また、「真実告知」などデリケートな課題もある。そのため、2008（平成20）年の児童福祉法改正により、養育里親希望者に認定の要件として、研修を受けることが義務づけられた。里親として養育にあたるために必要な知識や技術、関係機関との連携のあり方などを学び、一定の覚悟を持って養育に臨むことが求められている。

　里親委託や支援に関して筆者が勤めていた滋賀県を例に説明をするが、地域によって細かなところは異なる。また、フォスタリング機関（里親養育包括支援機関）の整備、児童相談所との協働や役割分担などシステムが構築されているさなかであり、最新の情報にアクセスしていただきたい。

❶ 里親になるまでの流れ

① 問い合わせ（事前相談）

　里親に関する情報を得るために居住地域を管轄する児童相談所に問い合わせるところから始まる。滋賀県では、歴史的背景があって、基礎自治体が地域里親会の事務局を持っていることから基礎自治体の児童福祉担当課でも情報提供をしている。

　里親希望者のアセスメントは、このファーストコンタクトの段階から、その人となりをとらえ、評価することになる。

② オリエンテーション（ガイダンス面接）

　児童相談所で里親制度の詳細や手続きなどの説明を受け、希望者自身の意向を伝える。社会的養護の担い手になるために資格はないが、研修を受ける必要がある。オリエンテーションを受け、次のステップの研修受講が可能となる。

③ 研修

　基礎研修（2日間）では、里親についての概要の理解を作るために、里親制度の意義と役割、要保護児童についての理解といった座学と児童福祉施設の見学をする。基礎的な理解ができたうえで、次の認定前研修（4日間）を受講する。子どもの養育に必要な知識や子どもの状態に沿った養育技術を身につけることが求められ、児童福祉施設や里親のもとでの実習が行われる。これらの研修を受けると修了書が交付され、里親認定の申請をすることが可能になる。

　研修は随時行われているわけではなく、仕事などの事情により受講ができない場合は、次の機会に受講することになり、カップルで申請の時期がずれてしまうこともある。

④ 申請

　ここまで、研修を受け、里親として子どもの育ちを応援する役割を担う準備が整えば、里親の認定を受けるために必要書類を添えて児童相談所に申請することになる。筆者の勤めていた滋賀県では、基礎自治体に申請書を提出・経由して児童相談所に送られていた。

⑤ 調査（アセスメント）

　基本的な生活環境など世帯としてのあり様から、里親になろうとする動機、里親制度の主旨や社会的養護を必要とする子どもや保護者に対する理解、子どもの養育に関して考え方に偏りがないことなど、多岐にわたる調査が行われる。プライバシーにかなり深く突っ込んで里親の適性を評価することになるので、注意深く取り組んでいく必要がある。この調査は児童相談所が行ってきたが、民間フォスタリング機関と合同で行われることが考えられる。

⑥ 審査

　里親希望者からの申請に基づく調査・評価結果をもとに児童相談所長が知事に進達を行い、知事の諮問を受けた都道府県の社会福祉審議会で里親として適格であるかどうかを審査し、その結果を知事に答申する。⑤の調査内容だけでなく、①の段階からの人となりの評価、③研修の評価なども報告される。満点でなければ適格とされないというわけではなく、今後の里親活動を通して、学びを深め、スキルアップが必要といった課題を明らかにするための審査となる。これらの検討結果をまとめて、知事に答申される。

⑦ 認定・登録

　知事は、社会福祉審議会において適当と認められた希望者を里親と認定し、都道府県知事が作成する里親名簿に登録される。

　里親希望から登録までの流れを説明した。この段階で子どもの委託を受ける準備が整ったわけではあるが、すぐに子どもを委託されるわけではない。滋賀県では、毎年、「里親委託にかかる受け入れ意向調査票」の提出を求め、それに基づいて委託の検討資料としている。これには、受け入れ希望として、年齢・性別。受け入れの形態として、施設入所児童ホームステイ、一時保護委託、養育里親、養子里親（特別養子縁組）、最優先で希望する受け入れ形態についての現在の家庭状況の自己評価など、里親自身の状態を報告するもの

表7-1　受託の可能性の報告

		仕事の調整（主たる養育者の勤務状態）	家族の理解（実子や他の委託児童、同居家族を含む）	受け入れ設備・体制（環境的条件）	連絡の取りやすさ（疎通性、即応性）	養育にあたっての体力・気力（心身の健康状態など）
検討可↑↓検討困難	A	仕事を調整する必要が無い	配偶者も里親登録済み／同居家族にも十分な理解と同意がある	年齢に応じた用品・部屋等がすでにある	児相からの連絡がいつでもつく	疾患なく（または完治）、十分な体力・気力がある
	B	早上がりなど多少の調整が必要	配偶者も近く里親登録予定／同居家族も一定の理解と同意がある	年齢に応じた用品・部屋等がすぐに整えられる	児相からの連絡が短時間でつく	疾患等はあるが、経過は良好で日常生活に支障なし（恒常的な通院は不要）
	C	夜勤→日勤、転職などかなりの調整が必要	実子や他の委託児童との関係調整の時間が必要	用品・部屋等の準備に時間を要する	児相からの連絡がつくまでに時間がかかる	疾患等があり、頻回な通院治療を要する。体力等に不安がある
	D	勤務の調整が困難（登録時から状況が変化）	配偶者や家族の理解と同意が得られていない（登録時から状況が変化）	用品や部屋等を整えることが困難（登録時から状況が変化）	児相からの連絡がつかない。郵便物が届かない（登録時から状況が変化）	重大な疾患等があり日常生活が困難（入院治療が必要など）

出所：滋賀県「里親委託にかかる受け入れ意向調査票」より。

である。この自己評価は基礎研修の中で検討の具体的な目安として提示しているもので、表7-1のとおりである。年齢を経て、Dの状態になったとしても里親として他の里親を支えたり、指導する役割を担うことが可能な間は、里親登録を継続している。

❷ 里親委託までの流れ

① 要保護児童の発見・把握

　保護者からの相談や、虐待通対応などによって、保護者と共に暮らすことが難しい、安全・安心でないなどと判断される児童。

② 所内会議

　児童相談所の会議で「里親委託が適当」との援助方針で合意。
次のような場合は当面は児童福祉施設への措置を検討することになる。
　（ア）情緒行動上の問題が大きく、施設での専門的なケアが望ましい
　（イ）保護者が明確に里親委託について反対している
　（ウ）不当な要求を行うなど対応が難しい保護者
　（エ）子ども本人が里親委託に対して明確に反対の意向を示している

③ 事前調整

　「認定申請書」や「意向調査票」などから、子どもと里親の相性、家庭環境などを考慮して、最も適当であると考えられる委託先の里親を選定する。

④ 委託の打診

　委託先候補の里親へ、子どもの年齢や委託理由、委託予定期間など、その子どもについてある程度の情報を伝え、受け入れの意向を確認する。

⑤ マッチング

　受け入れの意向が確認できた段階から、面会⇒外出⇒外泊の順で子どもと里親の交流を行う。

⑥ 所内会議

　援助方針会議に報告し、正式な「里親委託」の措置を決定。

⑦ 里親応援会議

　委託開始に向けて、里親と地域の支援者との顔合わせや支援方針、ケースの情報提供、

役割分担の確認を兼ねたケース会議を開催する。

⑧ 委託開始

委託開始後も、公的に子どもの養育を任された社会的養護の担い手として、児童相談所やフォスタリング機関、里親支援機関、地域、学校等の関係機関と協力して子どもを養育する。

❸ 里親家庭の支援

① 児童相談所→里親

児童相談所は、子どもの養育をどのように進めていくのかについて、社会診断・心理診断等の専門的な視点から作成した自立支援計画を書面で提示し、家庭訪問などでモニタリングしていく。

② フォスタリング機関、里親支援機関→里親

児童相談所は、措置機関であり、支援と評価が同時並行で行われるため、里親は養育の相談がしにくい。里親が気兼ねなく養育についての相談ができるフォスタリング機関が、定期的に訪問をし、養育相談を受けていくことで、安定した子どもの育ちの環境をサポートする。また、里親の研修やレスパイト・ケアなどの制度面からも里親をサポートする。

③ 里親→児童相談所

年度ごとに児童の養育状況をまとめ、「里親委託児童養育報告書（兼現況届）」を児童相談所に送り、共に自立支援計画の見直しを行う。

④ 里親家庭応援会議

委託時点だけでなく、地域の資源を活用する必要性から定期的に開催することもある。フォスタリング機関がコーディネートしていくことがスムーズな支援につながると考える。

❹ さまざまな課題

① 養育上の困難な問題が生じた場合

子どもが成長していく過程には、さまざまな壁や課題がある。例えば、思春期には自立に向け、自己を確立していくために反抗が起きるのが自然なことだが、対応には苦労するものである。また、子ども、里親、共に委託前のアセスメントではわからなかった課題が、家庭生活の中で明らかになることもある。情報を共有して、見立て直しをして、次の一手を共に考えるというスタンスで支援をしていくことが大切になる。

①問題行動の発生

（例）繰り返し
他人の物を盗む

【考えてみましょう①】
委託児童は「要保護児童」
であるが故に里親委託され
ています。このような行動
をとる意味・背景は？

【考えてみましょう②-2】
「要保護児童」である委託
児童に対して、里親がこの
ような行動をとった場合の
影響は？

②里親等による指導
（懲戒権の行使含む）

長時間の叱責は心理的虐待にあ
たるおそれがある。

【考えてみましょう②-1】
委託解除をおそれるなど、
ＳＯＳの発信を躊躇し、か
えって状況が悪化した場合、
子どもや里親自身にどんな
影響があるでしょう？

（例）家族関係の悪化

（例）体罰を用いた指導

（例）戸外への閉め出し

③連絡・相談

状況が悪化する前に児相や
関係機関等へＳＯＳの発信

【考えてみましょう③】
里親自らがＳＯＳを発信す
る場合と、関係機関から児
相等へ情報がもたらされる
場合で、それぞれどのよう
な意味合いをもつでしょう
か？

**④児相・関係機関
による対応・支援**

家庭訪問による
状況調査

学校・園訪問による
状況調査

各種会議による今後の
支援方針の検討・確認

⑤委託の継続

子どもの状態や特性に応じた
養育の実施による、安定した
関係の構築

⑤-2 措置変更

施設入所措置

または

他の里親等へ
の委託替え

図7-1　注意すべき不調パターンと対応例
出所：滋賀県職員　川副馨氏作成、許可を得て掲載。

　滋賀県では、里親研修の中で、注意すべき不調パターンと対応例として提示しているものがあるので紹介しておく（図7-1）。養育上の困難をどのようにとらえれば良いのかを考える機会を提供し、不調に至らないためにオープンに相談をして、協働による解決のための工夫に取り組んでいくことを学んでいる。

　図7-1にもあるように里親委託が不調になり、委託解除や措置変更となる場合もある。子ども、里親共に喪失体験となるので、十分なケアを心がける必要があるのは言うまでもない。

② 実親との交流と家庭復帰

　実親との関係は、子どもが自分の生い立ちとこれまでの生活を受け止め、これからの生活の中で自己を確立していくためには重要な要素である。委託当初から実親との交流や家庭復帰についての目標が立てられ、共有されていることが望ましい。実親がどのような状態になれば家庭復帰が可能になるのか、そうなるためには何が必要なのかという計画が必要になる。子どもに対しても適切な時期にライフストーリーワークなどの手法で自らの生い立ちを受け止められるように支援しておくことも大切になる。

　実際には、それほど段取りよく進んではいかないので、その事例に合わせて慎重に進めていく必要がある。例えば、面会の予定をしていたのに「ドタキャン」、一度ならず二度三度。実親が子どもの機嫌を取るために内緒でできもしない約束をする、というようなことに遭遇することはまれなことではない。このように、難しいものであることを前提に、何があれば解決につながるのか、少しマシ（良好）な状態になるのかを考えながら進めていくことが求められる。

5. 養子縁組とその支援

❶ 特別養子縁組の推進

　養育里親は、実親が養育できない、もしくは養育させられない子どもに、安定した人間関係をベースに家庭生活を体験させ自立に向けた育ちをサポートする役割を担うものである。実親が養育することができるようになれば、措置は終了する代替養育であるのに対して、養子縁組は、戸籍上、親子関係を結び、恒久的な人間関係を形成する制度である（➡第1巻第7章参照）。

　「新たな子ども家庭福祉のあり方に関する専門委員会」報告書や、2016（平成28）年５月の児童福祉法改正により、子ども家庭への養育支援から代替養育までの社会的養育の充実が求められた。また、代替養育も里親委託による家庭での養育が原則となり、さらに家庭復帰の可能性のない場合は養子縁組を提供するというパーマネンシー保障（永続的解決）が求められることになった。

　養子縁組には、実親、養親の両方との親子関係が残る普通養子縁組、実親との親子関係を解消して養親とのみの親子関係とする特別養子縁組制度がある。

　従来、特別養子縁組は、養子縁組を希望する里親に対して児童相談所が一定期間委託し、実親の同意と養親が家庭裁判所に申し立てを行ってきた。2016（平成28）年に成立した民間養子縁組あっせん法により、都道府県等の許可を受けた事業者が、児童相談所と相互に連携しながら、養子縁組のあっせんや相談支援を実施することになっている。2020（令和2）年４月から、子どもの対象年齢が6歳未満から15歳未満に引き上げになった。また、子どもが特別養子縁組の対象かどうかの審判を受け、6か月以上の試験養育の後に養親子のマッチングを判断する審判を経て縁組が成立するという、2段階の審判となった。加えて、里親の負担軽減のため、第1段階の申し立てを児童相談所長が行うことや審判で実親の養育状況を立証できるようになった。

❷ 養子縁組成立後の支援

　児童相談所は、養子になった子どもや養親に対して、求めに応じて必要な情報提供や支援をすることになっている。特に、子どもには自分の出自を知ることはアイデンティティを作り上げていくうえで大切なことになるが、養親が「育ての親」であることをどのように伝えるのかは大きな課題になる。また、思春期には、親子関係が変化し、反抗、非行といった問題が起こり得る。このようにさまざまな課題があることを教授し、相談できる体制を構築しておく必要がある。

❸ 民間あっせん機関との関係

　児童相談所は、民間あっせん機関から協力要請、例えば、養親希望者を探すといったことに協力していくことになっている。その他にも養親希望者の研修のノウハウを提供するなど、さまざまな局面で連携していく必要があることから、養子縁組についての意見交換をするなど普段からの連携・意見交換が大切になる。

おわりに

　児童相談所は総合的でさまざまな業務があり、語りつくせないが、その一端を知ってもらい、各論の部分は別に学んでいただきたい。

　児童虐待事例の検証から、児童相談所が保護者との関係を重視しすぎ、強制的な介入や職権による一時保護のタイミングを逃したために命を奪われたり、重度の後遺症を残したといったことが繰り返し言われる。保護者との関係がうまくいかなくても子どもが安全で安心な生活を送り、社会的に自立していけるシステムがあれば、躊躇なく分離をするのだが、環境を変えれば子どもの育ちを保障できるほど単純でないことは自明の理である。

　今、児童相談所は、児童虐待の対応、特に初期対応に追われ、援助方針を立てるところまでに手を取られているのが実情である。本来、課題を持った子どもの養育には、子ども本人、養育者ともに大きな負荷がかかるものであり、手厚い支援が必要になる。例えばトラウマで苦しむ子どもと里親が共に継続的に相談に通う場所、専門性の高い相談・治療機関が必要になってくるのではないか。また、措置権限を持った児童相談所と措置を受ける里親をはじめとする受託者の関係はとても微妙な関係である。特に里親の場合、個人対組織という関係性では、マイナスの評価、委託解除といったことを警戒してオープンに相談できないことがある。その解決策としてフォスタリング機関の設置が進められている。このように子どもたちの育ちの安全・安心をどのように保障していくのか、現場からのフィードバックを行政がすくい上げて、システムとして構築していく。そのような柔軟さを、子どもの育ちにかかわる人や機関には身につけてほしいものである。

（菅野道英）

▶参考・引用文献─────────────
厚生労働省　新たな社会的養育のあり方に関する研究会（2017）「新しい社会的養育ビジョン」
厚生労働省　ファミリーホームの設置運営の促進ワーキンググループ（2014）「ファミリーホームの設置を進めるために」
厚生労働省子ども家庭局（2018）「フォスタリング機関（里親養育保活支援機関）及びその業務に関するガイドライン」
───（2018）「児童相談所運営指針」https://www.mhlw.go.jp/file/06-Seisakujouhou-11900000-Koyoukintoujidoukateikyoku/0000074598.pdf（2020.5.31）
滋賀県健康医療福祉部子ども青少年局（2015）「里親に関する制度」https://www.pref.shiga.lg.jp/ippan/kosodatekyouiku/kosodate/15625.html（2020.5.31）
───（2016）「里親とは」https://www.pref.shiga.lg.jp/ippan/kosodatekyouiku/kosodate/15623.html（2020.5.31）
───（2016）「里親になりませんか」https://www.pref.shiga.lg.jp/kodomokatei/oshirase/103829.html（2020.5.31）
───（2019）「里親研修資料」

菅野道英（2018）「児童心理司を俯瞰する」『子どもの虹情報研修センター平成30年度研究報告書
　児童相談所における児童心理司の役割に関する研究（第1報）』4 〜 9頁

特別な配慮が必要な子どもの里親委託

──実感してもらえる里親支援を

　2016（平成28）年の児童福祉法改正により、家庭と同様の環境における養育の推進が規定され、翌2017年の『社会的養育ビジョン』では乳幼児の75％を里親にという目標が示された。これまでの全国の社会的養育における里親委託率はせいぜい10％台である。各自治体の里親制度所管部署は騒然となった。2020年3月に策定した東京都の「社会的養育推進計画」では、委託率を2029年度までに37.4％に増やす目標を設定したが、実務を担う立場としては、これでも容易ではない目標値である。かつてない水準への里親委託促進をどう行っていけばよいのか、要諦は里親支援の抜本的な充実である。

　「家庭」の中で里親と里子が絆を結びながら里子の健やかな成長を支えていく「家庭養護」は、確かに理想的な社会的養護の形である。私自身、ワーカー時代に素晴らしい事例に出会っている。知的に障害があり、両親にまったく養育された経験のない子どもが、学齢期に包容力の豊かな里親さんと巡り合い、その後10年間にわたる親身な養育のうちに、実にたくましく優しい青年に成長したのである。里親家庭の温かさが子どもたちの心の傷を癒し、自立への糧となることを、実例を通じて教えられたのである。

　しかしその一方で、里親と里子が「家族になる」、その道のりが平坦ではないのも現実である。委託当初、里子が大人との距離感を無意識にはかろうとわがまま行動を起こす、いわゆる「試し行動」は里親子におけるまさに「峠越え」である。さらに里子が思春期を迎えれば、大人への入口に立った悩みや戸惑いが、さまざまな行動上の問題として表面化することもしばしばである。

　「特別な配慮が必要な子どもの里親委託」とは、何もケアニーズの殊更高い子どもたちを指すのではない。委託初期における「峠」の場面、思春期の子どもの葛藤の表面化など、里親子は各々の場面で特別な配慮が必要とされるのである。里親家庭はひとたび壁に直面すれば不安や戸惑いを抱き、時に孤立感さえ感じている。我々実務を担う者は、この現実をしっかり踏まえ、その平坦ではない道のりを想い、場面場面に共感しながら支援を考えていかなければならない。

　今後の里親支援の中心として期待されるのがフォスタリング機関の創設である。民間機

関の力をこれまで以上に活用する取組であるが、児童相談所による支援とあわせ、どう有効に機能させていくかはこれからが正念場である。里親さんがいつでも安心して相談できる「基地」にしていくにはどうすればよいか。フォスタリング機関は、特定の職員が一貫した支援を行う「かかりつけ」としての存在感を持ち、里親家庭が真に実感できる手厚いサポートを提供することが必要である。そのためには言うまでもなく、専門性を備えた人的な資源、圧倒的なマンパワーの充実が不可欠となる。桁違いなビジョンの目標を本気で実現するには、今後の国の強力な財政支援はもとより、制度を進める自治体、児童相談所、機能を請け負う民間機関が、並々ならぬ覚悟を持って取り組みを進めなければならない。

　加えて、子どもたちはさまざまなケアニーズを持っている。里親委託優先の社会的養護を実現するためには、時に複雑なケアニーズにも応えられるよう、さまざまな専門スキルを持った里親家庭が必要である。現行の専門里親制度をさらに発展させ、研修カリキュラムや経験などに応じて専門性をレベル別に分けた里親家庭の養成ができないか、この点も今後の課題だ。さらに、ケアニーズの特に複雑な子どもの養育には、フォスタリング機関の支援とは別に、医学、心理学的なアプローチができる施設と緊密に連携しながらニーズに応えていく新たな工夫も必要になる。

　最後にもうひとつ、我々は里親登録家庭の数はなかなか増えないという課題を克服しなければならない。10年前、イギリスの里親支援NPOの幹部が都の児童相談所に視察に来てくれた。いい機会なので彼に里親を増やす鍵を聞いてみると、それは口コミだという。子どもを預かった里親の方々が支援機関に支援されていることを実感し、里親制度の素晴らしさを知人にアピールし勧誘してくれることで、新たな里親家庭が増えていくのだそうだ。里親開拓に特効薬なし。里親のみなさんに実感してもらえる支援を提供することが、ここでも問われているのである。

（西尾寿一）

第**8**章

一時保護所との連携

Key Word

レスパイト保護／アセスメント保護／関係調整保護／ぎくしゃく状態／里親不調

はじめに

　里親にとっては児童相談所の一時保護所（以下「一時保護所」とする）は、「委託前に里子候補の子どもとのマッチングのために会う場所」程度の認識ではないだろうか。実際、里親の養育困難を調査した深谷ら（2013）の調査でも一時保護所の利用は見られず、里親と児童相談所との関係を特集した専門誌『里親と子ども Vol.3』（2008）でも、一時保護所に関しては記載が見られないなど、里親にとって一時保護所は利用する場所とは、あまり考えられないかもしれない。

　しかし、里親にとって一時保護所は有用な機関である。

　一時保護は一時保護所と里親や児童福祉施設、病院等で行われる委託保護として行われるが、委託保護については第9章で詳しく解説されているため、この章では里親委託中に里親が「レスパイトケア」としての一時保護所を利用する場合や、里子の「アセスメント」を目的とする場合、里親里子関係の調整を目的とした「関係調整保護」などとして一時保護所を利用することについて説明する。

1. 一時保護所の運営

❶ 一時保護

　児童福祉法第33条第1項で児童相談所長は「必要があると認めるとき」には子どもを一時保護することができ、その一時保護には裁判所の許可も親権者の同意も必要がない。この規定のできた背景として、1947（昭和22）年の児童福祉法成立当時は全国で戦災孤児の多くが路上で生活しており、その子どもたちを緊急に収容する必要があったからである。しかし戦後75年以上を経た現在でも、迷子や家出、保護者の死亡や失踪、被虐待児など、子どもを緊急に保護する必要がある事態は起きている。例えば迷子は、子ども自身の氏名や保護者の氏名・住所が不明な場合がある。また保護者の死亡や失踪の場合には、一時保護の同意を保護者に求めることはできない。さらに被虐待児では子どもの福祉や生命が保護者によって守られない場合も多いので、保護者や親権者の意向に反してでも子どもを一時保護する必要がある場合もある。このような事態を「緊急保護」という。

　一方、保護者や親権者の生活困窮や入院などで子どもが養育できず、親族や知り合いにも預けられない場合には、「保護者の依頼」により一時保護が行われる。実際、一時保護所に保護された子どもの約半数は虐待外の理由であり、家庭で養育できない場合だけでな

く、非行相談や育成相談でも一時保護されている（厚生労働省2017: 1）。最近も新型コロナウイルスに保護者が罹患したため、子どもを一時保護したという報道もなされている。

しかしこのような「保護者の依頼」の場合でも、子どもを家庭から分離することが本当に子どもの福祉に沿うものかどうかの判断が必要なため、一時保護は行政機関である児童相談所長の行政処分（一方的な行政の意思表示により公法上の法律効果が生じるもの）とされ、行政の責任で「子どもの福祉と権利擁護を守る」観点から行われる。

▶▶▶実践上のヒント

一時保護は施設措置中や里親委託中の子どもも対象になる。長期の委託一時保護の場合には里親委託は「解除または停止」とされている（厚生労働省2018: 29）が、あとで詳しく述べる里親のレスパイト（休息や休憩）や子どものアセスメント（情報の整理と課題の抽出のことで、対応策の検討まで含む場合もある）、里子との関係調整等が目的の短期間の一時保護は里親のもとに戻ることが前提であるため、里親委託を継続することは可能である。また先述の通り一時保護は他の里親に委託することも可能であるため、レスパイトのために他の里親に一時的に子どもの養育をお願いする場合にも、この児童相談所長の決定による一時保護（委託保護）を利用することで、相手の里親に対して事故や病気等の場合の費用や責任等の心配も不要になる。

❷ 一時保護所

児童相談所は児童福祉法第12条によりすべての都道府県と政令指定都市に設置しなければならないが、一時保護所の設置は同法第12条の4で「必要に応じて（略）一時保護する施設を設けなければならない」とされている。その結果、2019（平成31）年4月現在、全国に215か所の児童相談所があるが、一時保護所は139か所にすぎない。

つまり、すべての児童相談所に一時保護所があるわけではなく、いくつかある児童相談所の一時保護所を集約し、手厚い人員配置を図っている地方自治体もある。

❸ 一時保護所の設備と運営

一時保護所の設備と運営については児童福祉法施行規則第35条により「児童養護施設について定める設備運営基準を準用する」とされているが、「一時保護ガイドライン」（厚生労働省2018）では、一時保護所の運営に関しても詳しく記載されている。

まず設置に関しては上記のように一時保護所は児童相談所に付置されるが、その運営は児童相談所を設置する都道府県、政令指定都市、一部の中核市や東京都の特別区が設置し運営しており、民間企業や社会福祉法人に委託していることは寡聞にして知らない。その

理由としては、子どもの一時保護はプライバシーに大きくかかわり、さまざまな事情のある子どもを保護するため、個人情報の保護やケアの専門性等の観点から民間委託等はなじまないと判断されていると思われる。

　一方、一時保護所は24時間365日子どもたちが生活するため、食事や就寝、学習、運動、遊び等も職員から提供される。このうち食事に関しては、職員の派遣や調理の民間委託が行われているところもある。

　職員体制については、保育士や児童指導員が子どもたちの日常的な養育を担当しており、嘱託も多いが医師が子どもの健康管理を行っている。また入所定員や国の基準により、被虐待児等への支援のために心理士である心理療法担当職員が、一時保護中は原則学校に登校できないことから学習支援担当職員が、さらに個別対応職員や看護師など配置されているところもある。このように一時保護所では、多数の専門職が子どもの養育にかかわっている。

　設備は、どこも就寝場所である居室やトイレは男女別になっている。ほかにも入所定員によるが、食堂、学習室、体育館、静養室、面会室等が揃っている一時保護所もある。さらに厚生労働省は「一時保護機能強化事業」等で居室の小規模化や設備の改修を図っており、居心地の良い一時保護所の整備を進めている。

2. 一時保護所における援助の基本

　一時保護所は、単に子どもを受け入れて衣食住を提供するだけではなく、職員による細かな配慮やケアが毎日の生活の中で行われている。

❶ 日常生活

　一時保護は個々の子どもの事情や保護理由によって決定されるため、その期間には長短があるが、2018（平成30）年度に全国の一時保護所に入所した子どもは年間で2万6177人、一日当たりの全国の入所児童数は2079人、平均在所日数は29.4日（厚生労働省2020: 1135-1136）であった。そのため多くの子どもが長期間一時保護所で生活することになる。

　日課は全国の一時保護所で異なる部分もあるが、多くの一時保護所では午前中は学習が行われ、午後に学習が行われるところもあるが、運動や文化的活動も多い。学齢児には教育権の保障として学習時間が設けられているが、担当するのは教育委員会から派遣された

現役教員の場合もあれば、一時保護所の職員が行う場合もある。そして入所児童の学年や学力もさまざまであるため、一斉授業ではなく各自の学力に合わせたプリント学習が中心となる。

　また居室の小規模化は進められているが、基本的に入所している子どもは一時保護所から出られず、年齢や性別、保護理由がさまざまな子どもが集団で生活する「混合処遇」は子どもの自由を制限するとして批判もある。

　なお一時保護中の里子との面会は、その一時保護の目的によって判断され、時期や頻度は担当児童福祉司と協議する必要がある。

▶▶▶実践上のヒント

　一時保護所には、被虐待児や非行児、保護者の養育状況悪化など、さまざまな子どもが入所するため、できるだけ「平穏で安心できる生活」の確保を心掛けている。里親家庭でも、まず「平穏で安心できる生活」の確保が子どもの心身の安定と成長の基盤である。里子の中には委託前に、この「平穏な当たり前の生活」が保障されてこなかった子どもも多いので、このような毎日を保障することは極めて重要である。また思春期の子どもは、この「平穏で当たり前の生活」があって、はじめて安心して反抗ができるのである。

❷ 個別ケア

　前述のように多くの一時保護所での生活は混合処遇が基本である。一定規模以上の一時保護所では、幼児、小学生以上の男子、小学生以上の女子と年齢や性別で生活空間を分けている。ただし、一時保護の理由はさまざまであるが、その保護理由だけで入所児の生活空間を分けることはない。また個室化は進んでいるが、規模の大きな一時保護所では居室が相部屋の場合も多い。さらに食事やレクリエーションなど、日中は集団での生活になる。

　一方、一時保護の理由はさまざまであり一時保護期間も子どもによって違うため、一時保護所の職員は一人ひとりの子どもの言動に注目し、その子に合った声掛けを行っている。集団生活の中で、その子どもの言動を細かに観察する「行動観察」は、その子の心身の状況や思い、価値観等を知る大きな手掛かりになる。ただし、子どもによっては個別的ケアをしている場合もある。

　後で述べるアセスメント保護においては児童心理司による心理支援だけでなく、一時保護所職員によるこの「行動観察」も重要な情報となる。

> ### ▶▶▶実践上のヒント
>
> 実家庭でも里親でも家庭では日々の生活の中で、相手に合わせた対応を柔軟に行っている。しかし保育所や幼稚園、学校は集団生活であり、保育士や教員の指示を理解して従うこと、他の子どもとも一緒の行動することなどが求められる。そうすると発達に課題がある子どもや対人関係が苦手な子どもには、集団生活に入ってからトラブルが発生することも多い。「家ではそんな行動はしないのに」と里親として戸惑うこともあるかもしれない。
>
> このように家庭内では見えない子どもの特性を理解するために、一時保護所でしばらく生活し行動観察してもらうことが有効な場合がある。

❸ エンパワメントにつながるケア

　一般に一時保護される子どもの中には、それまでの家庭や学校での経験から自己評価が低く、自尊感情が持てない子どもが少なくない。そのため一時保護所の職員は、その子どもの持つ強みを見つけて、できるだけほめたり、その子が持つといいと思える部分を伝えたりするなど、「あなたが大切な存在」であることを言葉で伝えるかかわりを行っている。

　一時保護所は前述のように、年齢や性別が違う子どもが集団で長期にわたり生活している。批判の多い混合処遇であるが、一方メリットもある。それは年長児に学ぶ、年少の子の面倒をみるなど、子ども同士のかかわりが多いことである。この子ども同士のかかわりの中では、学校のように学習や体力という同学年の中で比較されることはなく、例えば優しさや思いやり、気に入らない時の言動、対人関係の取り方や気持ちの切り替え方など、その子どもの細かな部分までよく見える。職員は生活の中でその子どもの特性を見つけ、上記のように、できるだけ肯定的な言葉がけを行っている。

> ### ▶▶▶実践上のヒント
>
> 　誰でも同じであるが、家族の間では無意識に会話がなされるため、それが子どもにとって不適切な場合があることに気づきにくい。同じ子どもでも、すぐに声をかけた方がいい場合もあれば、少し間をおいて話す方が落ち着く時もある。日々の生活の中で子どもが本来持っている力を発揮できるように（これを「エンパワメント」という）、常に意識する必要がある。
>
> 　キャンプや習い事と同じように、一時保護所から帰ってきた里子が元気になっていた場合には、どのようなかかわりにより里子が元気になったのかを担当職員に尋ねることで、家庭でのかかわり方のヒントが得られるかもしれない。

❹ ケアを通じたアセスメント

　すでに述べたように一時保護所では24時間365日、子どもたちが保育士や児童指導員を中心にした専門職に養育されている。単に食事や就寝の世話をするだけではなく、日々の生活や会話の中で子どもの心身のケアを行っている。

　しかし、一時保護所にも外出できない等の行動制限はあり、起床や就寝、食事、学習等の時間が決められ、暴力禁止などのルールもあり、子ども同士のぶつかり合いも起こってくる。これらのストレスの中で子どもには、その子なりの言動が出てくる。

　このストレス場面での「その子なりの言動」こそが、その子を理解する重要な情報である。児童心理司の行う知能検査等の心理査定も重要な情報ではあるが、その子が困難に出会った時の行動パターンや怒った時に落ち着くための対応方法などは、一時保護所で得られる重要な情報である。

　つまり、一時保護所では、子どものさまざまな言動を観察しながらその状態が起こるメカニズムをアセスメントすると同時に、その子が自分の力で困難に対応できるように支援するという非常に難しい作業を日々行っている。

▶▶▶実践上のヒント

　毎日里子と生活している里親は、どうしても子どもの感情や言動に巻き込まれてしまいがちである。ところが、この日々の葛藤が実は里子の心の成長に欠かせない栄養素でもある。里親が愛情をもって本気でかかわることで、本当の愛情や人間として生きていく基本が伝えられるのである。

　ところで里親は「実の親ではない」というデメリットと同時にメリットも持っている。

　「なぜこの子はこんな行動をするのだろうか」と冷静に考え、適切な対応策を考えることも、そのひとつである。感情に任せて気持ちを口に出してしまったとしても、冷静になった後には、里親自身が自分の言葉や行動を振り返り、里子に対して最適な対応方法を考え、次の機会には別の対応方法を考えることが可能である。

　それでもうまくいかない時には、一時保護所で子どものアセスメントをしてもらうのもひとつの方法である。里親とは違う職員による対応でも同じような言動が見られたなら、それはこの子自身が抱える課題や行動パターンと考えられる。一方、一時保護中に課題となる言動が見られない場合は、里親里子関係の調整が必要なのかもしれない。

3. 一時保護所との連携

❶ レスパイト保護

　レスパイトとは「休憩・休息」という意味であり、レスパイト保護とは里親が養育を少しの期間、休憩するために里子を一時保護してもらうことを言う。

　このレスパイトは、高齢者の在宅支援でのデイケアや子育て支援分野のショートステイなど、多くの分野にある制度である。つまり実の親子であっても一人で長期間、介護が必要な親や手のかかる子どもを養育すると疲れてしまい、心身が追い詰められ、最悪の場合には虐待になってしまう事例が数多く存在することから制度化された。このように養育者の負担を減らす目的で行われているのがレスパイトである。

　現在はフォスタリング機関や里親支援専門相談員など、委託中の里親支援策も徐々に充実してきた。それでも日々里子の養育を直接担うのは里親である。さらに里親は「子どもの養育に熱意と意欲がある」ということで認定を受けているので、他人に里子養育の手助けを求めにくいという面もうかがえる。

　しかし、誰でも、助けもなく自分一人で負担を抱え込めば余裕も失われる。里親が心身の疲労で倒れてしまっては、里子の養育は別の里親や施設に移らざるを得ない。そのようにならないためにも、里親の気分転換や疲労回復のための早めのレスパイトは必要である。

▶▶▶実践上のヒント

　里親が養育に疲れた時には、実は里子も苦しんでいることも多い。里親の気持ちや感情が空回りし、心身の疲労がたまっている状態では里子を優しく見守る余裕がなくなってしまい、家庭内で「安全・安心」が失われた状態になっている。それは結果的に、里子も息苦しくなり、気持ちが追い込まれてしまう可能性もある。

　このような破局的な状態にならないためにも、早めのレスパイトを余裕のあるうちに求めることが重要である。

❷ アセスメント保護

　子どもは親の思い通りには育たないものである。里親も研修等で子どもの年齢に応じた発達課題や発達障害等の知識は得ているだろう。しかし、研修で得られるのはあくまで一般論であり、委託を受けた里子の日々の言動をどのように理解し、具体的にどのように対応するのが適切なのか、多くの里親は悩みながら試行錯誤していると思われる。

　一方、児童相談所では、さまざまな専門職がいろいろな子どもをみている。児童心理司は心理検査や面接等の心理的支援を行い、医師が医学的な所見を述べる場合もある。一時保護所の職員についてはすでに述べた。

　里親として里子の言動が理解しがたい時には、率直に児童福祉司に相談し、児童相談所の専門職によるアセスメントを目的とした一時保護を行うのもひとつの方法である。

　この時、児童福祉司からは一時保護ではなく別の専門機関が紹介される場合もある。子どもの言動や行動パターンの理解、対応方法の助言を得ることが目的なので、紹介された専門機関を受診することもひとつの方法である。ただ現状では多くの専門機関は受診者が多く、初診まで数か月の待機時間が必要な場合もある。それまでの間をどのように過ごすかも、児童福祉司と相談することが必要かもしれない。

▶▶▶実践上のヒント

　里親として「里子の養育がうまくいかない」という相談は児童福祉司にはしにくい面がある。里親委託は児童相談所の権限であるため、「うまくいかないなら別の里親に」と委託を解除される心配があるからである。

　このような場合、アセスメント保護を最初から児童福祉司に求めるより、「子どもの〇〇な行動にどう対応していいか分からない」と児童福祉司やフォスタリング機関などに相談して早いうちから対応方法を一緒に考え、相談の経過の中でのアセスメント保護の選択があるのが一般的である。

❸ 関係調整を目的とした一時保護

　子どもを里子として迎え入れると図8-1のように、委託前の家族内の無意識的なやり取りや配慮の中で「安定していた生活」が乱される。委託初期には「お客さん」のように、お互いがどう接していいか試行錯誤するが、一緒に生活する中でぶつかり合いは増える。その結果、里子も里親や実子も今までの生活リズムを変える必要があるが、その変化は簡単ではない。つまり、里子を交えて「新たな家族」としての安定した生活リズムや行動パターンが確立されるまで、しばらくは「ぎくしゃく」したストレス状態は家族全員に続く。

　つまり里子を受託するということは、里親も、実子も、里子も、みんなが今までの生活リズムや行動パターンを変える必要があり、誰も正解が分からない中で、みんなが手探りで試行錯誤を繰り返すストレス状態がしばらく続く。しかしその中で、「新たな家族」としての生活リズムや行動パターンが少しずつ生まれるのである。

　なお、里親への一時保護委託や高校生で卒業までの短期間委託される場合など、「新しい家族」のように密接なかかわりを目指さず、居心地の良い環境だけを提供する「同居

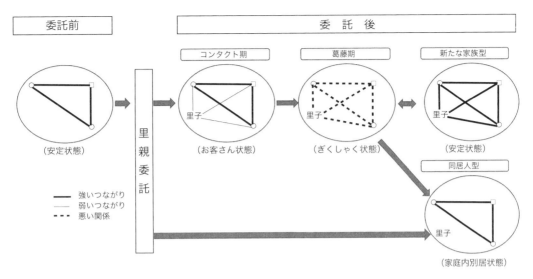

図8-1　里子が安定するまでのプロセス（筆者作成）

人」のような里親委託もある。

　このように考えると養育里親では、里子を迎え入れた時には必ず「里親不調」が大なり小なり起こると覚悟した方がよい。そしてこの「ぎくしゃく」は里子の受け入れ時だけでなく、家庭内の出来事や里子の思春期など、何度も繰り返されることもある。

　特に虐待相談が増えている最近では、小学生以上、中学生以上の里親委託も増えているので、受け入れ時や思春期の「ぎくしゃく」の度合いがひどくなる傾向がうかがわれる。

　この「ぎくしゃく」を里親だけで乗り越えようとすると、里親も里子も追い詰められ、危機的な状態になる可能性がある。実際に里親家庭で虐待が起こっている事件が報道されているが、その背景には上記のような要因が考えられる。

　このような「ぎくしゃく」が過大なストレスになり、里親として対応が極めて困難になりそうな場合には、もしくは、それが予想される場合には、一時保護ガイドラインにはないが、先に述べたレスパイトの緊急度の高い要請として「関係調整を目的とした一時保護」を児童福祉司に求める方法も考えられる。

　つまり、最終的に「この子の里親受託は無理」と性急にあきらめるのではなく、「もう一度里親里子として一緒に生活するための冷却期間をとり、関係を作り直すための一時保護」を考えていただきたい。そのためには「売り言葉に買い言葉」の背後にある里子の思いを一時保護中に児童相談所職員が聞き取り、両者の間に入って相手に伝えていく作業が必要になる。絡まった糸のような里親と里子との関係をていねいにほぐし、新しい関係を紡いでいく作業が必要である。そのような場合には里親も何度も一時保護所に通い、里子と一緒に「売り言葉に買い言葉」を振り返り、適切な会話ができるように今後の関係を一

緒に考えることも必要になる。

▶▶▶実践上のヒント

　親子げんかもきょうだいげんかも、第三者が入ると仲直りも早い。しかし、本気でかかわろうとすると、当然衝突が起きる。衝突を避けて気を遣いながら生活を続けるか、本気でぶつかって「新しい家族」になるか、それぞれの里親としての価値観や性格によるのかもしれない。

　一般的に「ぎくしゃく」を避ける一番の方法は、どちらかが我慢することである。しかしその我慢が限界に達したとき、爆発的な言動がみられることは多い。そこで「もう関係は終わり」と考えるのではなく、「今までの関係を変える時」ととらえ、今回の新しい「ぎくしゃく」を「どちらも我慢しない安定」に活かすために専門職の手助けが必要なのである。

　「けんかをしても仲直りができるのが家族」とどこかで聞いたことがある。ひどいけんかであっても、それを修復し、仲直りできれば、「家族」として大きく成長することにつながる。それは里子にとって貴重な体験になる。

　つまり第三者の緊急介入や一時保護という緊急対応が必要なほどのぶつかり合いが、すべて里親不調ということになるわけではない。ただ、介入時期の判断と調整力という児童相談所の専門性が問われる場面でもある。

おわりに

　今までは委託された里子を、委託継続を前提として一時保護する事例は少なかったかもしれない。

　しかし、日々里子を養育する里親は、里子への対応に迷うことも多く、試行錯誤の連続であろう。その悩みを一人で抱え込まず、先輩里親や里親支援専門員など、多くの人の手を借りながら里子を育てることが大切である。

　その「多くの人の手を借りる」ひとつの方法として、一時保護所の利用も選択肢のひとつにあげていただければ幸いである。

（安部計彦）

▶参考・引用文献
安部計彦編著（2009）『一時保護所の子どもと支援』明石書店
深谷昌志、深谷和子、青葉紘宇（2013）「里親による里子『療育』の日々、そして里子（被虐待児）

　の心的世界　平成24年度全国養育家庭のアンケート調査と里親面接調査報告書」
厚生労働省（2017）「一時保護所の概要」第９回子ども家庭福祉人材の専門性確保WG参考資料
―――（2018）「一時保護ガイドライン」
―――（2020）令和２年度全国児童福祉主管課長・児童相談所長会議資料
『里親と子ども』編集委員会編（2008）特集「児童相談所・市町村と里親」『里親と子どもVol.3』
　明石書店、6 ～ 99頁
和田一郎編著（2016）『児童相談所一時保護所の子どもと支援』明石書店

第**9**章

委託一時保護による連携

　前章でも述べているように、一時保護は、「法第33条の規定に基づき児童相談所長又は都道府県知事等が必要と認める場合には、子どもを一時保護所に一時保護し、又は警察署、福祉事務所、児童福祉施設、里親その他児童福祉に深い理解と経験を有する適当な者（機関、法人、私人）に一時保護を委託する（以下「委託一時保護」という。）ことができる。一時保護は行政処分である。」（児童相談所運営指針）と記載されている。

　一時保護は、①緊急保護、②行動観察、③短期入所指導などの必要に応じて行われる。里親家庭で行われる委託一時保護の場合、ほとんどが①緊急保護と言っていい。

　緊急保護 とは、「ア　棄児、迷子、家出した子ども等現に適当な保護者又は宿所がないために緊急にその子どもを保護する必要がある場合」「イ　虐待、放任等の理由によりその子どもを家庭から一時引き離す必要がある場合（虐待を受けた子どもについて法第27条第1項第3号の措置（法第28条の規定によるものを除く）が採られた場合において、当該虐待を行った保護者が子どもの引渡し又は子どもとの面会若しくは通信を求め、かつこれを認めた場合には再び虐待が行われ、又は虐待を受けた子どもの保護に支障をきたすと認める場合を含む。）」「ウ　子どもの行動が自己又は他人の生命、身体、財産に危害を及ぼし若しくはそのおそれがある場合」などが挙げられる◆1。

　子どもを一時保護する場合、まず一時保護所（2歳未満の乳幼児の場合は、乳児院）の利用を原則としていた。ただし、一時保護所ではなく、「警察署、医療機関、児童福祉施設、里親その他適当な者（児童委員、その子どもが通っている保育所の保育士、学校（幼稚園、小学校等）の教員など）に一時保護を委託すること（委託一時保護）ができる。」としている。

　本章では、里親家庭で行われる委託一時保護について触れ、養育の実際と支援のあり方、関係機関の連携の重要性について触れていきたい。

1. 委託一時保護による養育・支援の対象

　最近では、特別な事情により一時保護所での保護が適切ではない場合の委託一時保護ではなく、可能な限り、子どもの生活を分断させず、継続して生活が営めるようにという配慮から、里親家庭への委託一時保護を検討するようになっている。

　対象となる子どもは、乳幼児から18歳になるまでと幅広い。生活していた地域から大きく離れることなく、時には、通っている保育園、学校等に継続して通学することも可能であるし、きょうだいを分けることなく一緒に委託することで子どもの不安を軽減させる

ことも可能である。また、さまざまな障害を有しているためにそれに応じた適切な対応が必要な子どもや、言語・文化や慣習、宗教上の配慮が必要な場合、LGBT、若年妊婦など個別の対応が必要な場合は、一時保護所等集団での保護が困難または適切ではないことが多く、里親家庭への委託も検討される。その他、出席日数が必要な高等学校や、高校等受験間近な子どもの保護の際にも、可能な限り通学が可能となるよう配慮され、通学可能なエリアの里親家庭への委託を検討することになる。

Episode

16歳（高校在学中）女児　妊娠後期

　実親家庭との関係が難しく、家出をしたまま友人宅を転々としていたが、行くところがなくなり、役所に行ったことを機に里親家庭への委託一時保護となる。里親家庭から健診にも通い、出産を迎えることができる。出産後、母子ともに里親家庭に戻り、母子二人の里親委託措置なった。子どもの1か月健診を終えるころまで里親家庭で過ごすことができ、ゆっくり今後を考える時間を得ることができた。その後、高校への復学のため、児童養護施設入所となる。生まれた子どもは特別養子縁組候補児となり、受け入れてくれる里親家庭へ措置変更となった[2]。

　本来は、女性保護施設入所等が検討され、出産後すぐに生まれた子どもを乳児院に入所させるよう勧めることも多い。しかし、里親家庭への委託一時保護または措置により、出産時に里親からの支援を受けることが可能となり、退院後も、里親家庭に母子で委託されることで、生活支援およびこれからについてゆっくり考えることのできる時間の確保が可能となっている。それまでの不安定な生活状況下で、子ども自身にさまざまな判断と理解を促すことは適切ではなく、「安心で安全な場所と人の確保と提供」を行うことで、その本人なりの決断を支えることが可能となる。産後1か月をゆっくり里親家庭で過ごすことによって、母子が一緒に過ごせる時間の確保が可能となり、母となった子ども自身も、母として、そして自分のこれからを考える猶予時間を得ることができた。

2. 委託一時保護による養育・支援の過程

　子どもの一時保護が決定されたところで、子どもの保護先の検討がなされる。子どもの

ニーズとアセスメント、保護先の空き状況等を踏まえて、一時保護先が決定される。里親家庭への委託一時保護の場合、多くの場合は電話連絡による打診から始まる。一時保護専門のような里親家庭にお願いする場合もあれば、未委託家庭への養育の経験機会としても期待するような委託依頼の場合もある。

```
■委託一時保護の流れ■
①　電話等による委託一時保護依頼
②　概要説明、委託時期の確認
③　委託一時保護にかかる準備
④　受け入れ
⑤　養育
⑥　委託解除
```

委託一時保護の多くは、その日のうちに子どもは里親家庭にやってくることになる。そのため、必要な物品があれば、子どもが来るまでに里親家庭に用意をしてもらうか、児童相談所にてとりいそぎ準備をして持っていく場合もある。地域によっては、児童相談所内にいくつかのサイズの服やベビーカーなどがストックされており、委託一時保護の際に貸し出すこともある。また、地域の里親支援専門相談員が所属する施設にて保管された衣服等を持って、すぐに里親支援専門相談員が委託一時保護となった里親家庭に訪問し、養育の開始まもなくからの支援を行うこともある。

また、委託解除についても、目安の期間はあったとしても前後することも多く、ときには、急に明日委託解除になるという場合もある。里親家庭からすれば、通常の委託措置以上にケースワークに参加できない、情報共有してもらえないと感じることもあり、そのため、受け入れた里親家庭の考えや感情の整理に寄り添う必要性が生じることもある。

特に、委託一時保護の受け入れが初めての里親家庭については、委託当初から終了後の振り返りまで一貫した支援を組み立てることが必要となる。

3. 委託一時保護による養育・支援のあり方と留意点

委託一時保護は、急な依頼となる場合も多い。委託一時保護を多く受け入れ、突然の依頼に対しても柔軟に受け入れてくれる委託一時保護専門の里親家庭が存在する一方、すべての里親家庭ですぐに一時保護が対応できるものではない。里親家庭からすれば、困っている子どもの現状を目の当たりにしてしまうと、無理をしても受け入れたいという気持ちになることも多い。児童相談所側としても、今日今夜の子どもの行き先が決まらないときにお願いする先として、里親を頼りにすることは当然である。そういった関係性の中で、

少し無理をして受け入れを決心する里親家庭があることを念頭に、丁寧に聞き取りをしながら、子どもの一時保護に関する養育の方向性を話し合う必要がある。

　また、委託期間は、数日のこともあれば数か月にわたる場合もある。それは、一時保護理由によってさまざまである。委託当初の予定から期間が延長または短縮することも少なくない。児童相談所担当者も子どもと家族の状況を把握していない段階での委託一時保護となる場合もあるため、通常の委託よりも、委託一時保護以降の支援を慎重に、丁寧に行う必要がある。緊急的に一時保護を行った後に社会診断を行う場合もあり、ましてや、発達等確認のための心理診断を経ていないことも少なくない。委託後に、生活を共にするからこそ把握できることもあるため、事前のアセスメントより深刻な虐待が確認されることもあれば、発達上の課題が把握されることもある。包括的なアセスメントの結果、委託一時保護から里親委託に移行する場合もある。そういった場合には、委託一時保護としては適任であった里親家庭であっても、長期委託については難しい場合もあり、里親家庭自身がその想定ではなかったということもあるので、再度マッチングを行い、子どものニーズに合った里親家庭の選定を行う必要性がある。委託一時保護は、通常の里親委託とは異なる対応が求められるため、委託時に改めて一時保護について里親家庭に説明を行う必要がある。

▶▶▶実践上のヒント：フォスタリング機関職員の確認事項

① 子どもの保護理由

② 子どもの年齢・性別、発達および健康状態

③ 医療的ケアの有無、アレルギー等生活上の配慮の内容

④ 子ども自身の一時保護についての理解

⑤ 予定一時保護期間

⑥ 保育園、学校等通園通学の有無

⑦ 実親の一時保護についての理解、承諾の有無

⑧ 受け入れ先里親家庭の現在の状況

・受け入れ可能期間

・受け入れにあたっての可能な範囲

▶▶▶実践上のヒント：里親家庭の対応への留意点

① 子どもへの一時保護の説明を誰がいつ、どのような内容で行っているか

② 里親が子どもへ一時保護に関する説明を行う際にどのように行えばいいか

③ 実親が一時保護に納得していない場合の外出の可否

④ 保育園、学校等通学可能な場合の送迎や登園・登校に対する配慮

⑤　子どもの持ち物の確認と、衣服等不足物の購入

⑥　生活場面では、事前情報と異なる行動や表出がみられる可能性の理解

⑦　散髪・医療機関受診などの対応に、親権者又は児童相談所の了解の必要性

⑧　里親家庭の家族および飼育動物の状態把握と委託一時保護についての説明・理解

　先にも述べたように、委託一時保護開始時点では、子どもと実家族に関する情報がほとんどない場合もある。情報の少なさは、里親側の憶測や不安を生むことにもなる。また、養育する際にも、どのような生活をしてきたのかが分からず、細かなところで確認と調整が必要なこともある。成長発達に問題がないとの情報でも、実は経験不足または過保護等で年齢相応に期待できることが難しい場合もある。また、これまでの生活様式とは異なる建物構造等による危険個所が存在する可能性もあるため、特に乳幼児に対しては、開始後数日は目を離すことができないし、そのリスクについて事前に説明を行っておく。

　例えば、以下のようなことも、養育をするにあたっては、重要となることもある。

■養育にあたって■

◎地域・関係機関

・登園登校先関係機関、また子どもの友達や関係者にはどのように説明すればいいのか

・里親家庭近隣への説明をどのようにするのか

・子どもが生活していた地域に立ち寄っていいのか

・外出等可能か（特に虐待等親子関係が保護理由の一時保護の場合）

◎生活

・食事の好き嫌い

・アレルギー、未摂取の食材があるのか

・実家族の意向・宗教上等、食べることができないものがあるのか

・衣服等どのようなものがいいのか

・私物をどれくらい持っているのか、使用の可否および実家庭に取りに行けるのか

・医療上、成長発達の状態により生活上配慮が必要な事項があるのか

・これまでの金銭管理など自己管理の範囲

・これまでどのような生活様式だったか

・（持っている場合）スマートフォン、携帯電話等の使用ルール

◎子ども自身

・実家族の現状に対してどのように子どもがとらえているのか

・一時保護についてどのように説明を受け、どうとらえているのか

・好きなこと、好きな遊び、好きなテレビ番組など

・苦手なこと、やったことがないこと

・子どもの気持ち・考えを誰に話せるか、誰に話をしたいか

・登園・登校する際に、友人等にどのように説明をするか

・今知りたいこと、不安に感じていること

■子どもにとって■

　子どもの多くは、里親家庭で適応しようと、希望や不満を言うことを躊躇してしまう場合も多い。時には、「過剰適応」と言われるような「いい子」でいなければと大人の行動と感情を読んで行動し、自分自身の感情や行動を抑制させてしまうこともある。しかし、子どもは、どの年齢であっても、自分自身の生活の場から切り離されたこと、今後どうなるのか分からないというあいまいな未来に対して、実家族と分離したことについての喪失感や不安を抱いている。ただし、そういった緊張も、委託一時保護期間が長期化すれば緩みはじめる。それは、生活への適応であり安心につながる一方、我慢していた喪失感などの感情や行動が反動をつけて表出される場合もある。それは、里親家庭への不満につながる場合もあれば、無断外出や帰宅の遅さ、金銭の持ち出し、過食やゲーム・SNSなどの過剰利用・依存、対人関係のトラブル、学習意欲の低下等として表出されることもある。

　そのため、委託一時保護先の里親家庭は、子どもにとって「安心・安全な場所」となるように、それまでの子どもの生活が少しでも今の生活につながるような養育を心掛けなければならない。児童相談所担当職員・フォスタリング機関職員は、そういった子どもの喪失感に耳を傾け、感情や考えの整理を共に行うことになる。また、表出された事象のみをとらえるのではなく、何から起因しているのかをアセスメントしなければならない。子どもに対して、家族と子どもの状況がいまどのような状態になっているのか、今後の見通しはどうなっているのか、実家族はどうしているのかなど、子どもの質問に丁寧に真摯に応えることが、「子どもの安心と安定」につながっていく。

■里親家庭にとって■

　里親自身も、初対面であることが多い子どもの養育が急にスタートすることでの家庭内バランスの変化や対応にストレスが生じることもある。それは、予定していた日数よりもあてもなく延長していくように感じるときや、現在のケースワークの進行状況についての説明が丁寧になされない場合に強まっていく。短期の委託一時保護であるからこそ目をつぶってきたことが、長期化することで見逃せなくなり、どのように声掛けすれ

ばいいかわからなくなることもある。特に委託一時保護から委託措置に変更される場合には、「里親として子どもを養育する」という形にシフトされるため、家庭内ルールや自立を念頭に子どもに身につけてほしいことなどを子どもに提案したいと考えるようになる。ただし、そういった養育体制の急な変化は、子ども自身には理解し難く、「急にうるさくなった」「厳しい」と押さえていた感情の表出にも乗じて、反発心に転換する場合も少なくない。

　また、里親家庭の里親以外の家族への配慮も求められる。特に、実子や飼育されている動物に対しても注意が必要となる。子どもが委託一時保護されることも一時保護解除となることも実子や飼育動物にとっては、「親・飼い主の愛情や注目を取られた」「自分よりも叱られない存在」であり、荒らすだけ荒らしていく台風のような存在になりかねない。委託一時保護を受けたことにより、実子や飼育動物が不安定になってしまったという相談は多い。そのため、児童相談所担当職員およびフォスタリング機関職員は、定期的な電話連絡や訪問を行い、里親だけでなく、里親家庭で生活する家族すべてに会う努力をして、委託一時保護についての説明と対応を行うようにする。飼育動物の心身のストレス状況把握と、その可能性について里親家庭には事前に説明を行い、配慮を求めておくことも必要となる。

4. 委託一時保護による養育・支援の実際

　一時保護は、子どもの安全の確保のために、「今夜、ともかく一晩でも泊まれる場所」という視点での委託先選定が主目的とならざるを得ないことも多く、通常の里親委託で行われるような包括的アセスメントによるマッチングを行う時間を有することができない。そのため、委託一時保護中の生活場面状況を丁寧に里親から聞き取ることもひとつのアセスメント項目となり、その後の方針決定の重要な情報となり得る。

　委託一時保護で注意すべき点のひとつは、委託期間が不定で、延長となることが多いことである。児童相談所としてアセスメント評価することに時間がかかることも多く、当初の見立てより延長される、または、委託措置の方向となることもある。子どもの養育は、ある程度の期間の見通しの中、何をすればいいか、里親自身の用事をどこに入れるといいのかなど、家庭内全体のスケジュールを立てて行うことになる。しかし、不定で先が見えず、数日の範囲での長短ではなく、時には数か月単位になってしまうこともある。ケース

ワークからすれば必要な延長期間であっても、日々の生活を共にする里親家庭にすれば、心身ともに負担になる可能性もある。フォスタリング機関職員はそれを念頭に置かなければならない。通常よりも丁寧に連絡をとり、里親家庭全体の状態把握を行って、その都度必要な支援と連携をとるようにする。

Episode

　3歳男の子　実母急病で入院のため、緊急一時保護となる。

　実子5歳と7歳がいる里親家庭に委託一時保護。10日間の予定。保育園等利用できず、一時保護期間中は在宅にてお願いをした。1週間後、子ども担当児童福祉司より実母の入院が長引くため、10日間延長したいとの依頼がある。その後、委託は1か月を超える。長期になる可能性がでてきた頃より、5歳実子の夜泣き、夜尿がみられるようになる。委託措置の打診をしたところ、里母より、実子が不安定になってしまったこと、短期間だと思って養育していたので長期になることに不安があることなどを理由に断りの連絡が入る。その後まもなく、他の委託措置可能な里親家庭へ移動となった◆2。

　委託一時保護は、「チーム養育」の連携を最大限発揮して短期集中的に取り組むことになる。里親家庭からすれば、穏やかな養育もままならず、自立への見通しを持った養育が叶わない負担感が強くなる場合もある。一方、子どもにとっては、不変と考えていた生活の場や人との別離の際に、子どものニーズをとらえ、安定した生活の場の提供を行おうとする里親家庭の存在は、短期であっても、子どものそれ以降に大きな影響を与えるものである。だからこそ、少しでも安定的な養育の時間を提供できるよう、周囲の関係機関が、子どもと里親家庭に耳を傾け、丁寧で慎重な方針の策定と支援をする必要がある。

（長田淳子）

▶注────
1　厚生労働省「児童相談所運営指針　第5章　一時保護」
2　Episodeはいくつかの事例の内容を損なわない形で、架空のケースとしてまとめている。

▶参考・引用文献────
厚生労働省（2018）「一時保護ガイドラインについて」

市町村との連携

1. 子ども家庭相談援助の流れ

　子ども家庭福祉分野における相談援助の実施体制は、都道府県・指定都市等の児童相談所を中心とする相談と、住民に身近な市町村を中心とする相談に大別できる。

❶ 児童相談所による相談

　児童相談所は、児童福祉法第12条に基づき「児童に関する各般の問題につき、市町村からの援助依頼や送致を受けた事例のほか、家庭その他からの相談に応じ、児童が有する問題または児童の真のニーズ、児童の置かれた環境の状況等を的確にとらえ、個々の児童や家庭にもっとも効果的な援助を行い、もって児童の福祉を図るとともにその権利を保障すること」を目的に設置される第一線の専門相談機関である。児童相談所は都道府県と政令市に設置義務があり、児童相談所設置市として東京都の特別区や中核市も設置することができる（➡本巻第7章を参照）。

　児童相談所は、相談、判定、指導、措置、一時保護の5つに大別される業務を担い、具体的な運営は、児童相談所運営指針に示されている。市町村から送致された相談、家庭その他からの専門的知識・技術を要する相談に応じ、住民や関係機関からの通告、福祉事務所や家庭裁判所から送致を受け相談援助活動を展開（図10-1）する。保護者の意に反して施設入所や2か月を超える一時保護が必要な場合、家庭裁判所に送致したり承認を得たりしなければならない。

　しつけや性格行動上の問題、不登校など子どもの育成上の問題、養護や虐待、非行、知的障害や発達障害等障害にかかわる相談など幅広く対応する。受け付けた相談は児童福祉司や児童心理司、医師や一時保護を担当する保育士等による協議によって判定し（チームアプローチと合議制）、子どもや家庭の援助指針を作成する。援助として、助言、カウンセリング、心理療法、ソーシャルワーク、児童福祉司指導等の在宅援助と児童福祉施設入所措置、障害児施設給付の決定等施設入所援助等が行われる。

❷ 市町村による相談

① 市町村の役割と相談対応

　市町村は、地域において児童、妊産婦の相談、調査、指導、母子及び父子並びに寡婦等の相談などを担っており、2005（平成17）年度より子ども家庭相談の第一義的窓口として位置づけられている。児童福祉法第10条により、児童及び妊産婦の福祉に関し、必要な

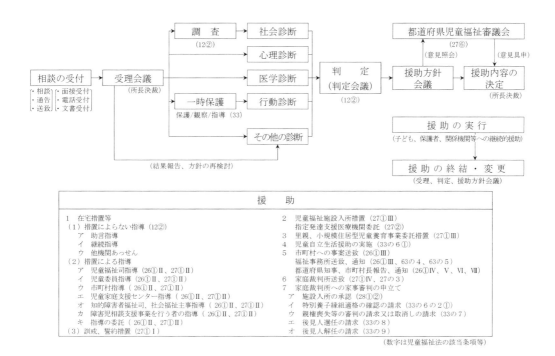

図10-1　児童相談所における相談援助活動の体系・展開
出所：厚生労働省（2021）「児童相談所運営指針（令和3年3月31日改正版）」183頁より。

実情の把握に努めること、必要な情報の提供を行うこと、家庭その他からの相談に応ずること並びに必要な調査及び指導を行うこと並びにこれらに付随する業務を行うこと、家庭その他につき、必要な支援を行うことを役割としている。

　市町村の子ども家庭相談については、都道府県、市及び特別区に設置義務がある福祉事務所（町村は任意）において、専門的な判定や施設入所措置等を要しないケースを担当している。福祉事務所には原則家庭児童相談室が設置され、専門的知識・技術を必要とする業務を担当する。市町村が第一義的窓口となったことからその役割が強化されている。市町村は児童相談所に援助依頼を行うこともでき、通告のあった児童については児童相談所への送致、市や福祉事務所を設置する町村では社会福祉主事等に指導させるといった措置をとらなければならない（児童福祉法第25条の7）。

　2017（平成29）年3月に「市町村子ども家庭支援指針」（ガイドライン）が出された。市町村には子どもに対する支援だけではなく、子どもの健やかな成長・発達・自立のために保護者ごと支える視点が不可欠であり、その観点から、保護者に対する助言、指導等を行い、寄り添い続ける支援が必要となる。市町村は人材や財源、拠点や関係機関の有無をはじめとする社会資源にもばらつきがあるため、地域の特性を鑑み、子どもとその家庭を支援するために児童相談所や関係機関との個別具体的な連携を視野に入れておく必要がある。児童相談所と市町村の相談援助の全体像は図10-2のとおりである。なお、地域における相

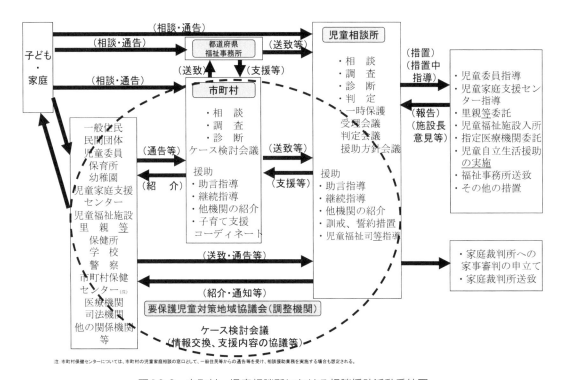

注：市町村保健センターについては、市町村の児童家庭相談の窓口として、一般住民等からの通告等を受け、相談援助業務を実施する場合も想定される。

図10-2　市町村・児童相談所における相談援助活動系統図
出所：厚生労働省（2021）「児童相談所運営指針（令和3年3月31日改正版）」184頁より（一部修正）。

談は、地域子育て支援拠点事業や子育て世代包括支援センター、児童家庭支援センター等によっても行われている。

② 要保護児童対策地域協議会（要対協）

　市町村は児童福祉法第25条の2に基づき、要対協設置の努力義務がある。要対協は、要保護児童もしくは要支援児童及びその保護者または特定妊婦（支援対象児童等）に関する情報その他要保護児童の適切な保護または要支援児童もしくは特定妊婦への適切な支援を図るために必要な情報の交換を行うとともに、支援対象児童等に対する支援の内容に関する協議を行う。調整機関を1つ置き、構成機関に守秘義務が課されたうえで情報共有がなされる。

　2016（平成28）年の児童福祉法改正により、法に規定されている児童の年齢を超えていても、要対協の支援対象である要保護児童について、18歳以上20歳未満の延長者及び保護延長者を含めるとともに、その保護者についても、延長者等の親権を行う者、未成年後見人その他の者で、延長者等を現に監護する者を含める（児童福祉法第25条の2第1項及び第2項）こととされ、必要な支援を継続できる。要対協は、要保護児童、要支援児童とその保護者、特定妊婦等への適切な支援を提供すべく、多機関の専門性と機能を持ち寄り、連携を必要とする支援の方向性や具体的内容を検討し、役割を担い合うことを決定する社会

資源である。

③ 市区町村子ども家庭総合支援拠点（支援拠点）の役割

　2016（平成28）年改正児童福祉法により拠点の設置が努力義務化された。2017（平成29）年3月に「市区町村子ども家庭総合支援拠点設置運営要綱」が発出され、「子どもとその家庭及び妊産婦等を対象に、実情の把握、子ども等に関する相談全般から通所・在宅支援を中心としたより専門的な相談対応や必要な調査、訪問等による継続的なソーシャルワーク業務までを行う機能を担う拠点」となっている。

　支援拠点は、市町村子ども家庭相談における中核に位置づけられ、地域における包括的な支援を構築する可能性が見られるようになってきた。児童相談所と市町村の間で、子どもと家庭に関する援助依頼や送致等の連携を図りつつ、一時保護や措置中の状況把握はもちろん、一時保護解除や児童養護施設や里親家庭からの家庭復帰、子どもの生活拠点の移行が可能となるよう、市町村の拠点によるソーシャルワークと要対協におけるケアマネジメントにより、支援方針を立てて包括的支援にあたることが求められる。

（佐藤まゆみ）

- -

2. 市町村の社会資源や事業の活用

- -

　里親の暮らしに身近な市町村には、さまざまな社会資源がある。前節で子ども家庭相談の流れや市町村の役割について概括的に触れられているので、ここでは東京都港区の社会資源について具体的に紹介してみたい。

❶ 港区子ども家庭支援センターの「子育てひろば」と「子育てコーディネーター」

　東京都には、各特別区と各市町村に「子ども家庭支援センター」という名称で子ども家庭を取り巻くさまざまな相談・支援機関がある。区内で発生した児童虐待相談の窓口にもなっているが、児童相談所（以下、児相）が対応する児童虐待相談や育成相談などの中でも一時保護や家族分離などのいわゆる法的介入には至らない、さまざまな相談に応じている。港区子ども家庭支援センターにはこうした相談窓口のほか、「子育てひろば」が併設されている。この子育てひろばは区民等に開放されており、親子（子は3歳まで）が来所した際

に自由に遊んだり昼食を一緒に食べたりできるスペースを完備している。また、この広場ではベビーマッサージや親子ヨガ・絵本の読み聞かせなど、親子で楽しめる催しも開いている。さらに面談による①保健師相談、②臨床心理士相談や、③「子育てコーディネーター」による相談も行われている。中でも特徴的なのは「子育て支援員」の資格を有した「子育てコーディネーター」の存在である。これは子育てひろばを訪問した親子が気軽に子育ての悩みに応じられるしくみとしてスタートしたもので、相談へのハードルや負担感が少なく、利用者から好評である。もちろん里親子の利用も可能である。

❷ 一時預かりサービス

次に、里親が養育の休息を取得したい時のサービスとして「レスパイトケア」がある。港区の一時保育預かりサービスは民間委託事業で、各委託先により対象年齢や預かる子どもの年齢層に若干の差があるが、おおよそ生後2か月から小学校6年生までの子どもを対象としている。通年、年末年始を除き朝7時30分から夜9時までの時間で「理由を問わず」、子どもを預けることが可能である。このほか、港区立（公設民営含む）や民間の保育所等による緊急一時保育制度も充実している。

❸ 乳幼児ショートステイサービス

区内在住の生後7日から4歳未満までの乳幼児が①保護者が病気や出産で入院することとなった場合、②冠婚葬祭に出席したり、その他緊急に保護者が養育できない状況になった際などに利用できる制度である。

❹ 育児サポート「子むすび」

このほか、ユニークな社会資源として港区内で育児の手助けが必要な人（利用会員）と手助けができる人（協力会員）とをむすび、住民相互のつながりを広げ、地域全体で子どもの成長を支えていくことを目的として0歳から小学校6年生までの児童を対象とした「育児サポート子むすび」（港区社会福祉協議会）がある。

サービス内容としては①保育施設、学童クラブ、小学校等への送り迎え、②保護者の学校行事への参加や病気や出産または家族等を介護するとき、などに育児の手助けとして利用できる。

なお、ここでは紙面の都合で里親も利用できる子育てサービスの概略を記したので、詳細は自治体の窓口に問い合わせていただきたい。

3. 相談・支援の実際 （子どもの委託前からアフターケアまで）

　次に里親家庭への子どもの受託前から措置解除後までの間、里親子が経験するさまざまな日常生活を通じて、いかに市町村等における支援体制が大切なのかについて紹介してみたい。なお、ここでは主として里親家庭への支援について述べることとし、里親登録前の方については「夫婦、夫・妻」という用語も用いている。里子についてはいずれの場合も「子ども」と表記する。

❶ 子どもの委託前における支援

① 里親希望の申し込み前から始まっている心の葛藤

　里親登録を希望する夫婦等には、実は「里親になりたい」というきっかけの時点から悩みが始まっていることがある。つまり夫婦ともに最初から同じ志でいる場合はまだしも、「里親に登録したい」「里親になろう」と思う動機が芽生えるのは夫婦それぞれのタイミングがあるからである。

　たとえば不妊治療を続けている場合である。妻には「いつまで不妊治療を続ければいいだろうか」（いわゆる45歳の壁）という悩みが、治療の長期化の中で生じてくることがある。それを見ている夫も代わってあげられない苦しみの中にいることも多い。不妊治療は心身への負担感も大きいが、実子を授かりたいという思いや親族など周りの期待を振り切れず、主治医から助言が出るまで不妊治療が続くことも少なくないのである。

　こうした夫婦について里親制度や養子縁組制度という、「子育て」についての「多様な考え方・選択肢」があることを、少なくとも情報として提供することは極めて重要である。病院や市町村の子育て相談窓口の大切さがここにある。

　そして、この多様な子育ての在り方について夫婦間で話し合いが進む中でも、「夫（妻）は里親になることを快く受け止めてくれているだろうか」、「親族は反対しないだろうか」など、不安は尽きない。この「里親になる、ならない」の最初の夫婦間の十分な話し合いはその後の子どもの受託後のさまざまな困難を乗り越えていくうえでも、とても大切である。互いの気持ちや子育てに夫婦間で納得がいかないことがあればとことん、夫婦間で話し合うとともに、こうした「子を授かり、育てたい」と決意して里親になろうとする人を支える病院のMSW（医療ソーシャルワーカー）や医師の存在はとても大切である。この視点からは今、国が進めるフォスタリング機関の役割も、広報・啓発活動をより一層推進し、家族の決心を支えていく存在として重要である。

② 里親登録後の里父母の不安

　念願かなって里親の認定・登録がなされた後、里親は「いつになったら私のところに子どもが紹介されるのだろうか」と、児相からの電話を待ちわびている。受託の電話がなかなかかかってこないと、「何か私たちの養育姿勢に問題があるのだろうか」と里親が不安な気持ちになることもある。こうした不安を支えるために児相の里親担当児童福祉司はしっかりと里親の気持ちに寄り添う必要がある。東京都では特に新規登録した後の里親については、必ず地域児相主催の「里親サロン」等に参加して他の里親や児相、里親支援機関職員などと交流する機会を提供し、里親自身が養育についての振り返りを行い先輩里親から養育についての助言をもらう体制をつくっている。

③ 里親委託促進のための児相と市町村・民間施設等との里親委託推進会議

　里親への里子の委託決定はいうまでもなく児相の措置決定による。しかし、特に東京都の児相では施設に措置後の子どもをあらためて里親等に委託検討（措置変更）することは容易ではなかった。こうした中で里親委託促進のために考案されたのが、定期的な児童福祉施設（以下、「施設」という）等との情報交換の機会である。都内児相により開催の頻度・方法に多少の差はあるものの、この情報交換の機会は家庭養護推進に一役買っている。

表10-1　児相と施設等との里親委託促進の協議の際に使用するシートの例

	現在の年齢	Aちゃん（1歳1か月）	Bちゃん（0歳5か月）	C君（8歳）	
	施設名	A乳児院	B乳児院	C児童養護施設	←①
1回目の協議	入所後3か月目の施設での状況	乳児院での実親の面会は活発だが子育ての仕方に不安が残る。	乳児院での実親の面会は一度もない。	実親は施設開催の行事に一度も参加して来ず、連絡もとれない。	←②-1
	児童相談所の調査結果・今後の方針等	母には軽い知的障害がある。家庭復帰を見据えながら地域の子育て支援サービスも探していきたい。	実母は内縁男性からのDVを受けて現在、居所不明となっている。引き続き、児相で居所確認を続けながら母親や親族に養育意思があるのか調査を続ける。	父母ともに精神疾患の状況が悪化。入院となっている。C君が幼い頃から父母は夜間も二人だけで飲酒に出歩き、養育放棄していたことが判明。	←③-1
2回目の協議	入所後6か月目の施設での状況	乳児院での実親の面会は相変わらず活発。乳児にも母親になついている様子が見られるようになった。	あいかわらず面会もなんの連絡も乳児院には入ってこない。	小学校開催の運動会にも父母がこなかった。最近はC君にも子どもなりのあきらめ感があり学習も遅れがち。	←②-2
	児童相談所の調査結果・今後の方針等	居住する市の子育てサービスと保育所利用により、Aちゃんは家庭復帰が可能と判断。	親族とは連絡がとれたが、どの親族も養育意思なし。里親委託の方向で児童福祉審議会に諮問する方向を検討する。	施設でのC君の近況報告と、病院情報による父母の病状悪化を含め、里親委託について父母に再度、打診してみることとする。	←③-2

その情報交換は、大まかに以下のような手順で行われている。実際に里親委託等推進委員会等の場で提案されるシートの例（表10-1）を参照しながら解説する。

都内各児相で、それぞれ地理的に近隣にある乳児院等をピックアップし、情報交換施設群として特定する（表10-1 ①参照）。

次に当該児相が施設措置した児童の中で今後、里親委託や縁組候補として検討が可能な子どもがいるかどうかを（児相側からではなく）施設目線で選定してもらうよう打診を行う。打診を受けた乳児院等は、あらかじめ児相から得ている家族状況等も参考に施設内で検討し、「里親への委託が可能な候補児」の情報を児相に書面で提出する（表10-1 ②-1、2参照）。

提出されてきた書面の記載内容を児相は精査し、例えば「これまで里親への委託は考えていなかったが、実母（父）の面会もここ半年間全くなく、どうやら別の男性（女性）と暮らし始めている」等の情報を乳児院が入手していた場合などには、その事実関係を含め里親委託の可能性について再調査する（表10-1 ③-2参照）。

児相の調査結果を乳児院の情報が含まれた様式紙に追記し、乳児院から提案された意見と今後の児相の里親委託に向けた方針とを意見交換する。

以上のようなプロセスを実施することで、これまで児相だけで進めていた里親委託への取り組みが、施設情報も加味した取り組みとなり、里親委託を検討する機会が拡がっている。また、市町村の子育て関係部署（東京の場合は区市の子ども家庭支援センター等）やフォスタリング機関等もこの会議に参加し、多角的な検討を進めている。

また、このことは、施設の里親支援専門員を通じて施設内での里親委託への意識づけの向上にもつながっている。

④ 受託前の委託候補児との交流時の支援

里親の認定登録が終わるといよいよ、マッチングを経て候補児との施設内交流等が開始する。最初は施設内での短い時間の面会から始まり、施設周辺への外出、里親宅への一泊外泊、連泊、等を繰り返しその交流の様子を児相や施設が評価して委託に進んでいく。しかし施設内で交流を続けている期間が長期化し、次のステップになかなか進まないときなどは、「私のかかわり方に何か欠点があるのではないか？」とか、「施設や児相の担当者はどう思っているのだろう」と里親は不安な気持ちになることがある。

こうした里親の思いを受け止め、支援する意味で当該乳児院等に配置されている里親支援専門相談員の役割は重要である。また、施設からの外泊の折には、前述の子育て広場の「子育てコーディネーター」などが身近な相談相手となることは中途養育を進める里親にとっても心強い。

❷ 委託後の里親家庭への支援

① 決定後、2つの姓に悩む里親

　里親制度下では、里親宅に居住していても戸籍上は本来その子どもが持っている名字（姓）がある。このため子どもは里親宅に来る際に、里親宅の名字を名乗るか、生来自分についている名字を名乗るかを決める必要がある。幼少期に委託された児童は里親宅の姓を名乗ることが多いが、これとて一概に言えるものではない。また、里親姓で幼少期から育ててきた場合は、思春期を迎え本人に自尊心が芽生えた後、どの時点で本来の名前に切り替えたらよいか、里親子ともども悩む人もいる。

　こうした受託初期の里親ならではの悩みについて的確に対応していくため、前項で述べた市町村の「子育てコーディネーター」等がよき相談相手となっていくことが大切である。また、里親同士が集う「里親サロン」等に参加し、同じ悩みを持つ里親がどのように乗り越えていったかを聞く機会を里親が得ることも大切である。

② ご近所デビュー

　いよいよ子どもが我が家の一員となり、地域で暮らすこととなった場合、「どのように近所の人に紹介すればいいだろうか」と悩む里親も少なくない。子どもを近隣に紹介することにはためらいを持つ里親もいるのだ。「里親になりました」とご挨拶まわりができる里親もいれば、「そっとしておいてほしい」と願う里親もいる。この里親の思いとは裏腹に近隣住民から「隠し子がいた」などと知らないうちに尾ひれがつく話になり、心を痛める里親もいる。こうしたことはほんの一例だが、日頃から市町村が里親制度への住民理解を進めていくことがいかに大切なのか、お分かりいただけると思う。まずは里親が暮らす生活圏の人々が、このような子育てに幸せを見出している家族がいることを知ること、そのために主任児童委員や民生委員・児童委員、町内会の方々への普及啓発をこれからも進めていくことが大切である。里親子の育てを支える世代間の仲間づくりに、子育て広場の果たす役割も大きい。

③ 大切な学校教職員と生徒の里親制度理解

　学校教職員の里親制度についての理解は今後一層進めていく必要がある。里親が引っ越しに伴い子どもを転校させた際、先生の理解が乏しく、学年が上がるごとに変わる担任の先生に対して、あらためて一から説明する手間が大変、と嘆いている話を聞いたことがある。名字が違うことで子ども同士のいじめに発展し、心を痛めた里親もいる。

> **Episode**
>
> 　学校に通う子どもへの制度理解の実践のひとつとしては、児相職員や里親支援機関による小学校での出前講座がある。例えば、筆者は出前講座として、東京都の品川区内の小学校高学年を対象として、「もし、このクラスに里子さんが転校してきたら」というテーマで里親制度について講義をさせていただいた経験がある。授業後、この講義を受けた子どもたちに感想を書いてもらったが、「（もし里子の立場の子が私たちのクラスに転校してきて、今、ここにいたとしても）ふつうに接してあげることが大切」という回答を感想文に記載してくる子どもが多かった。子どもたちは子どもなりに、「なにも特別なことをして気を遣うことはない」ことを里子の立場になりながら考えてきたのだった。また、そのような家族の形があることについて特段、不思議に思わないという回答もあり、子どもたちの純粋な気持ちを垣間見る機会ともなった。市町村の教育関係者には「生い立ちの整理」などの機会の折に、こうしたさまざまな家族のかたちの中で暮らす子たちにも子どもが配慮できる授業を心がけていただければと思う。

④ 家族関係についての真実を伝えるということ

　里親養育にせよ、養子縁組養育にせよ、家族の一員となった時期が幼少期の場合は、子どもとの関係の真実をいつかは伝えなければならない。真実の告知である。なお、真実告知は遅くとも小学校入学までには子どもに伝えておくほうが良いという見解が実務者の中では多い。また、真実告知（telling）は一度だけの行為（儀式）ではなく、子どもの成長とともに子どもの理解力に応じて、愛情を込めながら繰り返し伝えていくことの大切さも語られているところである。真実告知は特別養子縁組に限らず里親制度でも大変重要なテーマであるが、その詳細は別稿に譲るとして、児相に配属されている里親担当児童福祉司や、フォスタリング機関の里親等委託調整員、そして市町村の子ども家庭支援センター（東京都の場合）などが、里親子の気持ちをしっかりと受け止める役割を有している。

⑤ 実親の存在と里親子がどう向き合っていくか

　「新しい社会的養育ビジョン」では、実親との交流をこれまで以上に児相は促進し、パーマネンシーの保障への支援を続けるべきとしている。しかし実親のもとへの家庭復帰を目指す交流関係は理想を語るほど容易ではない。子どもは実親の存在を里親から聞いた後、「実親は今、どこで暮らしているのか、なぜ自分を里親に預けたのか」ということを気にかけ、「実親は自分のことを今でも大切に思ってくれているのだろうか」と心の葛藤を抱える。時には子どもの心の中で、実親像が現実を超えて美化されてしまうこともある。

やがて現実に直面した際、その美化した実親像との落差に悲嘆し、やけになり非行に走ってしまうことも中にはある。里親側としても、実親がすでに再婚して新しいパートナーと幸せを築いている場合など、受託中の子どもの気持ちをいかに家庭の中で日々受け止めながら養育していけばいいのかと、心労は図りしれない。実親の存在は子どもにとっての心のよりどころのひとつであるが、特に思春期に差し掛かった養育は里親だけでは負担が多すぎる。児相・フォスタリング機関等をはじめ、非行が深化している場合は少年センターなどの支援も仰ぎながら、里親と子どもを粘り強く支援し続けていくことが必要である。

❸ 18歳の措置解除からアフターケアに向かって

里親委託は児童福祉法で定められた制度であるため、原則として18歳で措置解除を迎える。しかし里親はそれ以降も一種の喪失感を抱えながらも、里親宅の近隣に居住させたりしながら、これまで我が家で暮らした子どものその後をいつまでも気にとめていることが多い。その理由のひとつに、里親のもとで育った子どものその後の自立に関して、児童養護施設等を巣立った子ども同様、社会に適応する際には苦労する場合があるからである。こうした社会的養護体系から巣立った人のアフターケアについては、生活支援を含め、まさに暮らしを支える市町村の他部署（生活保護や就労支援）との協働が求められる。最近では、里親宅から巣立った子どもたち（大人）でネットワークをつくり、当事者同士で励ましあう機会をつくっている場合も多い。

児相もアフターケアを充実する必要があるが、18（20）歳以降の支援をフォスタリング機関等とどう連携していくかは、まだその具体的検討が始まったばかりである。

❹ 養育の失敗を里親自身が前向きにとらえることの重要性

最後になったが、里親委託については「こうすれば成功する」「しっかりした養育ができる」という正解はないことにふれておきたい。一人ひとりの子どもの特色を受け止め、里親自身もその中で喜怒哀楽を繰り返しながら成長していくプロセスである。そうした中で、子どもとの相性等の問題が里親に発生した場合、児相は時に措置変更をせざるをえないこととなる。この時里親は「自分は里親として失格と児相に烙印を押されてしまったのか」と、自信を喪失してしまう。それゆえに子どもとの問題が大きくなるまで児相に状況を報告しない里親も少なからずいる。児相の里親担当者やフォスタリング機関、施設の里親支援専門相談員等は、こうした里親に「**養育への行きづまりは誰にでもあること**」「**失敗を次に活かせばよい**」というメッセージを発信していくことが重要である。里親の自信喪失の気持ちにしっかりと寄り添い、元気づけていくことが次の委託の成功につながっていくことを児相関係者等は忘れてはならない。

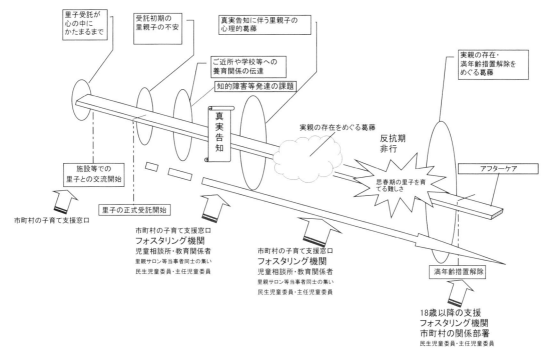

図10-3　里親としての子どもの受託前から措置解除・アフターケアに至るまでの流れ
出所：奥田・濱口（2018）より一部抜粋・加工。

　ここまで述べてきた里親としての子どもの受託前から措置解除・アフターケアに至るまでの流れを図10-3に示しておく（あくまでも概略図として見ていただきたい）。

（奥田晃久）

▶参考・引用文献
柏女霊峰（2020）『子ども家庭福祉論　第6版』誠信書房
柏女霊峰編著、藤井康弘、北川聡子、佐藤まゆみ、永野咲（2020）『子ども家庭福祉における地域包括的・継続的支援の可能性——社会福祉のニーズと実践からの示唆』福村出版
厚生労働省（2020）「市区町村子ども家庭総合支援拠点設置運営要綱」
―――（2020）「市町村子ども家庭支援指針」
―――（2020）「児童相談所運営指針」
奥田晃久・濱口佳和（2018）「里親の心理的葛藤について——新たな『真実関係の伝達』という概念にふれながら」『筑波大学心理学研究』（55）、59〜71頁

第**11**章

要保護児童対策地域協議会との連携

Key Word

子ども主体／つながる支援／愛着／子どもの認知／環境／行動／感情

1. 社会的養育を子ども主体のつながる養育へ

　要保護児童対策地域協議会（以下要対協）は、設立当初より地域差はあるものの虐待の早期発見、早期支援の役割を果たしてきた。

　2016（平成28）年に出された「新しい社会的養育ビジョン」の実現に向けて、子どもの権利、ニーズを大切にした家庭への養育支援の構築にとって要対協における社会的養育機関の役割を担っているからこそみえる支援展開がある。

　そして、2017（平成29）年の「新しい社会的養育ビジョン」において「社会的養育」という新たな概念が示され、子育ての負担を保護者（家庭）に背負わせるのではなく、社会の責任でよりよい養育を提供することが明確となった。それは、要対協の役割として、地域全体の子育てリスクを下げるために、物心両面からのきめ細やかな支援が求められるということであり、市町村と並んで地域の重要な役割を担うようになっている。

　要対協には、家庭で暮らす子ども、要支援・要保護の子どもの胎児期から自立までを対象とし、子どもを権利の主体者とすること、そして、子どもの育ちの連続性を尊重した生活支援・保護者支援・親子関係支援の展開が求められている（図11-1）。

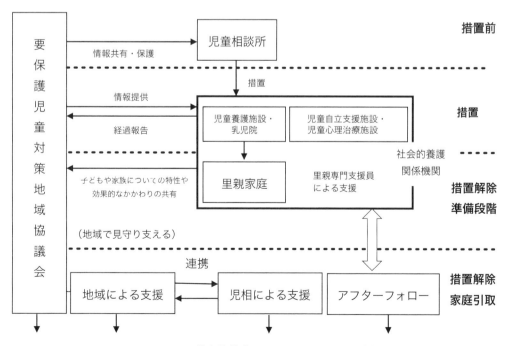

図11-1　社会的養護におけるつながりある支援

　社会的養護においては今後、子どもを家庭から引き離すことになる時、なるべく生まれ育った地域や学校から引き離さない支援が大切である。それは子どもの育ちにとってつながる養育の場を保障することであり、家庭復帰を目指すためには学校や支援の場所を変えないことでつながりある支援を提供できるのではないかと考える。また子どもが家庭復帰を果たした後にも親子共にアフターケアを受けられることは大切である。地域に根づいている里親家庭やファミリーホームがその役割を担えることは意義深い。

　また、里親・ファミリーホームが要対協に加わり家族支援という役割を担うことは大きく期待されるところである。

　本章では、児童養護施設からみえる子どもの育ちの連続性を保障するための視点について、施設で出会う子どもたちの措置される前の生活状況（措置理由）、措置後の施設での子どもの生活・保護者の状況・親子関係の状況、家庭引取り後の状況など、いくつかの事例を交えながら、要対協との連携のあり方について述べる。なお、事例については、いくつかのケースを織り交ぜた架空のものである。

---

2. 「社会的養護を必要とする子どもの支援」からみる子どもの見立て

---

❶ 子どもの支援の基盤となる3つの視点

　社会的養護を必要とされる子どもの支援を展開するには、子どもを支援する基盤として3つは最低限保障されなければならない。1つ目は人が生きていくうえでの基礎となる生理的欲求が満たされる支援、2つ目は子どもが安心して暮らせる大人による配慮、3つ目は子どもがありのままを表現できる支援である。

　そのためには、その子の現状を把握し、その子に応じたさまざまなかかわり方や保障の仕方が必要になることを理解したうえでの基盤づくりが重要である（図11-2）。

❷ 子どもの行動からみる子ども自身の認知理解

　子どもの支援を展開する時、子どもの行動から子どものありのままの認知に基づいてではなく、子どもの行動を支援者の認知に置き換え支援プランを組み立てるということが起こっている場合がある。被虐待児の示す行動特徴や発達障害のような行動傾向がある子どもにこういうかかわりがよいという示唆が、支援者にとってのやりやすさにつながっているということがあるのではないだろうか。例えば、泣く・いらいらする・怒る・物を投げ

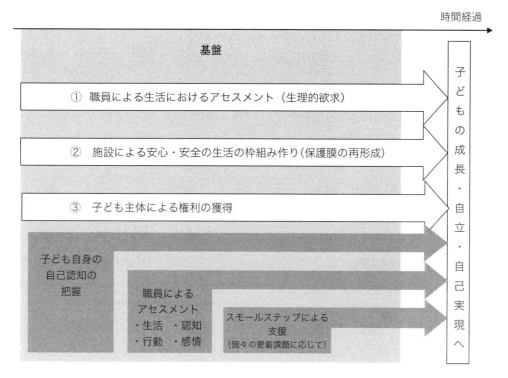

図11-2　社会的養護を必要とする子どもの支援

る、お腹が痛くなるなどの身体症状に現れる拒否反応、自分の不快な感情に適切に対処できていないことが周りからみると不適切な言動と映ることもしばしばである。

　受け止めてほしい時に適切な受け止め方をされなかった経験は、多くの子どもが体験している。その反応は、子どもなりに家庭の中で置かれている状況に反応した結果としての行動や、そこに立っているための子どもなりの生き方ともいえる。その子どもの行動や感情による認知をまずは受け止めることが、社会的養護に委ねられた子ども支援のスタートであることを忘れてはならない。

　児童養護施設職員は社会的養護に置かれた子どもの支援において子ども自身の自己認知の把握を行い、生活・認知・行動・感情という視点でアセスメントし自立支援計画において目標を掲げ、スモールステップを子どもと共に共有しながら進めていき養育している。

　以下、施設での架空の事例を通して、子ども自身の自己認知を把握し、生活を通して個に応じたスモールステップを踏んだ支援を紹介する。

Episode

① 環境の変化や集団場面に不安を強く感じる子ども

　4年間の入所の後に一旦家庭復帰したケース。家庭では長泣き、大泣きでかかわりが

難しかった。泣くことと首をかしげることで自分の気持ちを表現し、不安になるとハンカチを持つなどの本児のサインを職員が理解するように努めた。クラス替えや学校行事など新しい環境で、本児が特に緊張するのはどこなのか。例えば、学校の理解を得て開門前からの職員との登校を繰り返すなど、スモールステップを踏むごとに仲間との登校が可能になった。

　「私の今を丸ごと理解してくれる大人」として子どものそばに居続け、困った時苦しい時の手の差し伸べ方をその子に合った介入の仕方を試行錯誤で行った。最高学年になる頃にはそれまで一度も参加できなかった運動会に参加した。保護者ともその成長の過程を共にしながら、良い形での家庭復帰となった。

▶▶▶実践上のヒント

・子どもの今を受け入れつつ、子どもが主体的に前に進めるように大人が介入し環境を整えながら支援する。
・子どもの気持ちの緩み方を確認しながら、異なる方法を子どもに提案しながら合意を求めていく。無理そうなときは現状維持で構わないことを確認する。
・過度に子どもをほめると子どものプレッシャーになるので、平常心でさりげなくできたことを確認し、次のステップを踏む。
・子どもの認知と保護者がそれをどのようにとらえどのような行動をとってきたかを保護者と共有する。
・保護者との共育の視点を常に認識し、外泊時のモニタリングを丁寧に行う。
・子どもの気持ちや、不安になる時の行動の読み取りとその前の対処方法を保護者に代弁し伝える。
・里親の養育体験をもとに、実親へ返す際に子育ての楽しみや大変さを共有し、実親へ養育をつなげる。

Episode

② 人に慣れるのに時間がかかり、言葉を発しない子ども

　入所年齢3歳から5歳まで、分からないことや困ったことがあると固まり、言葉を発することがなかった。少しずつ言葉が出るようになってきた。

▶▶▶実践上のヒント

・同年代の子どもとの遊びを大切にする。

・遊びの中でみんなの輪に入れるような声掛けをしながら一緒に遊ぶ。

・少人数でゆっくりと関わり、本児の行動を見守り言葉を引き出していく。

・たくさんの成功体験を認めほめる。

・感情を言葉に置き換える。おいしいね、悲しいね、しんどかったね、ワクワクするね、ドキドキするね、など。里親家庭の強みを活かし、日々の暮らしを共有する。

Episode

③ 子ども同士の引っ掛かりがあるとつまずく子ども

　入所した当初、幼児期には他児との関係性で指摘されることがあると、相手に自分の思いを伝えられなくなった。小学校中学年になると感情のコントロールが難しくなり、物に当たり口調が荒くなり、対人トラブルが多くなった。後ろ向きの発言が多く、できないと自分で決めつけ、すぐにあきらめ投げ出す。感情の波が激しく、急に泣きながら怒り出したり飛び出したりすることがあった。今は怒ったり泣いたりしながらも、嫌だったことを説明できるようになり飛び出すこともなくなった。

▶▶▶実践上のヒント

・たくさんほめるかかわりを意識し、本児に合った物差しで最後までやり遂げる喜びを共にし自信へとつなげる。頑張った経過や時間を前回と比較しながらほめる。子どもと里親との二者関係から見る子どもをほめる場面の気づきだけではなく、さまざまな専門職の見方を入れることで、ほめる場面を多くまた細かく想定できる。

・くよくよしがちなので、生活の中で大人と一緒に明るく本児が興味のある活動へ転換できるようにする。

・強がるところがあり、自分の弱いところをみせることや頼るのが苦手だが、環境の変化に不安があるので、一緒にいるように気をつけたり、次の行動を事前に説明しておくと安心する。

・自己評価が高まるようなかかわりを日々の生活を通して意識的に行うように心がける。

・里親を含む大人とさまざまな場面を共有しながら、結果より努力の過程に重点を置き、なるべく多くのスモールステップを設定し、それに即した認め方を日々の生活でも心がける。

・トラブルが起こった時は、落ち着いてから流れを大人と一緒に振り返り、どうすれば回避できたかを考える。里親と子どもが日々の暮らしの中に沸き起こるさまざまな感情を交わすことは、子どもとの信頼関係を築くことにつながる。

・かかわる大人は、子ども自身が自分の思いをきちんと汲み取ってくれる大人が信頼に値すると思っていることを認識する。
・大人と話をしたり、自分が知っていることを教えたりするのが好きなので話を聞きリアクションすることを大切にする。

Episode

④ 被害に遭っている感覚が薄い子ども

　からかいを受けていること、いじめられていることに気づかずにいじめや暴力の被害者になりやすい。気づいたら傷ついている。困っていることや嫌なことがある時、表情に出ない。

▶▶▶実践上のヒント

・困っていることや嫌なことがある時に表情に出にくいことをかかわる側が認識し、頻繁にその感情を引き出すことが大切である。
・痛みや辛いことに鈍感なので、語ってくれるエピソードの中で、「それは困っているんじゃない？」「それは嫌だったんじゃない？」と感情を引き出す。
・自分の体験ではない絵本や物語を通して感じたことを語り合う中で、感性や語彙力をつける。
・里親家庭での大人と子どもの距離感においては、これらの感情を引き出すことにより、育てる養育者側の気づきの機会も得やすくなる。

Episode

⑤ 上手に気持ちを出せない子ども

　自分の感情を言葉や表情で表現することが難しく、感情を押し殺して我慢してしまい適応するがゆえに爆発してしまう。

▶▶▶実践上のヒント

・日常の何気ない会話を大切にし、まずは大人との安定した関係の中で我慢せずに気持ちを表現できるように引き出す。その不安なところがどこから来ているのか探す。
・多くの経験の中から、好きなおやつや子どものやりたいことを尊重する。
・適応するがゆえに爆発することがあるため、日常の食卓や家事を一緒にしながら何気な

い会話を大切にして、子どもの中で引っ掛かりが起きたことを細やかに引き出していく。

・反応が出たら、「本当の気持ちをよく言えたね」と、まずは泣いてもわめいても言えたことを評価する。

Episode

⑥ 周りから浮いてしまう子ども

　幼少期からの安定しない家庭環境の中で特定の人との関係を築けずにきたため、他者の気持ちを考えた発言や行動が難しい。そのために友人関係に課題を抱えている。家族にも生活態度や嘘をつくことに不満を持たれている。

▶▶▶実践上のヒント

・本人の気持ちに焦点を当て、気持ちをとにかく受け止め、感情を代弁する。

・大人が安定した声掛けや、かかわりを意識して行う。

・多くの体験の中から、一人でできる好きなことを見つけられるよう、楽しみを共有していく。

・すぐに実現しそうな楽しみや頑張れそうなことについて、目標を立て実行できたら認めることを繰り返す。

Episode

⑦ 暴力に代わる表現方法を学ぶ

　カッとなると手が出てしまう中学生。殴るという方法以外にどんな方法があるか分からないし、言っても分からないなら殴るしかないという。

▶▶▶実践上のヒント

・安定した生活をまずは保障する。

・暴力を止めたい気持ちを子どもから引き出し、暴力を止めるために共に取り組むことを確認した後で、取り組みをスタートさせる。

・暴力については大人であれ子どもであれ許されない行為であることを明らかにする。

・暴力に至った理由である事柄を解決することについて、大人も共に努力することを子どもに伝えておく。

・カッとなる前後に心や体に何が起こっているのかを子どもと整理する。

・相手のどんな態度に、どんな言葉に反応しているかを確認する。

❸ 事例を通して

　以上の事例では、愛着課題を根っこに抱える子どもに対して、大人との関係性を基本に置き、生活という日常の中で表現する行動にさまざまな視点やかかわり方をもってアプローチすることについて述べた。子ども間の仲間においての育ちはとても重要ではあるが、まずは大人との愛着を育て、そして基本はその子自身が変化を起こすことを大切にする。その繰り返しのモニタリングを根気強く行っていくことが重要であると考える。

　かかわりの中で、感情と行動が結びつくことを一人ひとり異なる育ちに応じて展開していく。そのうちに言葉とつながっていく。子どもが権利の主体者として声を持つまでには時間を要することを忘れてはいけない。

　子どもたちは日常の生活の中で、生理的欲求が自然に満たされ、安心・安全が保障され安心できる大人との関係性のうえに、不器用ながらも表現してもいいんだということを体感し子どもとしての権利を獲得していく。

　第三者の力を借りて、成長過程でこれらの体験をしながら人への愛着が育っていく。

　しかしながら、ここでは詳しく触れられないが、発達障害の傾向がある子どもについては（関係性を視点に置いた）愛着的なかかわりだけでは対応が難しい。愛着的なかかわりというより、例えば耳から入ってくる情報の獲得より目からの情報獲得が優位な場合には、視覚的教示や支援者がしてほしい行動に対して子どもに分かりやすい事前説明を行うなど、その子の発達特性を理解した支援が必要なことを申し添えておく。

　こういった愛着を育む重要性や発達特性への理解を組織的に深めることは里親家庭単体では簡単ではないことを理解し、里親が連携しやすい環境を整えることについても、地域にある要対協は今後さらに大きな役割を果たすことが期待できる。

- -

3. 子どもの生活アセスメントを用いての支援──要対協との具体的な連携として

- -

　児童養護施設は、社会的養護においてこれまで子育て短期利用事業や一時保護専用施設の活用を通して、保護者に対してのレスパイトと子どもの生活アセスメントの両面の機能を用いてさまざまな家族支援に取り組んできている。

　入所している期間に子どもの認知を家族に伝え、スモールステップ支援を家族にも理解

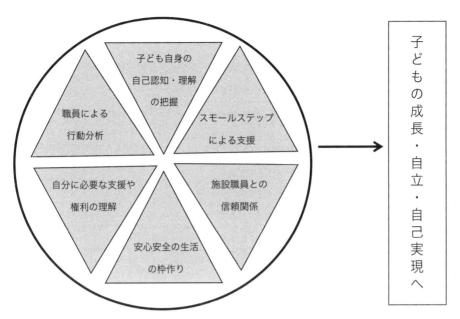

図11-3　子どもの成長・自立・自己実現へとつながる支援
それぞれの要素が連動し合っている。

を得ながら行い、家庭引き取りまでつなげている。面会や外泊時に子どもの認知に対する理解を得ることで、家族に変化が起こってくる。

　施設にいる生活を見る専門家を中心に、心理士、看護師、管理栄養士、個別対応職員のさまざまな広い視野を取り入れたかかわり方は、子どもや家族に変化を起こすのである。特別な場所や特別な人が必要な支援ではなく、子どもの生活を通して子ども自身を権利の主体とした支援こそが子どもの成長・自立・自己実現へとつながっている（図11-3）。

　最後に「新しい養育ビジョン」を実効性あるものにするために、社会的養護機関の連携の必要性を申し添えたい。里親のレスパイト機能と同時に子どもの見立てと具体的なかかわり方支援に一時保護機能を使えると、里親の抱え込みやバーンアウトを防げるのではないだろうか。「安心」「安全」が保障されるところから子どもの育ち直しが始まるのである。

（花田悦子）

▶参考・引用文献────────────────────────────────
米澤好史　（2015）『発達障害・愛着障害　現場で正しくこどもを理解し、こどもに合った支援をする「愛情の器」モデルに基づく愛着修復プログラム』福村出版
岡田尊司　（2011）『愛着障害　子ども時代を引きずる人々』光文社新書

児童家庭支援センターとの連携

1. 児童家庭支援センターの概要

❶ 児童家庭支援センターが実施する事業の内容

児童家庭支援センターは、児童福祉法第44条の2に規定される児童福祉施設であり、2021（令和3）年4月1日現在、北海道から沖縄まで全国150か所あまりに設置されている。

児童家庭支援センターが実施すべき事業内容については、児童家庭支援センター設置運営要綱（以下「設置運営要綱」という）において、「(1) 地域・家庭からの相談に応ずる事業：地域の児童の福祉に関する各般の問題につき、児童に関する家庭その他からの相談のうち、専門的な知識及び技術を必要とするものに応じ、必要な助言を行う。(2) 市町村の求めに応ずる事業：市町村の求めに応じ、技術的助言その他必要な援助を行う。(3) 都道府県又は児童相談所からの受託による指導：児童相談所において、施設入所までは要しないが要保護性がある児童、施設を退所後間もない児童など、継続的な指導措置が必要であるとされた児童（18歳到達後も継続的な指導措置が必要な者を含む。）及びその家庭について、指導措置を受託して指導を行う。(4) 里親等への支援：里親及びファミリーホームからの相談に応じる等、必要な支援を行う。(5) 関係機関等との連携・連絡調整：児童や家庭に対する支援を迅速かつ的確に行うため、児童相談所、市町村、福祉事務所、里親、児童福祉施設、自立援助ホーム、ファミリーホーム、要保護児童対策地域協議会、民生委員、児童委員、母子自立支援員、母子福祉団体、公共職業安定所、婦人相談員、保健所、市町村保健センター、精神保健福祉センター、教育委員会、学校等との連絡調整を行う。」と定められている。

なおこのほか多くの児童家庭支援センターでは、施設と地域とをリンクする結節点としてショートステイ◆1の利用調整を行ったり、児童虐待防止や発達・養育課題に関する市民セミナーを開催したり、子どもの貧困対策としての学習支援事業や子ども食堂・宅食事業を企画運営するなど、地域コミュニティに密着した、きめ細やかな子ども・子育て支援活動を展開している。

全国津々浦々に点在している児童家庭支援センターの現状は、運営主体も構成メンバーのキャリアも得意とする取り組みも実に多彩である。児童家庭支援センターは、その柔軟で多様な活動性ゆえに、数多の関係機関をつなぐネットワーク拠点となりうるとともに、さまざまな困難を抱える子どもたちの未来を紡ぐファミリーソーシャルワーク拠点ともなりうる極めて有用な社会資源であるといえる。

❷ 児童家庭支援センターの法制上の位置づけと変容経過

　1997（平成9）年の児童福祉法改正により、子どもと家庭の福祉に関する専門相談支援機関として制度化された児童家庭支援センターについては、翌1998（平成10）年に設置運営要綱が定められ、全国6か所で運営がスタートした。当時は主に児童相談所の手薄な地域において、そのソーシャルワーク機能を補完する、いわば児童相談所のブランチ◆2 としての役割が期待されていた。

　その後、2008（平成20）年の児童福祉法改正により、児童家庭支援センターの定義も現行条文に改められ、翌2009（平成21）年には、設置運営要綱も大幅に改正された。この改正で最も注視すべきは、事業内容に「市町村の求めに応じ、技術的助言その他必要な援助を行う」という一文が加えられたことである。このことで児童家庭支援センターが、市町村の子ども家庭相談のバックアップ機関としての役割を担うべきことが明確となった。

　また、同改正では、児童家庭支援センターが扱うべき相談の内容を「母子家庭その他の家庭、地域住民その他からの相談」から「児童に関する家庭その他からの相談のうち、専門的な知識及び技術を必要とするもの」へと変更した点も看過できない。これにより支援対象ケースが、より高度な専門能力やスキルが要求されるケースに特化することとなった。

　このほか同改正では、複雑・錯綜化する相談ニーズへの対応力を強化するため、児童家庭支援センターの多様性を尊重し、その設置促進を図るといった観点から、施設への附置要件も撤廃され、児童養護施設等の本体施設を有しないNPO等による資源創出も可能となった。

　総じて2009年の設置運営要綱の改正は、児童家庭支援センターが、市町村の子ども家庭相談体制の脆弱性（＝専門職員の配置、相談経験の蓄積、支援の継続性の困難さ）を補い、かつ要保護児童対策地域協議会の有するコミュニティネットワーク機能を拡充するために敢行された改革であったと見なすことができる。また、このことは、児童家庭支援センターを単なる児童相談所のブランチ機関から、市町村の専門性を担保し技術力を補強するスーパーバイズ◆3 機関へと脱皮させる転機であったともいえよう。

　次いで2011（平成23）年3月30日付の設置運営要綱改正では、同日に発出された「里親委託ガイドライン」において、里親委託優先の原則が明示されたことを踏まえ、事業内容に「里親及びファミリーホームからの相談に応じる等、必要な支援を行う。」という一文が追加された。この改正によって、児童家庭支援センターは里親支援機関としての更なるシフトチェンジが求められ、家庭養護の推進に貢献すべき地域の貴重な社会資源としての使命をも帯びることとなった。

2. 市町村・児童相談所との連携と役割分担

❶ 市町村との連携と役割分担

　児童家庭支援センターと市町村との関係については、市町村子ども家庭支援指針が、「児童家庭支援センターは、24時間365日体制で相談業務を行っているため、夜間や休日における対応が可能である。市町村は、児童家庭支援センターに協力や支援を求めるなど、積極的な活用を図られたい。」と具体的に言及している。

　ところで国は、市町村に対し、2016（平成28）年に閣議決定した「ニッポン一億総活躍プラン」によって、2020（令和2）年度末までに、妊娠期から子育て期までの切れ目ない支援を行う子育て世代包括支援センター（法律上は母子健康包括支援センター）を設置するよう要請するとともに、2018（平成30）年に発出した「児童虐待防止対策体制総合強化プラン」に基づき、2022（令和4）年度末までに、子ども家庭総合支援拠点を整備することも求めた。

　しかしながら、特に身近な場所での必要な情報の把握や通所・在宅支援を中心としたファミリーソーシャルワークが期待されている子ども家庭総合支援拠点の創設・運営については、相談支援にかかる専門資格や実務能力を有する人材の不足といった厳しい現実に苦悩している市町村は少なくなかろう。そのような市町村にあっては、被虐待児への個別対応実績に基づく知見や心理療法など高度な専門性を要する支援技術を具備する児童家庭支援センターへの一部委託が検討されてしかるべきである。

　加えて、パーマネンシー確保の視点からも、ショートステイ事業等を活用することで、かろうじて維持されている要支援家庭の実情を踏まえると、24時間365日体制で子どもを預かることができる相談支援機関の存在は、極めて貴重であるといえる。それゆえ今後、各地域においては、市町村と児童家庭支援センター、さらにはその本体施設である児童養護施設や乳児院、母子生活支援施設等が連動し、一丸となって包括的な地域家庭支援システムを拡充していくことが肝要となる。

　また市町村には、（都道府県に比べ）地域への密着性が高く、実家庭及び親族の現況や変容状況が即時つぶさに把握できるという強みがある。市町村が、現に子どもをケアし、その特性を理解している児童家庭支援センターや本体施設である社会的養護施設との間で、丁寧に情報を共有しアセスメント力を高めていくことができれば、親族里親制度や扶養義務のない親族による養育里親制度の活用可能性は、飛躍的に向上するであろう。

　さらに自主的に子育て支援活動に取り組んでいるボランティア団体やNPO活動家などに関する好事例についても、市町村の情報収集力は秀でている。児童家庭支援センターが、

このような情報資源を里親希望者の開拓などに活用していくことにも期待したい。

❷ 児童相談所との連携と役割分担

児童家庭支援センターと児童相談所との連携のあり方については、児童相談所運営指針が詳細に示している。さらに指導委託措置に関しては、「児童相談所長は、施設入所までは要しないが、要保護性がある又は施設を退所後間もないなど、継続的な指導措置が必要とされる子ども及び家庭であって、法第26条第1項第2号、第27条第1項第2号による指導が必要と認められ、地理的要件や過去の相談経緯、その他の理由により児童家庭支援センターによる指導が適当と考えられるものについては児童家庭支援センター指導措置を積極的に行う。なお、本措置は、法第27条第1項第3号の措置により、児童福祉施設に入所した子どもの保護者に対し指導の措置が必要な場合にも行うこととする。」と記し、積極活用を促している。

また2016（平成28）年の児童福祉法改正によって、パーマネンシーを保障するための施策展開が強く求められてきており、具体的には家族維持支援や一時保護後ないしは措置解除後の虐待再発防止・家族再統合支援の強化、特別養子縁組や親族養育の拡充を求める声が大きくなってきている。

一方、児童虐待通告が増加の一途をたどっている最中にあって、児童相談所はもはやオーバーフローの状態にあるといって過言ではない。その結果、児童相談行政の執行過程の各段でさまざまな問題が噴出してきており、専門職のあり方や一時保護の態様、介入と支援の分離など業務全般の見直しが検討されているところである。

かかる情勢にあって、民間事業者ならではの柔軟性や迅速性、機動力に富む児童家庭支援センターを（児童相談支援機関の空白地域を中心に）増設したり、指導委託に基づくアウトリーチ◆4の実施機関として活用していくことは、有力な現状打開策のひとつとなろう。

----

3. 児童家庭支援センターと里親・ファミリーホームとの連携

----

❶ 全国児童家庭支援センター協議会と全国里親会等との連携

近時、里親支援を主要な任務とする児童家庭支援センターには、里親やファミリーホームに、アクセシビリティ◆5の良好な社会資源として認められるよう、さまざまな工夫や努力が求められている。

　そこで児童家庭支援センターの全国協議機関である全国児童家庭支援センター協議会は、里親の全国組織である全国里親会と、2018（平成30）年12月に相互支援協定を締結し、さらにファミリーホームの全国組織である日本ファミリーホーム協議会とも、2020年8月に同様の協定を締結した。両協定には「両会は、相互支援の必要性に基づき、次に掲げることを促進する。」としたうえで、「ア　児童家庭支援センターは、里親・ファミリーホームからの相談等に積極的に応じ、適切な支援に努める。」「イ　里親・ファミリーホームは、児童家庭支援センターからの事業協力依頼等に対して、受託するよう努める。」「ウ　両会は、各々が主催する研修会や研究等について、積極的に情報交換を行い、成果の共有に努める。」「エ　両会は、その他合同学習会の開催等、相互に必要があると認めた活動を検討し、その実現に向け努める。」と定められている（➡コラム参照）。

　目下、この協定に基づき、全国児童家庭支援センター協議会と全国里親会、日本ファミリーホーム協議会は、要保護児童対策地域協議会や社会的養護施設関係者をも巻き込んだ全国巡回型の合同学習会の開催について検討を行っている。なお、全国児童家庭支援センター協議会と日本ファミリーホーム協議会は、2020（令和2）年8月1日に相互支援協定を締結している。

❷ "施設か里親か" の対立から "施設も里親も" の協働へ

　各々の地域においても、すでに児童家庭支援センターと里親等との間で、さまざまな連携や協働事業が展開されている。以下、それらのいくつかを紹介したい。

　福井県越前市に所在する児童家庭支援センター一陽では、児童養護施設一陽の里親支援専門相談員と協働し、福井県内の里親登録前研修等の一翼を担っており、一陽での施設実習や一陽スタッフによる講義の際には、**レスパイト**◆6 の要望や（児童相談所には言いにくい）困りごとや不安は、いつでも気軽に一陽に持ち込んでいただきたい旨をざっくばらんに伝えている。

　また、児童家庭支援センター一陽の運営母体である社会福祉法人は、福井県里親会の全面的な協力のもとに誕生した経緯があり、当時の福井県里親会会長が法人の副理事長に就任するなど、極めて里親との関係が深い。それゆえ現在でも一陽は、福井県里親会と連携して社会的養護研究市民セミナーと題したオープン集会を定期開催している。なお、この取り組みは、越前市要保護児童対策地域協議会の実務者研修会も兼ねており、市民啓発や新たな事業・施策の創出を射程に入れたソーシャルアクションの役割も果たしている。

　さらに福井県里親会の役員を講師とした社会的養護施設職員対象の学習会等も開催しており、一陽の周辺では、いわゆる"施設か里親か"の対立を乗り越え、"施設も里親も"的な協調と協働の実践が能動的に展開されている。

Episode

児童家庭支援センター一陽が越前市要保護児童対策地域協議会や福井県里親会と協働開催した社会的養護研究市民セミナーの学習テーマ

2015年　子どもの貧困・虐待・排除・孤立・漂流～負の連鎖を断ち切るためにできることがある～

2016年　児童虐待と脳の発達：回復へのアプローチ

2017年　LGBT×社会的養護 ～LGBT当事者の抱える困難とは～

2018年　発達障害を考える

2019年　さみしい子と性 ～安全で豊かな性を育むために～

---

❸ 里親ショートステイや里親リクルートの試み

　岐阜市にある児童養護施設日本児童育成園と児童家庭支援センターぎふ「はこぶね」では、岐阜市からの事業委託により、地域でショートステイが必要な親子に対し、未委託里親をマッチングし、当該の里親家庭にショートステイ事業を委託するコーディネートを行っている。名古屋市にある児童養護施設名古屋養育院と子ども家庭支援センター「さくら」でも、名古屋市からの依頼で、所属する里親支援専門相談員が同様のマッチングやコーディネートを行っている。

　岐阜市でも名古屋市でも、公的支援を必要とする子どもが、適宜必要に応じ近隣の里親宅を利用することで、普段通っている保育園や小中学校にも支障なく通園・通学でき、安定した日常生活が営めている。

　施設とは違い地域にくまなく点在している里親家庭の地の利を活かす**里親ショートステイという事業スキームは、実家庭での暮らしをさほど変容させることなく養育力を補完しえる極めて有益な施策である**といえる。なおこれらの実践は、里親自身の社会貢献意識を満たし、里親育成トレーニングとしても有効に機能している。

　またNPO法人が運営する福岡市子ども家庭支援センターSOS子どもの村では、福岡市において身近な小学校区に短期の里親を増やし、関係者がワンチームとなって地域の子どもと家庭を支える仕組みをつくる「みんなで里親プロジェクト」を実施している。このプロジェクトは、SOS子どもの村と西区が協働事務局となり、西区社会福祉協議会や民生委員児童委員協議会、九州大学、児童相談所、福岡市里親会と協働して取り組んでいる。

Episode

　「みんなで里親プロジェクト」の具体的な活動としては、里親認知度向上のための
リーフレットや普及カードを掲示してくれる「里親ひろめ隊（協力店舗）」の開拓、SNS
や新聞広告の活用、WEBサイトの開設やポスティング、キャンペーン活動等を行ってい
る。また身近な場所での説明会「里親って？カフェ」を児童相談所、区役所子育て支援
課と共同で月1回定期的に開催し、里親制度の概要、短期里親やショートステイ事業の
必要性などについて説明している。あわせてこのNPOは、我が国のフォスタリングチ
ェンジプログラムの先導者としてその普及に努めており、同プログラムをベースに里親
養育の質の向上にも取り組んでいる。

　なお今後は、パーマネンシー保障の視座から、これら地域における里親との連携取組
（里親ショートステイや里親リクルート）に関して、一層の進化が求められている。例えば、児
童家庭支援センターが、里子と実家族が面会する際の場所の提供や送迎、同席等の交流支
援を行うなど、里親家庭からの家族再統合に向けた中継地としての機能を装備するような
試みも果敢に検討されていくべきであろう。

（橋本達昌）

4. 児童家庭支援センターの里親支援の実際

　ここでは、児童養護施設や乳児院に付置される児童家庭支援センターと里親支援事業が
連携して行う活動事例を紹介する。ひとつの事例として参考にしていただければ幸いであ
る。

❶「子どもを真ん中に」　里親との協働を築く

　社会福祉法人小鳩会（滋賀県）は、乳児院、児童養護施設、児童家庭支援センターを併
設しており、0歳から18歳まで家庭的な環境のもとに「育ちをつなぐ」ことを理念に活動
を展開している。里親会とはそれまで個別のつながりであったのが、1992（平成4）年頃
より組織同士としての連携が整いはじめ、現在の姿に発展してきた。社会福祉法人という
組織ができること、里親が家庭、地域でできること、各々の持てる力を生かし「子どもを

守り、育ちを支える」ことを目標に活動を行っている。

　協働を築くうえで「誰のための」「何のための」の制度であるかを共通認識することは重要である。2010（平成22）年里親支援事業を始めるにあたり「子どもの権利を守る」ための制度であることを「軸」として、事業を展開することとした。この視点は、乳児院、児童養護施設で培われてきた「子どもの権利擁護」のための取り組みが基盤となっている。具体的な事業の内容は、こばと子ども家庭支援センター（児童家庭支援センター）で実践されてきた地域の母子を対象とした「子育てサロン」や母子保健機関と連携した「ハイリスク妊産婦訪問支援」等、親支援の実践が大いに役立った。

❷ 顔の見える寄り添い方の支援のために～里親支援にかかる連携体制

① 支援会議

・**実務者会議**：県下の里親家庭の支援状況を把握することで適切な支援が行き届くことを目的として、県担当課、里親支援機関、里親会との実務者会議を月1回開催。里親家庭への支援（訪問、面談）の実施確認、必要とされる支援の検討、新規委託のための未委託里親の状況確認など、実務者会議により里親家庭の状況に合わせた役割分担がされ、里親家庭の求める支援の実施が行われている。

・**里親支援連絡会**：施設が積み重ねてきた機能を里親支援に生かすことを目的として、月2回県下の里親支援機関（5施設）が、担当里親家庭のニーズに合った支援について検討、勉強会を実施している。支援者の交流は、支援者に意欲を生み出し、質の向上にもつながっている。

・**地域里親家庭応援会議**：里親家庭を地域で支えることを目的として、里親出席のもと、委託後の里子支援に関する方針や関係者間の役割分担を確認する。教育や母子保健関係も含め、地域機関が里親制度を理解し支援することは、時には子どもの代弁者となり里親家庭を支える大きな力となる。応援会議の開催を里親家庭や児相に提案することも里親支援事業の大きな役割である。

② 小鳩会法人内連携

　本体と同一敷地内に児童家庭支援センター棟を設置、施設職員と連携が取りやすい位置にある。地域支援部門と里親支援部門が同じ事務所で業務にあたるため、互いに協力ができる体制となっている。施設の第三者委員会（苦情処理委員会）の事務局も担っており、社会的養護にかかる子どもたちの声を聴くことにより「子どもが真ん中に」を常に意識することができる利点もある。また、マッチング、レスパイトの取り組みにおいて日常的に施設と連携でき里親、里子の安心につながっている。里子、里親がふらりと気軽に立ち寄れ

る居場所でもある。

❸ 里親家庭の「応援団」であるために〜小鳩会の実践

　児童家庭支援センターは、地域の子育て家庭の支援のためにさまざまな機関とつながるネットワークを持っているコーディネーターでもある。併設施設の乳児院、児童養護施設をより、強くつながることができる機関としてとらえ、その機能を生かした支援ができる。また、特別養子縁組後も、子育て支援（不登校や自立等も含む）として長く寄り添うことができることは大きな強みである。

① 里親家庭と顔の見える関係を築く〜すべての里親家庭とつながり続ける

◆ リクルート〜研修〜マッチング

・リクルートから：里親になりたいと思われた熱い思いを共有できる。

・認定前里親研修：講義研修の際、同席しともに話を聞く。施設実習研修の際ともに子どもと触れ合う。支援者と場面の共有ができる。

・未委託里親研修：遠足等、子どもと長時間かかわり、他の未委託里親と同じ体験を語りあい交流を深める。

・委託を前提としたマッチング（養子里親、養育里親、ホームステイ里親）に、支援者が寄り添い過程を共有するとともに乳児院の養育者（保育士、心理士、栄養士、看護師）とつなぐ。

◆ 委託後、育ちの共有〜訪問を中心に・特別養子縁組後も長い期間寄り添う

・里子の発達等に寄り添い共有する。訪問や、乳幼児健診、定期通院、療育教室に同伴し、里親と育ちを共有する。

・特別養子縁組された後も寄り添いを継続。親子の歴史を知っている理解者として、長い期間の寄り添いは児童家庭支援センターの地域子育て支援事業として引き継がれていく。

・訪問は、実務者会議での役割分担に沿い、定期的に実施。里子担当と、里親担当の2人体制で訪問し、互いの代弁者の役割を果たす。

◆ 里親の交流を支援する〜自主的な集まりを支援する

・里親サロンの開催（里親が自主運営）：里子同伴で、里親同士が交流することに場の提供や保育を担う。

・ホームステイ里親交流会：ホームステイの受け入れを目的として登録された里親の体験談を中心に交流。

◆ 里子同士の交流を支援する～自主的な集まりの土台をつくる

　将来的に里子の自主的な集まりができることを目標とした、イベントの企画

・女子会：スタートした時は中学生であった里子は、大学生や社会人になり、企画を引っ
　張ってくれるようになった。年に2回キャンプやおでんパーティー、時には映画観賞会
　と、楽しむことを中心に取り組んだ企画は9年目の今も継続している。

・キッズクラブ：女子会のように里子の自主的な集まりではなく、楽しかった思い出の中
　で将来自主的に集まる力の育成を目的に、低学年男子を中心に里親子で、近くの大きな
　公園で、妖怪探しラリー等、自然の中で遊び交流を図る会として実施している。

◆ 生い立ちの整理への支援～あなたを大切に思っていることを伝える

　滋賀県では、施設養育から里親家庭への委託は、小鳩会からの委託が大半を占めている。
措置変更時に「育ちのアルバム」とともに、新生児であっても将来の告知のために、実親、
施設、里親と養育者は変わったがみんな「あなたを大切に思っている」というメッセージ
を、「紙芝居」によって伝えている。

② ファミリーホームとつながる

　滋賀県では養育里親委託の60％をファミリーホームが担っている。基本的に養育里親
支援と同じ支援を実施しているが、訪問時に6人の里子と会うことは難しく、自立支援計
画の作成の支援、女子会等里子が参加できる企画での出会いや自立支援の企画を意図的に
行うことは重要である。一方、養育里親であるファミリーホーム管理者や補助員とは、フ
ァミリーホーム連絡会議への参画、勉強会への講師派遣等、多くの交流がある。勉強会は、
権利擁護、性教育、高等教育の奨学金制度、自立支援について施設の持つ機能の提供や、
社会福祉協議会との連携等他機関とつなぐ役割を果たしている。

❹ 社会が子どもを育てる

　小鳩会は、地域子育て支援事業、施設養護、里親支援事業を通して多くの子どもたちに
出会ってきた。子どもたちが教えてくれたことは「子どもは、今どう思っているか。子ど
もを真ん中にして考える」ことの大切さである。子どもの気持ちを真ん中に、希望を見出
せるよう周辺を整えるのは、私たち「大人」の責任である。

　児童家庭支援センターは、子どもや、親の日々の暮らしの身近にいるからこそ「子ども
の権利擁護」を軸に客観的に見つめ、誰とつなぎ、どんな支援が必要かを考える支援がで
きる。

　この力を生かし、「子どもが真ん中、子どものための制度」であることを実感としてと

らえていただけるよう個別性を尊重しつつ、広くつながることを重視した里親家庭の支援を行ってきた。社会福祉協議会の行う自立支援事業（居場所づくり、仕事体験、自立支援貸付制度）など、広く社会資源とつながっていく事業は、里子や里親の安心感につながっていった。養子縁組後も、児童相談所が措置する一時保護の受け皿や、市町のショートステイの受け皿として活動される里親家庭。里子が社会的に守られるよう応援会議の開催等、子育ての様子を積極的に公表される里親家庭。当事者同士新しい形でつながっていこうとする里親家庭などなど。

　この新たな里子、里親のパワーを底支えできる支援事業でありたいと願う。

（山本朝美）

▶注

1　ショートステイ　保護者の疾病や仕事の都合で、一時的に家庭での養育ができない場合に、施設等に短期間入所して日常生活全般の養育を受けること。正式事業名は「子育て短期支援事業」
2　ブランチ　中枢から枝分かれしたように広がり、活動を展開するところ（支所・分署）。
3　スーパーバイズ　福祉や心理に関わる相談援助業務等について、知識や経験の豊富な者が、現に援助を実践している者に対し助言や指導を行うこと。
4　アウトリーチ　訪問支援。援助が必要にもかかわらず、自発的に申し出をしない人に対し、公共機関等が積極的に手を差しのべて支援の実現を目指すこと。
5　アクセシビリティ　近づきやすさ、利用しやすさ。
6　レスパイト　一時的な休息。

▶参考・引用文献

橋本達昌（2014）「地域連携による社会的養護システムの構築──ある児童養護施設のイノベーション実践からの展望」『自治総研』通巻第431号、36〜71頁
橋本達昌、藤井美憲編著（2021）『社会的養育ソーシャルワークの道標　児童家庭支援センターガイドブック』日本評論社
小木曾宏、橋本達昌編著（2020）『地域子ども家庭支援の新たなかたち──児童家庭支援センターが、繋ぎ、紡ぎ、創る地域養育システム』生活書院

■コラム

全国里親会と全国児童家庭支援センター協議会との相互支援協定について

1．相互支援協定を締結した背景

　2016（平成28）年に児童福祉法が改正された。その2大ポイントは「子どもの権利を基盤にすること」と「家庭養育優先の原則」である。

　これからの子どもの養育支援は、家庭養育優先の原則に基づき、まずは地域での保護者（家庭）支援を提供し、それでも家庭で育てられない時には家庭同様の養育環境（里親、養子縁組）で育てることとし、それが困難な時にはできるだけ良好な家庭的環境（小規模地域分散化した施設）で育てることになった。

　この改正を受けて里親制度は、これまでのように長期間養育するのではなく、できるだけ短期で家庭復帰ができるようなケースを中心に養育することや、里親に対しても親子関係再構築支援を行うものと規定されたことも踏まえて、家庭環境調整を図り、家庭復帰に向けての支援を行うことが必要になった。こうした状況を踏まえて、里親養育においては、チーム養育が求められ、特に里親家庭での養育や支援において生じた問題について24時間365日相談できる機関との連携などが重要になったのである。

　また、2016（平成28）年3月に筆者が委員長としてまとめた全国里親会中長期ビジョン策定検討委員会の「全国里親会中長期ビジョンに関する報告書」の中で、
「全国里親会の活動として、全国児童家庭支援センター協議会に依頼して、児童家庭支援センターにおいて里親支援相談事業（24時間365日対応）を実施することとする。

　特に、児童家庭支援センターであれば、24時間365日相談対応は可能であり、里親対応専門員を配置し里親などからの養育相談を実施する里親支援機関事業の実施機関でもある。また、その本体施設ではレスパイトケアを実施することができる。児相からの指導委託も可能であるし里親と施設とのパートナーシップを形成する上でも有効であろう。『里親支援センター』の看板をつけて里親支援を行う基幹型の児童家庭支援センターを整備することも、児童家庭支援センターの有効活用、施設の支援機能の拡充、里親支援の充実強化を図るうえでの対応策の1つではないだろうか。

　ただし、それによって児相が里親支援を児童家庭支援センターにばかり押しつけないよ

うにするしくみを最低限整えておくことが必要である。むしろ児童相談所・里親会・児童福祉施設三者間の連携が深まるようなしくみをつくることの方が重要である。」

と提言している。

こうした動向を踏まえて、全国里親会としては児童家庭支援センターと里親との連携を深めることが重要であり、そのために協定を締結して連携を強化するという理事会の決定のもとに、全国児童家庭支援センター協議会に提議し協定締結のための協議を重ねてきた。

2. 相互支援協定の締結とその内容

その結果、2018（平成30）年12月15日に全国児童家庭支援センター協議会と公益財団法人全国里親会は、相互支援の必要性に基づき、両会の信頼を基盤としつつ相互支援を促進し、我が国の社会的養護の発展に貢献することを目的として、相互支援協定を締結するに至ったのである。

具体的には次に掲げる4つのことを促進することになった。

① 児童家庭支援センターは、里親からの相談等に積極的に応じ、適切な支援に努めること。

里親及びファミリーホームからの相談に応じるなどの里親等への支援は、児童家庭支援センターの本来業務になっている。里親養育において特に夜間でのトラブルなどへの対応は困難な場合が少なくない。こうしたトラブル相談などについて積極的に対応してもらうことを期待している。

② 里親は、児童家庭支援センターからの事業協力依頼等に対して、受託するよう努めること。

それに対して里親には、次のような積極的な対応が期待されている。例えば、市町村が実施する子育て短期支援事業（ショートステイなど）において、実施施設が必要な養育・保護を行うことが困難である場合、実施施設は、あらかじめ登録している里親等に委託することが可能である。そのような場合、里親は、児童家庭支援センターからの求

めに応じて、可能な限り対応することが期待されている。

③　両会は、各々が主催する研修会や研究等について、積極的に情報交換を行い、成果の共有に努めること。

④　両会は、その他合同学習会の開催等、相互に必要があると認めた活動を検討し、その実現に向け努めること。

　両会は、この４つの事項を推進して連携を深め、子どものニーズに適切に対応できる家庭養護システムの確立を図ることが大切なのである。

　なお、2020（令和2）年8月1日、日本ファミリーホーム協議会と全国児童家庭支援センターとの間でも、全国里親会と同様の相談支援協定を締結し、さらに連携を図ることになった。

（相澤 仁）

第 13 章

児童福祉施設・
自立援助ホーム等との連携

Key Word

自立援助ホーム／チーム養育／関係機関連携

はじめに

　これまで社会的養護の担い手として、大きな役割を担ってきた児童養護施設や乳児院、そして里親。児童福祉法の改正に続く新しい社会的養育ビジョンの発表以降、家庭養育優先の原則が明確にされ、養育の形に関する国の方向性は大きく舵を切られ、数値目標の設定とともに里親養育に関係する新たな施策がすすめられていくことになった。元来、施設と里親は、目の前の子どもの最善の利益を追求するということにおいて、立場や環境は違えども長所を活用しつつ短所を補い合う関係を大切にしてきたと、施設職員としてのつたない経験から思うところである。里親養育と施設養育が対立構造として二者が描かれる構図にはしてはならないと強く考えている。

　振り返ると、2012（平成24）年、施設に里親支援専門相談員が配置されるようになってから、歴史は大きく動いた。先に配置されていた家庭支援専門相談員の職務内容に里親養育委託推進の業務が盛り込まれてはいたが、十分な手が回るほどの余力は残っていなかったというのが実情であろう。家庭の持つ課題から入所に至る子どもの家庭再統合をすすめることは決して簡単なことではなく、虐待を経験した家族へのアプローチはたくさんの時間と労力を要してきた。現実的に里親養育推進へ時間を割いていくことは困難であったろうと思う。急遽、里親支援専門相談員の配置が決まったため、現状においても自治体によって里親支援専門相談員の活動様式に違いが生じていることは否めないが、いずれの地域においてもこれまでとは格段に違った接近（施設―里親）がはかられるようになったことは間違いない。

　しかしながら、その活動の具体的な内容や手法については、未経験の部分が多く、各施設に配置された里親支援専門相談員が手探りで実践を積み重ね、試行錯誤の連続を経て現在に至っているものと感じられる。基本的に求められている業務内容は示されているものの自治体、地域、法人によってその取り組みはさまざまな状況となっている。

　そこで、本章では、ローカルな実践の中における児童養護施設と里親・ファミリーホームとの連携のあり方の一例について伝えることとし、それぞれの地域における情勢を踏まえたうえで、関係者のみなさんの実践において参考となることを期待して記す。

1. 児童福祉施設・自立援助ホームの概要

　児童福祉施設は児童福祉法第7条に規定され、法律の趣旨のもと設置運営されている。

現在は12の種別に分けられており、里親による養育においても連携を必要とする施設は少なくない。乳児院、保育所、幼保連携型認定こども園、児童厚生施設、児童養護施設、児童発達支援センター、児童心理治療施設、児童自立支援施設、児童家庭支援センター等の施設とは何らかの関係が大なり小なり持たれている状況にある。

　中でも社会的養護関連の施設である乳児院と児童養護施設においては、措置の変更元、或いは変更先としての立場があり、その関係性は他の施設種別と比較して頻度も高く、関係性も深いものとなっている。

　自立援助ホームは児童福祉法第6条、第33条に児童自立生活援助事業として位置づけられた施設で、義務教育修了後に何らかの理由から家庭や児童養護施設での生活を維持することが難しくなってしまった子ども、原則15歳から22歳までの人が生活できる施設である。全国に193か所、662名が暮らしている（令和元年10月1日、厚生労働省）。近年では保護者からの虐待を経験した子どもも多く、支援の内容は多岐にわたるが、自立した生活へとすすめるには大きな難しさが伴うことも少なくない。生活全般にわたる支援、就労継続に向けた活動に加え、最近では専門学校や大学等への通学をしながらの利用も可能となってきた。

　社会的養育関連の施設についての詳細は、厚生労働省の報告に詳しい（図13-1）。

　受託する前の子どもの生活場所は、家庭をはじめとして、乳児院、児童養護施設の順に続く（表13-1）。

　割合としては、家庭からが42.5％、乳児院からが28.3％、児童養護施設からは14.7％

里親	家庭における養育を里親に委託		登録里親数	委託里親数	委託児童数	ファミリーホーム	養育者の住居において家庭養護を行う（定員5〜6名）	
			13,485世帯	4,609世帯	5,832人			
	区分（里親は重複登録有り）	養育里親	11,047世帯	3,627世帯	4,456人		ホーム数	417か所
		専門里親	716世帯	188世帯	215人			
		養子縁組里親	5,053世帯	351世帯	344人		委託児童数	1,660人
		親族里親	618世帯	576世帯	817人			

施　設	乳児院	児童養護施設	児童心理治療施設	児童自立支援施設	母子生活支援施設	自立援助ホーム
対象児童	乳児（特に必要な場合は、幼児を含む）	保護者のない児童、虐待されている児童その他環境上養護を要する児童（特に必要な場合は、乳児を含む）	家庭環境、学校における交友関係その他の環境上の理由により社会生活への適応が困難となった児童	不良行為をなし、又はなすおそれのある児童及び家庭環境その他の環境上の理由により生活指導等を要する児童	配偶者のない女子又はこれに準ずる事情にある女子及びその者の監護すべき児童	義務教育を終了した児童であって、児童養護施設等を退所した児童等
施設数	144か所	612か所	51か所	58か所	221か所	193か所
定員	3,906人	31,494人	1,992人	3,464人	4,592世帯	1,255人
現員	2,760人	24,539人	1,370人	1,201人	3,367世帯 児童5,626人	662人
職員総数	5,226人	19,239人	1,456人	1,799人	2,075人	885人

※里親数、FHホーム数、委託児童数、乳児院・児童養護施設・児童心理治療施設・母子生活支援施設の施設数・定員・現員は福祉行政報告例から家庭福祉課にて作成（令和2年3月末現在）
※児童自立支援施設・自立援助ホームの施設数・定員・現員、小規模グループケア、地域小規模児童養護施設のか所数は家庭福祉課調べ（令和元年10月1日現在）
※職員数（自立援助ホームを除く）は社会福祉施設等調査（令和元年10月1日現在）
※自立援助ホームの職員数は家庭福祉課調べ（令和2年3月1日現在）

小規模グループケア	1,936か所
地域小規模児童養護施設	456か所

図13-1　社会的養育関連の施設についての詳細
出所：厚生労働省（2021）「社会的養育の推進に向けて（令和3年5月）」より。

表13-1　社会的養育関連の施設についての詳細

	総数	家庭から	乳児院から	児童養護施設から	児童自立支援施設から	他の児童福祉施設から	里親家庭から	家庭裁判所から	ファミリーホームから	医療機関から	単身から	その他から	不詳
里親	5,382	2,286	1,521	792	*	77	199	*	54	138	*	230	85
	100.0%	42.5%	28.3%	14.7%		1.4%	3.7%		1.0%	2.6%		4.3%	1.6%
児童養護施設	27,026	16,779	6,019	1,048	*	850	619	16	94	97	*	1,186	318
	100.0%	62.1%	22.3%	3.9%		3.1%	2.3%	0.1%	0.3%	0.4%		4.4%	1.2%
児童心理治療施設	1,367	771	–	203	*	50	24	*	10	84		205	20
	100.0%	56.4%		14.9%		3.7%	1.8%		0.7%	6.1%		15.0%	1.5%
児童自立支援施設	1,448	831	*	213	*	54	20	181	8	12	*	112	17
	100.0%	57.4%		14.7%		3.7%	1.4%	12.5%	0.6%	0.8%		7.7%	1.2%
乳児院	3,023	1,880	102	*		*	57	*	6	761		200	17
	100.0%	62.2%	3.4%				1.9%		0.2%	25.2%		6.6%	0.6%
ファミリーホーム	1,513	572	206	250	*	61	192	*	32	40		127	33
	100.0%	37.8%	13.6%	16.5%		4.0%	12.7%		2.1%	2.6%		8.4%	2.2%
自立援助ホーム	616	267	*	131	30	35	14	*	14	11	20	91	3
	100.0%	43.3%		21.3%	4.9%	5.7%	2.3%		2.3%	1.8%	3.2%	14.8%	0.5%

注）＊は、調査項目としていない。
　　「家庭裁判所から」は、入所前に生活していた場所に関係なく、保護処分により入所したことをいう。
出所：厚生労働省（2020）「児童養護施設入所児童等調査の概要（平成30年2月1日現在）」より。

となっている。里親への委託後にもとの生活場所である乳児院、児童養護施設とのかかわり、連携はこれまでも必要に応じて持たれてきた。

　また、実数で捉えると、里親家庭から児童養護施設への変更も決して少なくない。この場合における連携は必ずしも十分にできていると言えないという声も聞こえてくることから、連携という点ではまだまだ改善の余地があるものと考える。

　里親家庭から自立援助ホームへの変更については、その実数はまだ少ない。里親家庭から措置解除後の利用先として、活用できる機会も多々あることが推測されるが実際の利用はまだ少ない。東京においても、その利用は限定的である。

　2018（平成30）年度の調査（表13-2）では、東京の自立援助ホームに生活する児童（7月末現在、全在籍69名）のうち、里親家庭を経験した児童の割合は、13％（9/69）だった。2018年度における新規受け入れ児童3名のうち、満年齢解除後の利用は1名、途中解除と

表13-2　都内自立援助ホームにおける里親養育からの受入れ人数について

在籍児童数	平成30年度	令和元年度
a 満年齢解除後の利用	6	3
b 里親家庭での生活が途中解除となり自立援助ホームに変更	0	2
c 里親宅→家庭復帰→自立援助ホーム	1	1
d 里親宅→児童養護施設→自立援助ホーム	1	3
合計	8	9

年度内新規受け入れ児童数	平成29年度中	平成30年度中
a 満年齢解除後の利用	2	1
b 里親家庭での生活が途中解除となり自立援助ホームに変更	0	1
c 里親宅→家庭復帰→自立援助ホーム	1	0
d 里親宅→児童養護施設→自立援助ホーム	1	1
合計	4	3

出所：東京都社会福協議会児童部会　里親制度支援委員会　令和元年度調査より。

なっての利用が1名、里親家庭から児童養護施設に措置変更されてからの利用が1名だった。満年齢解除の利用は前年度より減少している。途中解除となっての利用は前年度より増加している状況が見られた。

2. 児童養護施設と里親・ファミリーホームとの連携事例

　施設に入所中の子どもが養育里親に委託（措置変更）されていく際、養育の移行にともなってさまざまに、里親と施設は連携していくことになる。里親候補が見つかると、子どもとの初回面会から始まり、あるいは面会前の情報交換などが設定され、その後、子どもとの交流を重ねていく。子どもの気持ちを大切にしながら、委託へのステップを刻み、概ね3か月間程度の交流によって関係性を深めていく。継続した外泊状態の様子を注意深く観察し正式な委託措置へと手続きをすすめる。この間、里親は子どもの行きつ戻りつの気持ちの変化にしっかりと付き合い、受け入れながらすすめることになる。子どもの日頃の様子など、施設の担当職員と密に連絡を取りながらのやり取りも求められる。また、里親側に生ずるかもしれない不安な気持ちに寄り添うことも児童相談所の担当ケースワーカーとの協働の中で対応していくこととなる。

　このような委託の際に必要な連携、やり取りはいずれの施設においても少なからず実践されてきており、その蓄積がなされてきている。

　その他に、日頃からの連携の形としては、以下のような取り組み例もあげられる。

・養育への直接的相談支援、具体的な介入
・施設の行う地域行事等での協働（バザーや地域のお祭り、里親啓発事業など）
・主として里親会への活動協力として、施設の持つ地域ホールや会議室の提供、事務物品等の貸出しなど
・食材料や衣類、玩具などの寄付物品等のおすそ分け
・施設の行う研修への参加案内、里親対象の研修の企画開催
・里親会が主催する行事等への職員の派遣
・レスパイトケアの受入れ

　これらはほんの一例であるが、関係性が増えていくにしたがい、現場での実践例も豊富

になっていくものと思われる。

　以下では、施設と里親・ファミリーホームとの具体的な連携事例について報告する。

❶ 養育里親への施設からの措置変更（子どもの生活場所の相談、そして委託へ、連携により子どもの安心できる生活場所確保）

　地元里親会の活動や研修等をとおして日頃から関係が持てていた地域の養育里親との連携事例である。

　児童養護施設に小学校低学年の頃より入所、生活していた女子児童Aさんが中学卒業を目前に控えたころに養育里親宅へ措置の変更をした。当時、グループホーム内での子どもたちの関係性が決して良い状態ではなく、また、Aさんの行動についてもコントロールがきかない状況になり、いつ事故が起きてもおかしくない状態となっていた。Aさんを護る観点からも措置の変更や児童相談所への一時保護なども検討されていたが、以前から施設の活動をとおして交流のあった養育里親に相談したところ、「本人さえよければ、少し、話をしてみましょうか」ということになった。

　後日、早速に場を設定すると、一度、里親宅に遊びに行ってみましょう、ということで、とんとんと話はすすみ、外出、外泊と移行し、機会を重ねたところで正式に児童相談所に提案し、結果として措置の変更につなげることができた。生活の場が里親宅へ移ってからも中学校へはそのまま継続して通い、無事、卒業、高校への進学を果たすことができた。その後も施設の行う地域行事等で里親会のお手伝いの機会に施設職員との関係も続けながら、措置の満了まで生活することができた。施設職員と里親、Aさんとの交流機会も折に触れて設定していた。措置の解除後も里親との関係を続けながら、危うい時もありながらも自立した生活を営むことができている。

　心理的、医療的な支援が必要な子どもであったが、きめ細やかでありながら鷹揚な姿勢で養育に携わる里親がAさんの意向も汲みながら根気強くかかわりを持ってきた。里親宅では先に委託措置されていた年少の子どもたちのお姉さん役として役割も担っていたと聞いている。

　施設から里親へのスムーズな移行を心がけ、ぶつ切りにならない支援を目指し、子どもの意向を大切に取り組んできた。施設と里親がタッグを組んでの支援チームを形成できていたと思う。課題が重篤な子どもにとって最良な生活環境はどこなのか、選択肢を持てることは先に希望を見出すことができる。日頃からそれぞれの里親の専門性を知り、強み弱みを分かり合える関係性を築いておくことは容易なことではないが、それができればとても心強い養育環境となるのではないだろうか。

❷ 週末里親との交流（子どもにとって最善の形を里親との連携の中で模索した事例）

　養育里親への委託について同意のとれない実親をかかえるＢさんと、別制度であるフレンドホーム制度（季節里親、週末里親など）を利用して長期の関係を築いてきた事例である。10年を超えて安定的な関係形成の経過があり、今後も見込める家庭であっても親権者の同意が得られなければ養育里親としての委託をすすめることは現実的にはできない。この間、養育里親としての他の子どもでの実績も積みながら、Ｂさんとの週末里親の関係も継続してきた。

　Ｂさんが満年齢解除を目前に控えて、最終チャンスとして実親への養育里親への委託の働きかけを行った。実親の状況も経年での変化があり、反応が無いことから消極的同意と児童相談所で判断し、委託への環境は整ったかに見えたが、土壇場でＢさんの分離不安が起き、このまま施設から仲間とともに退園したいという、Ｂさんの絆への強い思いがあらわになる。協議のうえで、里親の（私的な）厚意から、解除後の生活場所として申し出があり、Ｂさんの高校卒業後の進学援助を含めてお世話になることとなった。公的な仕組みの中での委託等ではなく、あくまでも里親とＢさんとの私的な思い・関係から、Ｂさんの自立を応援する形で長年のお互いの思いが実った形であった。しかしながら、実際に一緒の生活が始まると、今まで見えていなかったことや知らずにいた部分も見えてくる。こんなはずではなかった、というお互いの思い違いの連続であり、乗り越えなければならないことがたくさんあったと聞いている。里親宅で生活していた2年間は苦労の絶えない2年間であったようだ。施設の職員が継続して相談役や具体的な介入の役を担い、学校の卒業、そして就職へと道をすすめることができたが、その過程は決して平坦ではなかった。しかしながら、Ｂさんにとっては、この間の里親宅での育ちは、この後、自ら生活を営みやがて家族を創っていくうえで大きな意味を持つはずであろうと信じたい。

　この事例では、里親制度の枠を超えて、施設と里親との日頃からのかかわりがあったゆえの結果ととらえられる。そして、アフターケアとしての施設のかかわりがもしも無かったならば、自立までのプロセスをたどれたかどうかは分からない。

　里親の持つ思いや理想と現実との間が埋まるまでの時間、お互いが辛抱できるかどうか、埋め合わせる役を担う専門的な視点を持ったかかわりが求められていたように思う。委託に際しての制度・仕組みの壁やタイミングのはかり方など、示唆に富んだ経験であった。

❸ アフターケアにおける連携（里親養育におけるアフターケアの課題）

　養育里親宅を満年齢で措置解除後、進学したケース。Ｃさんは、解除後も里親の厚意により引き続き転居はせずに里親宅にての生活を継続し学校へ通学していた。しばらくは通学していたが、次第に学校を休みがちになり事実上の不登校、休学状態になってしまう。

里親との間でのいざこざも増え関係も悪化してしまう。児童相談所からは措置解除後ということや、里親登録も抹消されているということ、年齢も20歳を過ぎているということから、市の福祉一般相談へ行くことをすすめられる。並行して里親宅へのCさんの措置の際から関係のあった当施設への相談が入る。里親からは、長年の生活をともにしてきたという思いからCさんへの気持ちはあるのだが、暴言や暴力的な行動も出始めており、この先の自立を含めて先行きの見えない状況を心配される。委託当時を知る職員や心理スタッフが電話や来訪による里親からの相談に対応していたが、なかなか進展しないため、次なるステップとしてCさんとの直接的なかかわりを持っていった。里親と子どもの関係だけだと煮詰まってしまう状況が、第三者が入ることでお互いのクールダウンが期待できた。定期的に心理スタッフを含めた直接の面接機会を持つことで、次第にお互いが冷静に話をすすめられるようになっていった。しばらく経過して関係を取り戻し、緩やかではあるが、自立へ向けた具体的な動きを里親とともに歩めるようになっていった。

　措置が解除となると、児童相談所を中心とする公的な支援は基本的に終了してしまう。しかし、里親と子どもとの関係はそのままの形で継続していくこともある。このケースのように、生活場所も何も変わらずに、公的な支援のみ外れていくことも少なくない。その後も順調に推移すればまったく問題ないが、ひとたび歯車がずれてしまうと、その修正は、個人である当事者だけでは難しくなることも予想される。そのずれが大きくなる前に相談でき、時には具体的な対応のとれる立場、役割をとる機関が存在することは、里親養育には必要なことである。

❹ 東京都社会福祉協議会における実践活動（児童養護施設の組織的な里親支援）

① 東京都社会福祉協議会の概要

　東京都社会福祉協議会の組織、機能として、所在する社会福祉施設の種別ごとの連絡会運営がある。業種別に分かれており、児童養護施設と自立援助ホームは「児童部会」という名称で括られ、活動をともにしている。この組織には64か所の児童養護施設と20か所の自立援助ホーム、そして、最近では法人型ファミリーホーム3か所が所属しており、それは公立、私立問わず、すべての施設が所属登録をしている状況である。

　この組織の中に、複数の活動部が置かれ、また社会的状況によって特別委員会、各種委員会がその配下に置かれ多彩な活動を行っている。

　この組織全体の活動内容の詳細についてはホームページ等に詳しいので割愛するが、この項では、この組織の中の委員会の1つである「里親制度支援委員会」の活動内容をご案内することで東京都に属する児童養護施設の里親制度、里親養育との組織的な連携状況について、特に広域的な取り組み状況をお伝えすることにしたい。

　特筆すべきは、施設の集まる組織の中に、里親制度および里親養育をいかに支援していくか検討し実行するための委員会が古くから組織されているということである。東京都に所在する施設組織の総意として、社会的な養育の求められる子どもを中心にして、相反する立場ではなく、ともにかかわりゆく立場としてとらえているということである。持てる機能を共有し不足する部分を補い合う関係をいかに作っていけるのか、検討・協議、行動につなげてきた経過がある。

② 里親制度支援委員会の活動概要
◆ 基本方針
　里親制度の推進・発展、里親・里子支援の充実、里親との連携（パートナーシップ）強化をすすめ、児童部会（会員施設としての）としての責務を果たしていくことを基本方針としている（一部省略）。また、具体的な活動内容としては、①里親支援専門相談員の活動の質向上に向けた情報の共有や研鑽活動、②里親制度の理解と活用促進に向けた啓発行動の推進、③関係機関等との連携強化体制の充実化推進、などについて年間計画を定めて取り組んできている。

◆ 参加者
　都内児童養護施設に配置されている里親支援専門相談員を中心に施設長、家庭支援専門相談員など約50名、さらに東京の里親会であるNPO法人東京養育家庭の会から役員（現役の里親）の参加、また、東京都など行政からの参加も随時行っている。

◆ 活動内容
　基本的には毎月定例の会合日を設けて開催している。会場は、基本的には東京都社会福祉協議会の会議室を使用している。年に数回は、会員施設を巡回し、持ち回りで会議会場として利用させていただいている。
　2012（平成24）年、里親支援専門相談員の配置についての通知が発出され、実際に配置となった2013（平成25）年から委員会の活動内容が現在へとつながるものとなっている。配置後は、より現実的なテーマとして、施設の機能が里親養育に果たしていく役割やニーズについての探求、里親養育の理解促進、里親との関係構築の推進など課題を明確にしながらすすめてきている。
　基本的には、毎月の定例委員会を軸とした活動をしている。定例会の内容としては、各地区（1つの児相担当エリア）の里親支援専門相談員の一か月の活動概要の共有や、各地区活動の中での懸案についての検討協議など中心に行っている。里子の養育を中心に据えて、

行政への要望や新たな制度の提言、里親支援専門相談員対象の研修についての検討、調査研究など、ワーキングの小グループを構成しての活動は多岐にわたっている。

　ほかに年に2〜3回ほど研修会を企画実施しており、内容として1つの柱は、里親や委託されている子どもの話を聴きその経験を知り理解する、ということである。**里親による養育を支援するためには、個々の里親を理解してその養育を共有することが大切であろう**と考える。そのことから、毎回、比較的経験の長い里親数名に参加してもらい、その経験を語ってもらっている。何を思い何に苦労されてきたのか、それでも続けてこられたことや、失敗談など、喜びや苦しみ、怒り悲しみといった感情に寄り添い、思いを共有させてもらってきた。ここ数年は、里親支援専門相談員の家庭訪問が始まったこともあり、初期の目的は達成してきたと考えている。

　並行して取り組んできたことが、フォスターケア・ユース（措置を解除され大学生や社会人、すでに家庭を持っている方まで幅広い層を対象としている）から話を聴くプログラムである。これは、私たち里親支援専門相談員は誰の支援をするのか、里親は養育者側、支援をする側チームの一員であり、その支援の受け手は委託されている子どもであるという基本的な考えに基づくものであった。里親宅でケアされてきたユースだからこそ語れることがあり、その内容もとても重く大切であるという印象を持っている。これまで年に1回の機会であるが、10名前後のユースを招き、「フォスター・ユースから学ぶ里親支援の在り方」というテーマでの体験発表とそれに続くグループディスカッションに臨んでもらっている。施設で生活する子どもと比較して、どちらかというと「交流」や「語る場」の少なかったユースであるが、あらためて自らの生活を振り返り、堂々と自分史を語る姿にこのような機会の大切さを強く思う。支援者側は社会的養育（養護）としての里親養育という立ち位置をあらためて意識することにもつながる。聞き手が里親支援専門相談員という施設の比較的経験豊かな職員であるからこそ、自立に際しての難しさや実親との関係など、共感的に話をすすめられることもディスカッションが良い影響を生み出す要因であったように思う。

　里親支援専門相談員にとって、養育されてきた子どもの経験を聞くことはとても刺激的であり示唆に富んでいる。里親宅で暮らす子どもにとって、周囲からの何が有用で何が無用なかかわりであったのか。むろん、語られたことがすべてではないが、そこには大切なヒントが含まれている。目の前の里親には申し訳なくてずっと聞けずにいたこと、実親のこと、里親ではなくて施設という選択肢もあったという現実、実親に育てられないということで悩んでいるのは自分だけではなかったということがわかってよかった、など、多くは現状を肯定的に捉えて里親養育の優れている点を再確認する機会でもある。里親、里子双方の体験談にふれる機会を重ねるごとに里親養育の本質への理解が深まっていくことを

実感している。

　もう1つの柱となるのは、制度や仕組みについての知見を得ることとスキルの向上を目指しての研修である。具体的には、その時々で直面する支援者側の認識する課題について学ぶ機会を作ってきた。関係機関や周辺機関の理解というテーマでは、里親支援機関業務の理解や、実際の家庭訪問の中での話題として質問の多い「真実告知」や自立に向けての制度理解など、関連するトピックを扱ってきている。

③ 里親研修への参画

　里親の自治体への登録にともない研修も活発に行われている。自治体が主催する里親対象の研修をはじめとして、里親対象のみならず、里親養育を支援する支援者（機関）を対象とした里親支援機関や民間の各種団体が行う研修も増えてきている。

　自治体によって取り組みには多少の違いはあるが、登録の認定前研修、登録後の研修、委託にあたっての研修、登録を更新するにあたっての定期的な研修、また、テーマ別の任意研修など、実施メニューは多岐にわたる。形式も教室での講義のみではなく、施設に赴いて実際の子どもとのかかわりを体験する研修なども用意されている。これら研修の多くは、東京の里親会が運営業務を委託されこれまで精力的に実施してきた経過がある。

　これら研修のうち、いくつかの研修に施設の里親支援専門相談員がかかわりを持っている。テーマ別に分けられたグループにおけるディスカッションのコーディネーター役を担っている。研修参画をきっかけとして、施設の里親支援専門相談員の認識、施設の資源の理解などとともに、お互いを知る機会にもなり、その後の支援関係が円滑に運ぶことを期待して取り組んでいる。

④ 里親委託に関する調査の実施（児童養護施設、自立援助ホーム対象）

　在籍児童の里親委託推進や委託後の支援のポイント等について、全施設対象としてアンケート調査を毎年実施している。各施設の取り組み内容とともに実績を検証し、支援のポイントを明確にしていくことを目標としている。

3. 施設と里親との連携をさらにすすめていくために

　国によって定められた方向性をより安定的に、何よりも中心となる子どもにとって最善

の利益となるよう取り組みをすすめていく必要がある。そのため施設と里親は、これまで以上にそれぞれの役割や自らの強み弱みを認識したうえで連携をしていくことが必要である。事態が動き続けている状況の中で的確に変わっていくことの難しさはあるが、だからこそ、先を見据えた計画と行動が求められているのだと思う。施設側が里親との連携を広げ深めていくために、施設に配置された里親支援専門相談員を中心とした里親支援業務に携わる専門職が、長年にわたり実践と研究によって蓄積してきたノウハウの共有と里親養育支援への活用が期待されている。

　一方で、施設養育と里親養育、それぞれとの連携をすすめるうえでは課題も散見される。2013（平成25）年に開催された国際フォスターケア機構（IFCO）世界大会・大阪大会における分科会にて、参加していた里親が発していた言葉が忘れられない。自治体での研修を終え登録をして正式に里親候補となっても子どもが委託にならないことについて、子どもが委託されないのは、施設が子どもを抱え込んで出そうとしないからではないかとの質問であった。決して悪気があって発した言葉でないことは明らかで、だからこそ、里親と施設職員との関係性を構築していくうえで、課題として根が深いものと感じた。このような現実を知り、立ち位置を理解したうえで、施設の職員として、どのように関係構築ができうるのであろうかと不安を覚えたことを思い出す。

　一方の施設にしても、里親養育といえば、関係不調による措置変更ケースを多々目にしてきたケア担当職員としては、「どうして、この状態になる前に……」とか、「別の方法がとられることはなかったのだろうか？」など、養育の経過と詳細に関する状況が見えないがゆえにその限られた養育実践に対する疑問が、はては里親養育全体への不信となってきていたことは否めない。まるでそれぞれの取り組みが全く別の目的のもとに取り組まれているかのように勝手な解釈が加わり、その結果、一部には大きな溝を抱えた構造となっていたように思う。

　この関係性を収束の方向に導き、両者の間の溝を埋めて良好な連携をすすめる役割のカギが、2012（平成24）年に児童養護施設および乳児院に配置された**里親支援専門相談員の活躍、具体的な実践の継続**にかかっていると私は考えている。

　また、これから本格的に連携をすすめていくうえでは、施設側の準備という側面にも課題が存在しているように思う。それは、**組織全体での里親養育への接近、そして理解と意識の改革**である。

　施設の組織の中で里親子支援にあたる職員は少数派である。現在、里親支援専門相談員は国の配置上1か所の施設について1名であることから、里親支援機関やフォスタリング機関を受託運営していなければ、多くの施設では組織の中で唯一の専門職となる。施設の小さな組織の中で1人のワーカーが外向きの業務に従事することは、それほど容易なこと

ではない。入所児童の生活支援にあたるケアワーカーは、このところ配置数が上向きになりつつも、まだまだ人手不足感は否めない状況である。オーバーワークが頻発している状況下で、自らの役割を忠実に遂行し「外の」業務に専念していくことはとても難しいという声を頻繁に聞いている。日常的に自身の業務を分かち合える仲間やチームが不可欠である。継続的な関係の構築を見据えた連携を考えていくのであれば、組織的な推進を強力に図っていくことが求められる。トップのリーダーシップとともに、日頃より、職員組織への里親制度や里親による養育の内容を浸透させておく仕掛けが必要となる。内外の研修への参加や園内でのOJTの機会など、里親制度との親和性を高めておく工夫なくして準備を図ることはできない。施設の歩んできた道程によっても違いはあるが、一朝一夕には成らない事柄だけに、着実な積み重ねが求められる。

　また、並行して里親養育支援を担う専門職員のスキルアップと里親ソーシャルワークの確立も求められよう。海外の先行事例に学びつつも、日本ならではの文化の上に立った里親ソーシャルワークの確立は急務であろうと考える。あるいは、すでに実践されている国内事例の水平的な展開を図り、専門的知見を持った人材の養成が質量ともに急がれるところである。

（石田芳朗）

▶参考・引用文献
厚生労働省（2020）「児童養護施設入所児童等調査の概要（平成30年2月1日現在）」
───（2021）「社会的養育の推進に向けて（令和3年5月）」

■コラム

大分県社会的養育連絡協議会の活動

　大分県では、これまで子どもを養育してきた児童養護施設とこれからの未来にその役割を大きく担っていく里親との関係をつなぐため「社会的養育連絡協議会」（2018〔平成30〕年設立）を立ち上げ活動している。この会は、里親会・ファミリーホーム協議会・児童養護施設協議会が連携して互いの特性と経験を生かして支え合い、「子どもの幸せのために」協同していくことを目的としている。

〔具体的な相互交流・支援〕

① 里子レスパイト等による暮らしサポートやキャンプ等による交流

　子どもを中心に親戚のような関係性を築き、互いに急用の時など可能な限り気軽に子どもを預けることのできる関係をつくっておく。また施設でのキャンプや行事等に参加し、互いが交流し、顔見知りになって支え合える関係を深める。

② 子どもの行動に対するアドバイスや行動観察

　子どもの暮らしを支える視点で同じ苦労や悩みを共有する機会をつくる。子どもが表現する行動の理解や特徴について具体的にアドバイスし合う関係を築くことが大切である。施設に配置されている臨床心理士・社会福祉士・精神保健福祉士等に相談するなど、施設の持つ機能を利用できる関係をつくる。

③ 緊急時の協力（駆けつけ・一時保護）

　支援者と子どもの関係が一時的に不調になったとき等、互いに協力して駆けつけたりしながら、支援者としての安心感を広げる。

④ 自立支援とアフターケア

　社会的養育において最も複雑で困難な対応は、自立した後に発生することも多い。制度が外れた後（18歳以降）の子どものケアをもっと専門的に、手厚く、また質の高いものにするために3団体が協力する。

　社会に自立し、社会的な負債等を抱えて里親家庭に戻ってくるケースも多くある。そのような時に互助的組織活動によってサポートし、支援者が精神的に物質的（金銭的を含む）

子どもへの最善の利益のために
大分県社会的養育連絡協議会の活動

社会的養育の必要な子を取り巻く施策については、平成28年（2016年）改正児童福祉法、平成29年（2017年）「新しい社会的養育ビジョン」において、より家庭的な雰囲気で子どもたちを育てていくことが示されました。大分県では、平成30年（2018年）7月、「都道府県社会的養育推進計画」策定要綱が示され、社会的養育の政策の具体化に向けた動きがスタートしました。

社会的養育支援関係者同士の連携

このようななか、県内で社会的養育の必要な子どものために何ができるかについて、意見交換を重ね、社会的養育ビジョンに関する要望や計画への反映について3団体（大分県児童養護施設協議会、大分県里親会、大分県ファミリーホーム協議会）が連携し行動していくことを確認し、平成30年（2018年）4月から「大分県社会的養育連絡協議会」において3団体の代表が参加して、活発な議論がされています。

また、11月のオレンジリボンたすきリレーへの参加など、3団体が交流を進めていくなかで「社会的養育の必要な子たちにどのように支援できるか」について、三位一体でより強い連携で行動していくことを確認しました。

3つの団体の代表者が「社会的養育の必要な子どもたち」のことを第一に考え、情報交換しています

お互いを知る　児童養護施設協議会職員がファミリーホームを見学

平成31年1月30日、大分県児童養護施設協議会の職員27名が、豊後大野市にあるファミリーホーム「ももたろう（代表　松田正人氏）」と「阿南ホーム（代表　阿南雄二郎氏）」を見学しました。より自宅に近い環境の中、子ども達が好きなことに打ち込むことのできる雰囲気づくりやその子どもたちを見守るスタッフの温かい気持ち、またファミリーホームの意義を聞いた職員さんからは、「同じ社会的養育の必要な子を支えていく関係者同士、今後も親戚づきあいをするが如く、顔あわせをどんどん行い、お互いを知り合うことが大切」との発言もありました。

大分県の社会的養育の未来を明るいものとするために、今後もお互いの交流をますます進めていくこととしています。

ファミリーホーム見学の合間、活発な意見交換が行われました

にも安心できる環境を整えていく。

⑤ ケース検討会等による養育スキルの向上

養育の安定とスキルの向上のため、ケース検討会などによる学びが必要である。対応に苦慮しているケースについて検討会を行い、互いの経験や知識、スキル等を提供しながら解決策を共に考える。

⑥ 親子再構築支援・家庭引き取り時・その後の支援

親子関係を紡ぎなおし、実親家庭に帰す支援は専門性と忍耐を伴う。精神的支えと同時に親子関係再構築のあり方を共に考えていく。

⑦ 支援者の心の傷み・心の寄り添い支援

家庭引き取り時に伴う喪失感を共感し労う関係性を構築する。

⑧ その他

オレンジリボン運動（虐待の早期対応と予防に向けたソーシャルアクション）

大分県社会的養育合同研修会（年1回）

（松永　忠）

第 14 章

教育・医療・保健・司法機関との連携

Key Word

チーム養育／多職種・他機関連携／情報共有／児童相談所・フォスタリング機関への早めの相談

はじめに

　家庭養護の実践では、チーム養育を意識して関係者・関係機関とうまくつながることが非常に重要だが、必ずしもうまくいくことばかりではない。特に、教育・医療・保健・司法などの専門機関との連携では、あらかじめ仕組みなどを知っておいたほうがいい。

　ここでは、各機関との連携のポイントや具体例を示すが、いずれも、①専門機関の強みと弱みを理解すること、②適切なタイミングで支援に必要な情報を伝えることに集約できると思われる。

　なお、こうした連携の場面では、里親が委託児童の情報を関係機関にどこまで伝えていいのか悩むことが少なくない。里親には守秘義務があるので情報の扱いに気をつけなければならないのはもちろんだが、必要な情報が関係機関に伝わらなければ、結果として子どもに不利益が生じることになる。里親が情報の扱いに迷ったら、遠慮なく児童相談所（以下、児相）やフォスタリング機関に相談してほしい。また、フォスタリング機関はこうした里親の問い合わせには丁寧に対応することはもちろん、関係機関との連携では状況に応じて里親と一緒に対応するなど、適切な支援を行うことが必要である。

- -

1. 教育機関（学校）との連携

- -

❶ 養育の準備段階や養育の開始時に行うこと

　新たに委託が決まった場合などは、学校や幼稚園等での生活が始まる前に、**必要な情報を学校等に十分に伝えることが大切**である。

　具体的には、フォスタリング機関職員が里親とともに学校等に説明に行くなどして、子どもが里親家庭やファミリーホームで生活すること、学校生活で必要な子どもの情報、子どもの姓の取り扱いや配慮をお願いしたいこと等を伝える。また、学校等からも学校生活全般の説明を受けるなどして、里親も具体的な事柄を確認することが望ましい。また、必要に応じて、子どもの特性を説明し、新しい生活に慣れるまで時間を要することなども理解してもらう。

　特に、その学校等にとって委託児童の受入れが初めての場合は、代替養育や家庭養護に対する理解を深めてもらうためにも、養育開始前からの取り組みがポイントとなる。

　フォスタリング機関から里親制度や児童措置費の請求に必要な証明書等の作成について、パンフレットやマニュアルを渡し、制度そのものや事務的な事柄も学校にあらかじめ具体

的に説明しておくとよい。

　委託後は、里親家庭の中で子どもが感情を爆発させることなどが起きてくる。学校でも
トラブルが増え、感情の暴発を繰り返すようになれば、里親は学校に理解を求め、協働し
て子どもに向き合うことが必要だ。学校には里親子の生活について正しく理解してもらい、
過度の同情や関心ではない自然な協力が得られるような関係を築くことが大切である。

Episode

　以前、子どもが通う予定の学校に、里親に何も伝えず児相職員だけで訪問したため、
里親の児相に対する不信感を招いてしまったことがあった。また、市町村に里親や委託
される子どもに関する必要な情報が伝わっていなかったため、里親が委託児童の住民票
異動に苦慮したということもあった。こうした失敗を踏まえ、大分県では2014年度から、
新規委託の前後に児相による「里親応援ミーティング」を開催している。

　「里親応援ミーティング」は、里親を含めた関係者が一堂に会して子どもの状況につ
いて情報共有を行い、里親と子どもの生活について理解を得たうえで、養育支援のため
の具体的方法や役割分担について確認できる有効な会議である。メンバーは、里親や学
校・保育所・幼稚園等の子どもの所属機関、市町村児童福祉担当者、里親支援専門相談
員など。里親が地域の支援者と顔見知りになるきっかけにもなっている。また、養育の
準備段階や養育開始時だけでなく、委託後も子どもの行動への対応など困ったときに必
要に応じて開催されている。養育不調時の早期対応に有効である。

▶▶▶実践上のヒント

　里親が子どもの養育の困りについて相談する場合、「どこからどう話せばよいかわ
からない」といった声を、時々耳にする。里親養育そのものが中途養育であることか
ら混乱が生じるのは無理もないし、委託された子どもが家族のメンバーに加わるとい
う力動から、里親家庭が大きく揺さぶられることも背景にあるだろう。

　こうした場合、まずは里親家庭で起きていることを確認し、困っていることを整理
するといい。整理していくことは、養育の振り返りにもなる。余裕がないときは、フォ
スタリング機関にありのままに「気持ちに余裕がないので、整理するのを手伝って
もらえると助かる」と伝えてはどうだろう。

　なお、相談にあたっては、里親がフォスタリング機関に安心して相談できることが
大切だ。児相やフォスタリング機関は、里親に「困ったときだけでなく、何気ない日
常の様子、子どもの育つ姿や状況を知らせてほしい」と伝え、常日頃からしっかり話
を聴いてもらいたい。子どもの状況を共有しておくことが相談の基盤となる。

❷ いじめの被害・加害があったときや不登校傾向が続く場合

　いじめの場合、まずは、子どもの話をしっかり聴くことから始める。家庭での話し合いが終わったら、家庭で話し合ったことを含めて学級担任等に相談し、今後のことを話し合う。担任のほか、養護教諭やスクールカウンセラー、スクールソーシャルワーカーなどの職員に相談してみるのもひとつの方法である。

　子どもがいじめの加害者である場合は、子どものとった行動を一緒に振り返り、やっていいこと、悪いことをきちんと考えていくことが必要である。また、被害を与えた相手に対して、きちんと謝る必要があることを子どもに理解させ、納得させる。場合によっては、学校と相談したうえで、里親が保護者として被害を受けた子どもやその保護者に謝罪することが必要かもしれない。いずれの対応をとる場合でも感情的に子どもを叱るのではなく、冷静に子どもと一緒に考えることを心がける。

　また、子どもが不登校傾向になった場合は、無理に聞き出さず、子どもが安心できる居場所を家の中に作り、子どもが抱えている悩みなどを話すことができる環境を作ることが求められる。あわせて、子どもの意見を聞きながら、学校に相談する。子どもが学校に行きたいと言い出したときにその思いにつなげられるような環境を整えておく。学級担任と適宜、情報交換しておく。

　こうした対応は、一般家庭での対応と大きく変わるものではないが、里親家庭の場合は、対応について里親も戸惑うことが多いだろう。さらに、行動の背景に里親養育下にある子どもの複雑な心情や環境変化等が影響を及ぼしていることもある。フォスタリング機関にも早めに相談し、一緒に考えてもらうことが望ましい。発達に問題があれば、それに応じた対処が必要になる。

　なお、児相に報告をしたら、里親に養育力がないと評価される、場合によっては措置が解除されてしまうのではないかといった心配から、報告したくないと考える里親がいるかもしれないが、里親の孤立や養育の抱え込みで子どもに不利益が生じることは避けなければならない。

▶▶▶実践上のヒント

　委託児童が通う学校の行事やボランティアの機会はできるだけ参加したい。こまめに学校に顔を出すことで、学校の先生方はもちろん、保護者にも里親や子どものことをよく理解してもらうことができる。

❸ 特別支援学校への入学

　里親には受託した子どもに対して、監護、教育及び懲戒監視、児童の福祉のため、必要

な措置をとる権限（身上監護権）がある（児童福祉法第47条第3項）。そのため、里親の身上監護権で特別支援学校に進学させてもいいように思えるが、**一般的に子どもの進学は、子どもの将来を決定する重大な決定であり、親権者の意向に反して里親だけで決定することはできないと考えることが妥当である。**

特別支援学校の入学に限らず、子どもの進学については、子どもの意見も踏まえ児相と相談し、子どもにどのような教育が適切なのかを実家族も含めて、早めに話し合ったほうがいい。

❹ 就学猶予や区域外修学

市町村の教育委員会は、児童、生徒が病弱、発育不全その他やむを得ない理由のため、修学困難と認められる場合は、保護者に対して就学義務を猶予または免除できる（学校教育法第18条）。これは市町村長の職権事項である。

学校教育法施行規則第34条では、保護者は児童等に上記のような事情があるときは教育委員会に願い出なければならないとなっているが、保護者にはかかる義務があるというだけで、保護者の願いがなければ免除の決定ができないとは規定されていない。上記の事情を申し出て、就学義務の免除・猶予を教育委員会の職権で決定させることは親権者でなくても可能である。

子どもの状況を日頃から把握している里親であれば、教育委員会に申し出る十分な事情になるので、医師等の証明書を添付して就学猶予を申し出ることができる。

しかし、親権者が了承しない場合には、就学猶予を得るのは難しいかもしれないので、やはり児相と相談しながら進めることが必要である。

区域外就学についても、就学猶予と同様、里親が市町村教育委員会に願い出ることができるので参考にしてほしい。

2. 医療機関との連携

❶ 里親に委託されている子どもの医療の仕組み

子どもが委託された時は、児相から**受診券**（医療券）が里親に渡される。受診券は、子どもを措置した都道府県及び政令指定都市等が、保護した子どもの医療費の自己負担分（医療費の3割）を児童福祉法により公費で負担する証明書である。里親が医療機関窓口で

現金を支払う必要はない。なお、受診券が適用されるのは、健康保険が適用される医療に限られる。

　実親が国民健康保険や社会保険などの公的な健康保険に加入している場合は、児相から親の保険証の「遠隔地被扶養者証」も一緒に渡されるので、医療機関窓口では、受診券と遠隔地被扶養者証の両方を呈示する。親が公的な保険に加入していない場合や生活保護受給中の場合（無保険）、虐待などで親の同意がないまま子どもが保護された場合は、親の保険が使えないので全額公費負担になる。この場合は、医療機関窓口には、受診券のみを提示する。

　こうした受診券や児童福祉法による公費負担の仕組みを知らない医療機関は少なくない。その場合は、児相の担当者に連絡して説明してもらうとよい。「里親のしおり」や「里親ハンドブック」を発行している自治体もあるが、その中に、「医療機関の方に」といったページがあったら、それを前もってコピーしておき、持参することもできる。

　ところで、受診券や遠隔地被扶養者証には、原則として子どもの本名が記載される。しかし、子どもによっては、実親の名字で呼ばれると戸惑いや苦痛を感じたりすることもあるので、里親姓で呼んでもらえるよう病院窓口に前もって頼んでおくことや、受診券にメモを貼付して配慮を依頼することもできる。自治体によっては、受診券に子どもの実名と通称名が併記できるようになっている。

Episode

　大人になった里親委託経験者（当事者）から受診券にまつわる話を聞いた。

　Aさんは、高校時代、運動部に入っていたので、足のケガが多かったらしい。整形外科にも通院していたが、一緒に通院していた友人から、窓口で一部負担金を支払わない理由を尋ねられるのではないかと不安で、自己中断したという。さらに、一部負担金を払わなくていいという「特別扱い」が当時の自分は嫌だったと話してくれた。

　また、初めての病院にひとりで行って、医師から（里親に委託されていること等を）いろいろと聞かれたこともあったという。

　Bさんも中高生になってからは、受診券に記載された実名（名字）を友人に知られるのではないかと、いつも気にしていたとのこと。修学旅行前に学校に保険証や受診券の写しを提出するのがとにかく嫌だった。誰かに見られないかと心配だった。実名が記載されているがゆえに、とにかく受診券は使いたくない。少しくらい熱があっても、病院は絶対に受診しないと心に決めていたと話してくれた。

　受診券は、医療費公費負担の証明書なので、受診券という存在も子どもの本名が記載されていることも、制度としては仕方ないのかもしれない。しかし、利用する子どもの

中には、複雑な思いを持っている子どもがいること、中高生など年齢の高い子どもであっても細やかな配慮が必要なことは、養育者・関係者は心にとどめておきたい。

❷ スムーズな医療の受け方

子どもが委託された当初は、慣れない環境の中での緊張から体調を崩すことがよくある。また、虫歯が治療されていない、耳垢が詰まっているといった子どももいるので、子どもの委託と同時に医療機関との付き合いが増えてくる。

里親は子どもの監護に関して必要な措置をとることができ、子どもの健康を保持すべき責任もある（「里親が行う養育に関する最低基準」第8条第1項）。

したがって、子どもの健康状態に応じて里親の判断で病院を受診させることができるし、医師の処方に従った投薬も可能である。むしろ、里親としては子どもの健康状態に常に留意して、必要な医師の診察や投薬をすることが求められる。また、学校検診で専門機関受診を勧められた場合も、速やかに対応する必要がある。なお、実親は児童等の福祉のための必要な措置を妨げることができない（児童福祉法第47条第4項）ので、治療が必要な場合は、実親が反対していても行うことができるが、実親とのトラブル等防止のため、こうした場合は児相に相談してほしい。

❸ 予防接種

予防接種実施規則では親権者の同意を必要としている。親権者の同意を得ていない場合には、里親の権限で予防接種を受けさせることはできない。

このため、児相から予防接種にかかる保護者の同意書等をもらい、里親が予防接種を受けさせることが一般的である。また、予防接種を受けるときには、予診票の記入が必要なので、近親者の健康情報についてあらかじめ児相に確認しておくとスムーズである。

なお、乳幼児の場合、定期的な健康診断や予防接種を受けるためには、子どもの病気や予防接種の記録が記載されている「母子健康手帳」が必要である。母子健康手帳は、委託時に児相から渡される。母子健康手帳がない場合は、児相に相談するとよい。

❹ 歯科治療

歯科検診は里親の権限だけで可能だが、麻酔や抜歯などは親権者の同意がいる場合もあるので、そうした場合は児相に相談する。

また、委託されている子どもがひどい虫歯だが、どうしても歯医者に行かない場合なども必ず児相に相談してほしい。子どもが歯科治療を受けなければならない状態にある以上、受診させないことは子どもの利益を害することになる。このため、子どもの監護に責任を有す

る里親は、何らかの手立てをとらず歯科治療を受けさせなければ、被措置児童等虐待のネグレクトに該当する可能性もある。何とかして、ぜひ、治療を受けさせることが必要である。

❺ 手術

体を傷つけるような医療行為については、必ずしも里親の権限でできるものではなく、基本的には親権者の同意が必要である。もっとも、緊急を要する医療行為の場合は、親権者が反対している場合（親権者の意思が不明の場合も含む）であっても、里親の権限で子どもに医療行為を受けさせることができる（児童福祉法第47条第5項）が、医療行為の程度やその緊急性の判断などは児相に任せた方がいいので、いずれにしても連絡することが必要である。

❻ 入院（精神科以外）

治療のために入院が必要な場合には、精神病院への入院を除き、里親の権限で入院させることも可能であるが、そもそも入院が必要など重篤な病気の場合は、児相も子どもの状況を把握しておく必要があるので、児相の担当者にも報告してもらいたい。

なお、委託された子どもが入院したといっても、措置が変更されたわけではないので、里親として子どもを養育する責任は変わらない。子どもの状況や年齢、入院先の病院の体制にもよるが、付き添いなどを求められた場合は病院と協議を行う。

里親の負担が大きすぎる場合には、フォスタリング機関に相談して一緒に対応を考えてもらうとよい。自治体によっては、付添人の手配を行ったり、その費用を補助する制度を準備しているところもある。

❼ 精神科病院への受診・入院

子どもが精神に変調を来している場合、精神科病院の受診や服薬は里親の権限で可能だが、入院は精神保健福祉法との関係もあり、里親だけの判断で入院させることはできない。このため、子どもを受診させる段階から、児相に相談して対応を話し合っておくことが望ましい。

> **Episode**
>
> 　児童養護施設から措置変更され、小5で里親委託となった女児。措置変更前の一時保護下のアセスメントでは愛着の課題が見られたことから、当初は愛着関係の構築を支援方針としていた。委託後3〜4か月経過した頃、里親から「音や光にとても敏感」といった具体的なエピソードと小児精神科を受診させたい旨の連絡があった。
>
> 　児相の立場もあったが、24時間生活を共にしている里親ならではの気づきや疑問、観察結果にはなるほどと思うところがあり、早速、職員も同行して受診に至った（実親には

小児精神科の受診と服薬の可能性について児相から説明し承諾を得ていた）。

　初回受診では、児相から生育歴や心理検査等の結果を、里親からは家庭や学校での具体的なエピソードや観察結果を説明した。その後の通院には、必要に応じて児相や小学校の担任等も同行し、情報共有と具体的な支援方法について話し合いを重ねた。あれから9年。彼女もこの春から立派な社会人となった。成長の陰には対応に苦慮しながらも生活を共にし、しっかり記録をとり続け、疑問点を児相に相談してくれた里親の存在がある。記録するとこれまで把握されていない子どもの特性がわかることがある。彼女の場合はまさにそうだと思う。

❽ 健康上、特別な配慮を要する子どもを迎えるとき

　あらかじめ、運動制限や日常生活上の注意点及び服薬の方法など、具体的な事項を把握する。また、委託前の主治医から新たな医療機関の紹介を得るなど医師同士の引き継ぎや今後の連携がスムーズにいくように児相と調整する。

　また、里親家族の中での情報共有や、救急で別の医療機関を受診するときに利用する資料の用意なども大切である。

▶▶▶実践上のヒント

　乳幼児を預かる場合は、特に発熱や感染症罹患、予防接種等で医療機関を受診することが多いので、地域でかかりつけ医を決めておくと安心である。

　かかりつけ医には、子どもが里親家庭で暮らしていることや里親の立場など家庭養護に関する理解を求め、窓口での子どもの呼び方等についても、あらかじめ打ち合わせをしておくとスムーズに受診できる。

　また、予防接種の記録や感染症歴、実親の遺伝的要因（糖尿病など）についても把握している情報があれば伝えておくとよい。医師が里親子であることを知らず、子どもが診察を受ける場面になってあれこれ尋ねられ、非常に困惑したという話を里親から聞いたことがある。事前の打ち合わせや説明で、不要なトラブルは避けることができるので注意したい。

Episode

　里親委託後4年が経過し、生活も落ち着いていた小2女児。里親と遊びに行った知人宅で遊んでいる最中、転んで腕を骨折した。すぐに里親から児相に連絡があった。医師からは、緊急性はないが予後の観点から手術したほうがいいとの説明があったため、児

相から4年間交流が途絶えていた実母に連絡をとった。実母が病院を訪れたことで委託後初めて母子面会が実現したが、女児は骨折という状況も相まって、面会前から落ち着かない。母親が衆目の面前で泣き崩れたため、さらに女児の心理的負担が大きくなり不安気な表情をしていたことが今も思い出される。

　当時は、こうした事故や感染症の発生など緊急時の児相との連絡方法、連絡が必要なケガの程度等も明確に定めていなかったことも、こうした状況を招いた一因だった。

　現在は、毎年度初めに開催する委託里親向けの行政説明会で、自然災害も含めた緊急時の児相への連絡方法等について周知している。また、実親への連絡は直ちに児相が行うことも関係者で確認している。

　児相は、緊急時の対応について、子どもと実親が予期せぬ面会に至ることなどさまざまな場合を想定しておく必要があるだろう。

3. 保健機関との連携

　里親家庭に委託された子どもは、**市区町村が展開している多様な子育て支援サービスを利用できる**ので、市区町村役場のこども福祉担当部署（子ども家庭総合支援拠点◆1）や子育て世代包括支援センター（母子健康包括支援センター）◆2に問い合わせるといい。窓口には地域の社会資源を熟知した職員（保健師や社会福祉士など）が配置されており、相談を受けている。

　市区町村は、1歳6か月児健診や3歳児健診などの乳幼児健診や予防接種などの母子保健サービスを提供しているし、地域の子育て支援サービスのマネジメントも行っているので、必要に応じて保育所や保健センターなどの関係機関につないでもらえる。

　地域の子育て支援サービスには、保育所や認定こども園等のほか、乳児家庭全戸訪問◆3、ファミリー・サポート・センター◆4、一時預かり◆5等がある。地域子育て支援拠点◆6として「子育て支援センター」を開設しているところも多く、地域の乳幼児とその保護者を対象に、遊びの広場を設け、個別の育児相談を受けている。また、地域にあるほかの専門機関を紹介してもらうことも可能なので、上手に利用したい。

　なお、市区町村によっては、子育て短期支援事業（ショートステイ・トワイライトステイ）◆7が利用できる場合もあるが、里親に預けられている子どもであれば、利用回数制限等のない里親レスパイトの利用を推奨する。里親レスパイトの利用は、フォスタリング機関に相談してほしい。

▶▶▶実践上のヒント

　市区町村窓口で子どもの転入手続きを行う際、市区町村が作成した子育てに関するリーフレットやチラシ、ガイド（ハンド）ブック等をもらうことが多い。子どもが委託される前後は何かと忙しく、こうした資料にゆっくり目を通す時間もないだろうが、地域の子育て支援情報はその後もかなり役に立つ。問い合わせ窓口もわかりやすく掲載されている。母子手帳と一緒に保管し、一度目を通しておくとよい。

　里親がこうした地域の子育てサービスを利用するのは、養育の抱え込みや孤立の防止につながる。里親養育では、里親レスパイトなどの里親支援サービスと市区町村の子育て支援サービスを上手に組み合わせて活用してもらいたい。

4. 警察・司法機関との連携

❶ 警察との連携

　委託されている子どもが大きな問題行動や社会的逸脱行動を起こした際には、警察との連携が必要になる。

　例えば、委託されている子どもが「店で万引きした」「自転車（バイク）を盗んだ」などの連絡を警察から里親が受けたとする。このような場合は、里親が警察に出向き、保護者として対応しなければならないが、里親制度が十分に周知されていないことで、あれこれ尋ねられ負担を感じ孤立感を深める里親もいる。

　子どものことで警察から連絡があったときは、迷わず児相に連絡してほしい。相談し一緒に考えてもらうことが一番である。警察には子どもが里親家庭で生活していることは伝えなければならないが、委託されている理由も含めて、子どもの状況についてどの程度情報を伝えるかなどは、児相の助言をもらった方がいい。

　また、里親側から警察に出向く場合もある。時間になっても子どもが里親家庭に戻ってこない、家出の可能性がある場合などで警察に「捜索願」を出すなどの場合が考えられる。子どもの写真を持参し、身長や体格・特徴、いなくなった当時の服装、行き先の心当たりなどを警察に伝えて手続きすることになるが、こうした場合も必ず児相に連絡してほしい。捜索願を出すタイミングも状況に応じて児相が判断することがある。

　いずれにしても、里親にとって警察との連携は慣れていないことはもちろん、心理的にもハードルが高いといえる。里親個人の対応では限界がある。フォスタリング機関のサポート

が必要である。

> **Episode**
>
> 　大分県では、2011（平成23）年に里親の要望を受け、当時としては全国的にも珍しい名刺サイズの里親登録証を作成し里親に交付を始めた。コンパクトでさまざまな場面で重宝すると里親に好評だったが、中でも、警察署では知事印が押された里親登録証が里親としての身分証明書として効力を発揮した。里親登録証を見せたことで警察との話がスムーズになったとの話を複数の里親から聞いている。

❷ 司法機関との連携

① 家庭裁判所

　家事事件の審判・調停や少年保護事件の審判などを行う下級裁判所。里親が、委託されている子どもとの養子縁組（特別養子縁組・普通養子縁組）を行う場合などに連携が必要となる（➡養子縁組の流れ、手続き等は第1巻第7章を参照）。

② 少年鑑別所

　非行を犯した少年が、非行から立ち直り健全な生活が送れるようになるためその原因を探り、今後の指導を考える目的で全国に設置され、「鑑別」「監護処遇」「地域援助」を行っている。

　地域援助では、「法務少年支援センター」として、非行・犯罪に関する問題や思春期の子どもたちの行動理解等に関する知識・ノウハウを活用して、子どもに法教育◆8を実施するほか、一般からの相談に応じている。里親も相談できるので、それぞれの地域の少年鑑別所にあらかじめ電話で問い合わせるとよい。相談は無料。

> **Episode**
>
> 　里親委託後も実家庭で生活していた頃と同様に万引きを繰り返す小5の女児。対応に困った里親と児相の担当者は、地元の法務少年支援センターに相談しアドバイスを受けた。また、その後、女児とともに再度センターを訪問し、法教育も受けた。法教育を受けたからといって、子どもに劇的な行動変容が見られたわけではないが、それでも変化の兆しが見られた。子どもの意識化、内面化が進んだこと、里親の関わりの変化が理由と考えられた。非行問題は、時間をかけた長い取り組みが必要だ。法務少年支援センターの専門性やノウハウは、もっと活用できると思う。

❸ 日本司法支援センター（通称：法テラス）

法務省所管の公的な法人が設立。全国に地方事務所がある。

法的トラブル解決のための総合案内所であり、法的なトラブルの解決に必要な情報やサービスの提供を無料で受けられる。

▶▶▶実践上のヒント

全国の児相で弁護士（常勤・非常勤）の配置が進んでいる。

児相の弁護士なので、児童問題に理解があり、里親養育など代替養育にも詳しい。里親養育で発生する法的問題（養子縁組、未成年後見人、遺産相続など）が起こったときは、児相弁護士は非常に頼りになる。

おわりに

「連携」は古くて新しい課題といえる。そもそもの意味は何か。辞書では「同じ目的で何事かをしようとするものが、連絡をとり合ってそれを行うこと。又は、物事や人の間のつながり。つながりあうこと。つながりをつけること。（岩波国語辞典第5版）」とある。

「連携」はチーム養育である里親養育に欠かすことができない。

「つながりあうこと」「連絡を取りあうこと」を、常に意識したいものである。

（河野洋子）

▶注

1　子ども家庭総合支援拠点　子どもとその家庭及び妊産婦等を対象に実情の把握、情報の提供、相談、調査、指導、関係機関との連絡調整その他の必要な支援を行うための拠点。

2　子育て世代包括支援センター（母子健康包括支援センター）　妊娠期から子育て期にわたる切れ目のない支援を提供できることを目的に、保健師等を配置して妊産婦等からの相談に応じ、健診等の「母子保健サービス」と地域子育て支援拠点等の「子育て支援サービス」を一体的に提供できるよう、必要な情報提供や関係機関との調整、支援プラン等の策定などを行う機関。

3　乳児家庭全戸訪問　保健師、助産師などの訪問スタッフが、生後4か月までの乳児のいるすべての家庭を訪問し、子育て支援に関する情報提供や助言を行う。

4　ファミリー・サポート・センター　乳幼児や小学生等の児童を有する子育て中の保護者を会員として、児童の預かり等の援助を受けることを希望する者と当該援助を行うことを希望する者との相互援助活動。

5　一時預かり　家庭で保育を受けることが一時的に困難となった乳幼児について、認定こども園、幼稚園、保育所等において、一時的に預かり、必要な保護を行う。

6　地域子育て支援拠点　乳幼児及びその保護者が相互の交流を行う場。子育てについての相談、情報の提供、助言が受けられる。

7　子育て短期支援事業（ショートステイ・トワイライトステイ）　保護者の疾病等の理由により家庭において養育を受けさせることが一時的に困難となった児童について、児童養護施設等に入所

させ、必要な保護を行う。

8　法教育　児童や生徒などに対して、少年事件の手続きの流れ、非行・犯罪（薬物乱用、暴力、
　万引き）の防止についてわかりやすく説明すること。

▶参考・引用文献───────────────────────────

全国里親委託等推進委員会（2013）「里親・ファミリーホーム養育指針ハンドブック」
特定非営利活動法人SOS　子どもの村JAPAN（2019）『弁護士・実務家に聞く　里親として知って
　おきたいこと　里親養育Q＆A』海鳥社

第 **15** 章

里親会との連携

Key Word

里親会／交流／相互支援／多様化／法人化／協働へ

1. 里親会とは

❶ 里親会の成り立ち

　2020年春以降、新型コロナウイルスの影響で 世界は大きく変化した。こんな緊急時にこそ、子どもたちのためにはもちろん、その傍らにいつもいる里親のために里親会が動くべき時なのだと考える。

　戦争も難事であるが、第二次世界大戦後は戦災孤児などが多く、必然的に里親が多く存在した。国民的にヒットしたラジオドラマ「鐘の鳴る丘」の主題歌の「とんがり帽子」（菊田一夫作詞、古関裕而作曲）に慰められた子どもたちが大勢いたのだ。厚生労働省ホームページによれば、1955（昭和30）年の里親登録家庭数は1万6200家庭、委託児童数は9111名。どちらも現在のほぼ1.5倍である。

　里親登録数が多かったこの高度経済成長期に、各地自治体ごとに里親会が作られたようだ。その後、政令指定都市化や、市の合併などで新設または合併や分会している里親会もあり、現在は全国66の里親会が存在している。その多くは1950年〜1965年頃（昭和30年代前後）に結成されている。

　結成当時の里親会は事務局を児童相談所か社会福祉協議会の中に置き、行政職員が会計を含む事務全般を担っていた。現在でも事務局が児童相談所や行政施設内に所在している里親会が圧倒的に多い。

　里親会を結成することで里親の孤立を防ぐことができ、里親をまとめ、里親の質向上や理念の安定を図り、啓発につなげられる、行政としての狙いもあったことと想像できる。里親手当は2000（平成12）年頃まで現金手渡しだったので、里親会定例会等の折、ハンコ捺印後児相内で受け取っていた。これも今では考えられない話だ。

　また、児童相談所の里親担当者が里親会の定例会やサロンに出席し里親へのお知らせや制度変更を伝えたり、里親資質の見極めにも利用したりしていたのかもしれない。

　こうしてできた里親会の規約（会則）を見ると、どこの会も共通して親睦交流に最も力を入れているのが分かる。次いで、研修や里親啓発が盛り込まれている。活動内容については後ほど紹介するが、結成当時も今も、おそらくこれからも里親会の活動の中心に親睦交流があるのだろう。これが「転ばぬ先の杖」となるのだということを後述する。

❷ 全国の里親会

　ここでは、現在全国に存在する里親会について紹介する（2020年3〜5月web調べ）。まず

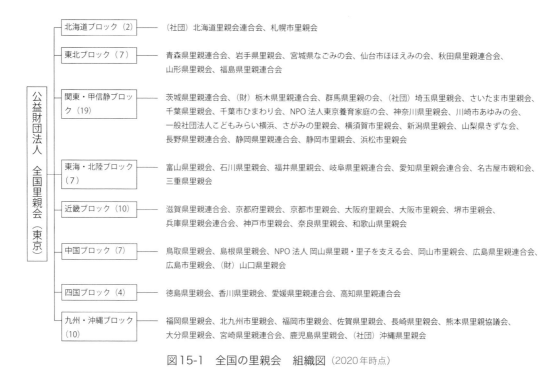

図15-1　全国の里親会　組織図（2020年時点）

は、日本各地にある里親会の中心となって活動する全国里親会の沿革をみてみよう。

1954（昭和29）年、仙台市において開催された第1回全国里親大会において全国里親連合会（任意団体）として発足。

1966（昭和41）年1月社団法人全国里親連合会に改組、1971（昭和46）年3月財団法人全国里親会に改組。2011年12月公益財団法人として認可された。

全国里親会のホームページによれば、2020年現在、全国には66の里親会がある。

図15-1のように8ブロックに分かれ、それぞれブロックごとに年に1回研修があり、全国里親大会も年に1回行われている。ただ、最近は全国里親会に属さない団体も増えている。

富山県里親会HPに紹介されている旗の写真：全国里親会ロゴマークは全国各地の里親会共通のものとしてそれぞれ旗が作られたようだ。この旗が残っている里親会も多いはず。レクリエーション時はこの旗を目印にしていたところも多い。どう使ったか定かではないが一畳ほどの大きいサイズのものも存在する。

全国里親会ロゴマーク：撫子（ナデシコ）の花の中心に里の字があしらわれている。子を撫でて育てると意味が込められている。

表15-1　66里親会の状況

連合会形態	19	29%
ホームページあり	26	39%
ホームページが活用されている	14	21%
会員専用掲示板あり	4	6%
児相内	31	47%
社協内	12	18%
施設または支援機関内	9	14%
その他（個人宅など）	7	10%
独立した事務所	3	5%
法人化している（法人本体とは別組織も含む）	11	17%
支援機関を目指しているもしくは支援機関である	3	5%

東京養育家庭の会ロゴマーク

出所：筆者によるweb調査（2020年3〜5月）をもとに作成。

　66の里親会について調べた結果が表15-1である。里親会事務所の所在地について児童相談所内が47％、社会福祉協議会内が18％、養護施設もしくは里親支援機関内が14％である。合わせると79％の里親会がいまだに行政の傘の中にあるといえる。

　さて、ここ10年ほどの間に里親支援機関があちこちにでき、その団体が里親会の運営を行政から委託されたり、里親会自体がNPO法人や一般社団法人等に法人化し行政から事業委託を受けたりできるようになってきた。

　表15-2を参考にしていただきたいが、全国に法人化した里親会は、法人本体とは別組織の場合も含め11団体存在する（準備中の会もある）。そのうち独自事務所を構えているのはわずか3団体である。日本の里親会の特徴といえるのかもしれないが、法人化しても委託事業の中身は親睦交流・研修・普及啓発が中心である。つまり、結成当時の里親会規約（会則）の中心活動そのものを行政からの委託事業にし、活動の中心に置いているのだ。

　全国的に里親会が結成されていった時期、昭和30年代の家庭を想像すると終戦から10年経過し生活が少し落ち着いた頃であろう。大家族もまだ存在する中、核家族化が広がっていた時期である。そしてたいていの母親は家にいて子育てのほとんどを担っていた時代である。また、社会的養護の中にいる子どもの措置理由は親の死亡や行方不明、経済的理由が中心であって、今のように虐待が措置理由のほとんどを占めている状況とはかなり違っていた。長く活動している里親は強く感じていると思うが、被虐待児が増え近年措置される子どもの心の傷は重く、里親は委託児童を預かりただ育てる、ということでは済まされなくなってきている。特別な養育スキルが必要になってきているのだ。合わせて、女性の社会進出で共働きが増え、里親会結成率や活動参加へも影響が出てきている。

　約60年の歴史を持つ里親会だが、実は今その活動のあり方が強く問われる時が来ているように思う。社会の変化につれ、里親家庭の生活様式も多様化してきた。シングル里親

表15-2　法人化している里親会

	会員数 支部数	法人の種類	里親会と法人の関係	里親支援機関	事務所の自立	設立メンバー	行政委託事業の有無、内容
北海道里親連合会	8支部	一般社団法人	同じ		○		○ 〈里親総合支援事業〉 地区別里親研修年2回 委託里親交流事業 自立準備支援事業
栃木県里親連合会	3地区	一般財団法人	同じ		×児相		助成 サロン・レクリエーション・自立支援・キャンプ等の協力
埼玉県里親会	6支部	一般社団法人	同じ		×児相		○（2018年～） 里親しっかりサポート事業
東京養育家庭の会	11支部	NPO法人	同じ		×児相	施設出身者が理事長。里親中心に設立	○ 里親研修事業 関連情報提供事業 養育家庭支援
こどもみらい横浜	4児相	一般社団法人	同じ	2014年4月、里親支援機関認定	×施設内		○ 支え合い事業 普及啓発事業
川崎市あゆみの会 一般社団法人川崎市社会的養育家庭をささえる会		一般社団法人	別組織		×児相	里親会	
岡山県里親・里子を支える会	3支部	NPO法人 （2009年以前は財団法人）	同じ		△理事長宅		
山口県里親会	6支部	一般財団法人	同じ		×社協内		
沖縄県里親会		一般社団法人	同じ		○		
静岡市里親会 NPO法人静岡市里親家庭支援センター	92組	NPO法人	別組織	里親支援機関A	×支援機関内（児相内）	児相所長が立ち上げ	○ A型
大阪府里親会 NPO法人里親支援機関えがお	6支部	NPO法人	別組織		○	里親が中心	○

出所：筆者によるweb調査（2020年3～5月）をもとに作成。

もいる。国際結婚里親も増えてきた。同性カップルの里親もいる。それぞれの里親家庭の養育スタイルも、自ずと多様になっているだろう。

　制度上でも里親の種類が細分化している。養子縁組里親、養育里親、専門里親、親族里親、ファミリーホーム、また週末里親等、登録する里親の生活スタイルや措置される子どものニーズに応える形で分かれてきた。

　さらに、養育里親の名称（愛称）が自治体によって作られたところがある。

　東京：ほっとファミリー

　千葉：菜の花家族

　横浜：よこはまポートファミリー

　大阪：はぐくみホーム

　このように、措置児童保護者（実親）の抵抗緩和や一般にも親しみやすくするのが目的で愛称が作られている。今後、正式名称変更の議論も起こるかもしれない。

多様化している里親の集まりであることで、組織率低下やさまざまな運営上の悩みを抱える里親会は少なくない。中には100％入会する慣習の地域もあるが、里親が制度上の名称だけでなく役割も分かれてきている中、運営上まとめるのは難しくなってきている。世代のギャップも大きく、交流の難しさが悩みになってきた。

こどもみらい横浜ロゴマーク：2013年、法人化による名称変更とホームページ作成を機に作成された。

島根県里親会のロゴマーク：丸い形で里親の輪を表現している。2015年、ホームページと同時に作成された。

里親登録への情報源もインターネット上で得る時代だ。子育て情報もサロン等で集まって得るのではなく、インターネット上で得ることが増えてきた。そして親睦交流もSNSを介して行うことができる。新型コロナの影響で外出ができなくても、SNSを駆使してサロンがそこここで開催され、活動の工夫がされている。

里親リクルートの相談会やシンポジウムの情報もホームページなどから発信や取得をし、そこから里親登録される方が圧倒的多数を占めている。新型コロナの影響により、オンライン里親相談会も開かれるようになった。

直接会わなくても里親会が成立するのだろうか。足を運ばなくても交流できるのだろうか。情報はあふれている。サロン等に行かなくても学べるのか。そもそも里親会に入らなくてもいいのか。里親は考える。私自身もこれだけ生活様式等が変化し、次世代のことを思いやった時、その答えを出せないでいる。

ただ、私自身の特別養子縁組里親、養育里親としての25年の経験から言えるのは、里親会はなくてはならないものであることと、困った時のためにこそ、里親会は力になる存在であり続けねばならないということである[1]。

2. 里親会の活動

既述のとおり、里親会の大きな柱となる活動は3つある。

① 親睦交流（定例会、サロン、おしゃべり会、遠足、新年会等）

② 研修（スキルアップ研修、児童福祉周辺の研修等）

③ 里親普及啓発（シンポジウム、相談会、出前授業）

　3つの柱以外にも、会報発行、ホームページ運営、バザー、啓発グッズ販売、自立支援事業などとそれぞれの里親会で独自色のある活動が工夫されている。

❶ 親睦交流（「転ばぬ先の杖」）

　里親会が最も力を入れている活動が、親睦交流である。たいていの里親会が30〜40家庭会員数ほどの単位で1〜2か月に1度（定例会、サロン、おしゃべり会と名称はさまざま）集まり、近況を語り合う自由参加交流会である。自分の子どものこと、縁組成立の報告、勉強会やイベントの相談、悩みの共有、先輩里親のアドバイス、里親同士の知恵の出し合い、慰め合いなど話題はさまざまである。新人会員にとっては、委託への不安を払拭できる経験談を聞く機会となる。

　先輩里親のお話でしぼんでいた気持ちが膨らみ、子育てに勇気や初心を思い起こさせるパワーをもらったり、写真を見せ合ったり、お互いの子の成長を喜び合ったりする。お茶やお菓子も持ち寄り、まるで家族のような雰囲気でよもやま話に花が咲く。たわいのない親睦に思われがちだが、この里親会の親睦交流こそが、長年里親（ファミリーホーム等も含む）を続けていくうえでは、大切なものとなっていく。もちろん養子縁組里親にとっても同様である。

　ずいぶん前になるが、私の所属する里親会支部でのこと、ある養子が不登校になった。会員みんなが自分のことのように話を聞き、ああでもない、こうでもないと、知恵をしぼり、慰め、泣き笑いする時期があった。この時一緒に頭を抱え合った経験が、その後会員の知恵として結実した。そして、会員の絆は強固になった。

川崎市あゆみの会　啓発グッズ「薫る玉」：会員の育てたラベンダーを使い、ボランティアと一緒に施設内などで手作り。チラシなどに添付する。育てる、作る、配る、全ての工程で、交流しながら活動する。2015年からの取り組み。

❷ 研修

　里親家庭に来る子どもたちが近年ますます養育困難傾向にある中、研修に関する取り組みが盛んになっている。被虐待児や、発達の課題など特別なニーズのある子どもの養育は困難を極めることも多く、我流では太刀打ちできない時代になってきた。

　里親会では、定例会やサロンで会員に必要とされる研修内容が浮き彫りにされ、それを企画するので、最もニーズに合った形の研修が実施される。気心の知れた仲間とともにリ

ラックスした雰囲気で行われるので、理解の深い研修になる。

　現在の里親は養育に困り感を覚えることが多く、その解決のためにと熱心な里親ほど時間を作って参加をする。半面、多種多様な研修疲れや研修に頼りすぎの傾向もみられる。また、場当たり的で1回きりの非継続研修や、実践的とは言えない知識偏重のものも多い。これからの里親研修は、これらの点を改善しなければならない。

　ひとつの対策として、図15-2のように里親会で交流して気心の知れた仲間と一緒に研修を受けることを提案したい。黙っていてもお互いの聞きたいところや、疑問点もわかるし、また参加できなかった方の分まで質問できる。里親会の定例会やサロン、おしゃべり会などの交流行事での出張研修を企画してはどうだろう。

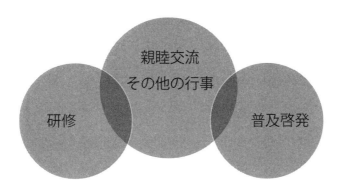

図15-2　里親会の特徴

　親睦交流しながら研修し、親睦交流しながら普及啓発するのが里親会の特徴で、リラックスしながら学び、実際の里親の姿が見える啓発事業展開をしている。

　里親が受ける法定義務研修は登録時のほか数年に一度（自治体により異なる）更新研修の数時間座学研修があるが、これのみの参加（2003〔平成15〕年以前はこの研修すらなかった）で里親更新ができてしまう。研修はただ受ければいいというものではない。これからの里親会を含む社会的養護の大きな課題ともいえる。

　社会的養護がより家庭的なものへと移行していく中、里親登録数ばかり増やそうとするだけではなく、里親をしっかり支えるシステムがなければ、里親が疲弊したり、我流に陥って養育不調が多発したりするおそれがある。また、里親による被措置児童等虐待も危惧される。

❸ 里親普及啓発

　啓発に関しては、現在、専門機関のお手伝いとして事業協力、当事者経験談としての協力、学校などへの出前講座が多く開催されている。私が里親登録した25年前は直接先輩

里親の話を聞く機会はなく、うらやましい話である。

---

3. 里親会でのつながりの大切さ

　特別パワーのある里親は、支えるチームシステムがなくてもその方の人脈やつながりから情報や助けを得て、養育に行き詰まり感が生じても乗り越えてきた。

　パワーのある里親にとっても、里親会でのつながりが大きな情報源となっている。里親会は情報や知恵、助けの宝箱であり、これはピア・サポート（相互支援）の力といえる。

　里親会の活動は、里親と里子（養子も含む）の関係が良い時にしっかりと築かなければならない。そして実子も含めた家族全員が交流できる状態にしておく必要がある。なぜなら、多くの、いやほぼ全員の里親がいずれ養育に悩み苦しむからだ。実親子でもそれは同じであろうが、守秘義務や細やかな心のひだまでは里親同士でしかわからず、もちろんどんなに優秀なケースワーカーでも経験しないと分からない感覚があり、近所の人や家族にすら伝えにくい、言いにくいことも生じるのだ。当事者同士の集まりは困った時ほど力を発揮する。里親にしても、里子にしてもその困った時のために普段の里親会の活動に参加しているといっても過言でない。だからこそ、里親会は「転ばぬ先の杖」といえるのだ。

　逆にいえば、普段交流できていないのに、養育の悩み相談には乗れないし、良いアドバイスが浮かばない。また、交流できていない里親へは意見を求めにくいのだ。

　里親の悩みや困り感は家庭の中の些細なことでもあり、小さいけれど一般にはあり得ないことがある。

Episode

事例1：15歳男子。トイレ便座を上げないで用を足してしまう

　トイレは極めてプライベートな空間なので、そのことになかなか気づけないでいた。気づいてから注意を繰り返しても、生理的現象と生活習慣から、ついついいつものリズムで用を足してしまうので、毎回便座を上げられない。里親家族も急いでトイレを使いたいのに、便座の汚れチェックが必要になるのだ。この例は、「え、えー！　大変ね」、「小さい時になんで教えなかったの」という反応があるばかりで、一般の方やケースワーカーには共感してもらえにくい。彼はその育ちの中で便座を上げることを教えてもらえなかったのだ。養育者が何度も変わると、育んでもらう良いタイミングをどうして

も外れてしまうことが多いのだ。またそれは長い間に習慣になって、直すのが難しくなっていく。でも里親は直してやりたい。しかし子どもを責めるわけにはいかない。傷つけたくない。子どもは誰も教えてくれなかったことへの憤りを感じる。分かってはいるものの、注意を繰り返すことと、習慣を直すことの難しさに里親の困り感が募るは当たり前である。この感覚が里親会ではすぐ共感し合えて、アドバイスを確認し合える。「あるあるそんなこと」「お掃除どうしてんの？」「汚いやん」「エアーで練習してみたらええやん」「絵にかいてみる？」「文字に書く」「小さい子に教えさせるのよ」大笑いした後にはたくさんのヒントが出てくるものだ。そして、何でもない時に「その後どう？」と様子を聞き合い、何年たっても思い出話として扱われる。

Episode

事例2：被虐待児を預かった際、その身体的な傷や心理的傷を見つけた時

　あまりにひどい話なので、周りの一般の方にはもちろん話すこともできず、ますます里親は抱えきれなくなる。そんな時、里親会の仲間で相談し合うこと。急を要する時は、気心の知れた仲間に電話をしたり、どこかで会って話をすることで、慰められたり、涙し合えたりするものだ。

Episode

事例3：子どもの行動上の問題に思わず感情的になってしまった時

　確かに養育の難しい子どもが増えて、里親は疲弊する。思うように養育しようと一所懸命で、真面目な里親ほど感情的になってしまいがちで、言ってはいけない言葉や行動表現を子どもに対して思わずしてしまう。もちろん里親は神様でもなんでもない、感情のある人間だ。そんなこと実はしょっちゅうある。

　感情的になる。そして、反省する。例えば「注意しても直せないなら施設に帰ってもらうよ」とか「実親と違うから」等の言葉を子どもに言ってしまった時。里親は「あ、しまった！」と猛省する。しかし、このことをどう自分の中で整理し、そして子どもに償うのか、思い悩みはじめると明るい養育が進められない。そんな時、児童相談所のケースワーカーにはなかなか相談しにくい。抵抗がある。そんなことを相談すれば、委託解除や一時保護所へ措置されると危惧したり、里親失格と思われるのではと心配になったりするのだ。

　だからこそ、里親会で濃密につながった里親仲間が必要になる。そう、ここでも「転ばぬ先の杖」なのだ。

> **Episode**
>
> *事例4：委託解除後の心の痛み*
>
> 　実親子でも子どもの就職、進学、結婚などで、子どもの自立を見送ることはある。しかし、預かった子どもの巣立ちは状況が違う。円満な委託解除でも次にいつ会えるかどうか分からない。中には後に連絡できなくなる（行方不明）場合や、親子関係が良くなり実家に戻った場合は連絡を遠慮しなければならない。
>
> 　そして、一時保護など短期間の場合はその移動先すら知らせてもらえず、ただただその行く末を心配して里親は過ごすのだ。
>
> 　さらに不調などで措置解除となれば、里親は自責の念で心が押しつぶされそうになる。その傷つきがひどいと里親活動をできなくなる例もある。ベテラン里親ですら乗り越えるのが難しい状況といえるだろう。

　こんな時も、ピア・サポート（相互支援）が里親会に期待される。それは里親会でしかできないことなのだ。困った時、その時のために親睦交流を普段から図ることが大切である。

　さらに言えば、そのピア・サポートの力量も問われる。困り感のある時、ある里親は、ただ話を聞いてほしいのかもしれない。ダメ出しを求めているのかもしれない。または、どんどんアドバイスを求めてくるのかもしれないし、さまざまなところで一緒に行動してほしいのかもしれない。何度も何度もいろいろな場面で同じ話を繰り返ししたいという里親もいれば、中には、そっとしておいてほしい、時間が癒すと考える里親もいる。自分で勉強して解決策を考える里親もいるのである。

　全国に散らばる多くの里親会、サロンの質が今問われている。グループとして何ができるのか、その会をまとめる人も、集う人もただ集まるだけでなく、ただ吐き出すだけでなく、何が目的なのか、これでいいのか、常に意識をしていく必要がある。もちろん、その会のカラーを持ち味にしていいのだが、時代に合わせる能力や新しい里親にもある素晴ら

子どもの家庭養育官民推進協議会と日本財団が制作した「フォスタリングマーク」とキャッチコピー：2019年作成、商標登録済。

堺市里親会（つながり会）の里親推進活動「ベイビーブルーリボン運動」のロゴマーク：2015年作成、商標登録済。

しい知恵を活かせる里親会にしなければならない。

　ただ頷けばいいのか、経験からの押しつけになっていないのか、根拠のない安心を伝えることがいいのか、もちろんそうではないことに多くの里親会は気づいている。

4. 里親会（里親）が行政や支援機関などと協働するということ

　ここでは、自分の経験から、これからの里親会（里親）に求められる協働というものを考えたい。

　10年ほど前、里親啓発を目的としてマラソン大会に出場した。里親、養子、里子、その友人、児童相談所の里親担当や心理職の方たち、養護施設職員、施設の子ども、一般の支援者、そして沿道で応戦する人が一緒になって30名ほどでの参加。子どもたちが考えて作ったピンク色のTシャツを走る人も応援する人も全員着用して、里親になりませんかの旗を持ち、チラシを配りながらのハーフマラソンだ。ゴールした時、ゴールを迎える人たちと走る人は一体となった。里親制度とは少し離れたところで、けれども前述のような関係者が一堂に会することはこの地域では初めてであった。現在までに約400枚配布したこのTシャツは、現在、多くの里親啓発イベントで当たり前のように着用されている。みなそれぞれがいろいろなシーンでこのTシャツを着て、お祭りや研修に行っている。

　東京マラソンなども開催される前のことで、実行するのが難しいように感じたが、瞬く間に参加者が広がったと思い出される。

　その後、活動は広がり、独自運営のマラソン大会「はぐくみRunフェスタ」を開催するまでになった。リレーや職業体験コーナー等も盛り込み、お祭りのような規模になり、大学生などのボランティアを含めると参加者は400名に上った。こんなに多くの里親関係の行政職が集まったのは初めて見たという方もおられた。

　このはぐくみRunフェスタを主催した実行委員会のメンバーは、里親はもちろん、前述の方々のほかに福祉を学ぶ学生や主婦なども加わった23名。走った人、たまたま通りかかった人、ボランティア参加の人、立場やかかわり方は多種多様だが、みなが達成感と充実感で包まれた。

　入り方は養育とは関係のないことだったかもしれない。しかし、走りぬくこと、イベント運営を成功させること、そういった小さな成功体験を、里親がさまざまな専門職の方々と積むことが協働のかたちなのだろう。

里親のロゴマーク：大阪府・大阪市・堺市が
里親制度普及のためにロゴとキャッチフレー
ズを公募。行政、里親会、支援機関がフリー
で使用。印刷物、ステッカー、クリアファイ
ル、Ｔシャツ等で啓発活動を行っている。
2008年作成。

何かのきっかけで、社会的養護・里親制度のことを知ることはある。例えば、テレビドラマ、新聞やSNSのニュース。近所の施設、里親家庭の存在を知ることもあるだろう。その時、いきなり里親にはなれないけれど、私にも何かお手伝いはできないかと一歩踏み込んで考えた人がいたとする。その人が、一見里親とは関係がなくとも、マラソンやイベントに参加することでその大切な気持ちが結実するかもしれない。全く立場の違う人たちが集まってイベントのゴール・成功を味わう、この感覚を積み上げていくのが協働なのかもしれない。一人ひとりができることの小さなピースをつなぎ合わせ、素晴らしい成功体験を共に味わう。それが今一番求められている協働なのではないか。

　実行委員会のメンバーの絆、参加者との一体感、ゴールした時の心地よさを思い出す。応援してくれた地域のブラスバンドのサウンドが包み込んでくれたのは、積み上げた努力やその一瞬の喜びだけではないのだ。

　なぜ、ここまでの大きなイベントができたのか、そしてなぜ続けられたのかを考える。現在、NPO法人里親子支援機関えがおを立ち上げて里親会の運営や研修、相談窓口を担当しているが、その立ち上げにおいてもそれからの運営においても、さまざまな方とつながり前に進んできた。この大会実行で培ったつながりや絆は、里親会運営やその他のイベントの礎となった。それは里親にとってだけでない。行政職員にとっても、施設職員にとっても、研究者にとっても、学生にとっても、里子にとっても、かけがえのないものとなった。

　協働、協働と聞かれるようになって久しくなったが、本当の協働とは何だろうか。これまでは、里親とかかわる人たちのチームの外側にいて、委託決定や解除決定を待ち、指示や指導や支援を受けるのがいい里親だと思われきた。けれども、振り返るとマラソンがそうであるように、協働は、待っているだけではなく、里親会からも呼びかけてよいものだ。

　里親会側から積極的に声をかけ、手をつなぎ、同じチームとして、里親制度の質や里親の地位、スキルを上げるため、子どもたちのより良い未来のために働く。委託などと関係ないシーンから生まれた、素晴らしい副産物に感謝を込めて。

5. これからの里親会が求められる姿

　里親がさまざまな意味で多様化してきている今、その連携も多様性を求められている。

　実際里親会に入会しても、積極的に行事に参加していない会員もいれば、毎回行事や研修にも参加し、すぐに里親会役員を引き受ける熱心な里親も存在するし、この両極に分かれてきたようだ。

　10年ほど前までの登録里親と、その後の共働き世代とのジェネレーションギャップは、埋めるのがとても難しい。サロン等に参加しようにも曜日が合わない。週末は家庭のことや学校行事を優先しなければならず、ますます里親会の行事から足が遠のく。

　養子里親に関しては縁組件数が2010（平成22）年325件から2018（平成30）年624件で10年弱の間に倍に近い数字に上がっており、また民間機関での縁組ケースが増えている。そうなると、児童相談所等行政機関内に事務所のある里親会にはもちろん入会しにくいのが現状だと思われる。

　共働きでもシングルでもLGBTパートナーでも里親になれる今（約10年前までは里母は基本的に、登録時に退職を求められた）、民間支援機関でガイダンスを受け登録する里親も増え、里親会のありようも多様性が求められている。

　親睦交流を行う会（里親会全体の場合、支部、ブロックと表現される時もある）単位でも、それぞれカラーが違っている。その構成割合に地域の特色もある。養子縁組親が半数以上であったり、その逆の養育里親が多かったり、ファミリーホームが含まれているかどうか、またその地区に乳児院や児童養護施設が存在するか否かでもその会の特色が変わってくる。

　例えば、養子縁組里親が多い里親会だと子どもの入れ替わりがなく、また逆に養育里親の多い里親会だと子どもの入れ替わりが多い。悩みや困りごとの内容に必然的に偏りが出るし、ニーズに応えた活動となると、全く違ったものになってくる。

　民間支援機関登録の里親が増えると結成率が低くなる懸念があるが、これからの里親は登録ガイダンスを行った里親支援機関や児童相談所単位で里親会に入会し、複数の里親会に所属する時代に変わるのかもしれない。それぞれの里親会の特色を里親本人が選び、入会し活動する。それでニーズに応えられる里親会が大きくなっていくのかもしれない。

　細かい単位でニーズに応えていく。そしてそれらを束ねるために、地域やブロックごとの里親連合体があるのだ。

　里親制度は子どものための制度で、里親支援者はそれを第一に考え任にあたる。私たち里親ももちろん、子どもの人権にも配慮して養育にあたるが、里親会は里親を守らなくし

て何を守るのだろうか。お互いを常に同じ目線で守り合う。とにかく共に歩み、困った時はどこまでも寄り添う仲間になることが里親会のあり方だと思う。結果が出なくても、同じ方向を見てほしいのが里親である。

まとめ

　多様化した里親と子どもたちのため、里親会はそれに応えるべく柔軟な活動ができるようにしなければならない。それを動かすのは、やはり里親本人の声、ニーズである。里親の声は、いずれは子どもたちの声へとつながるはずで、活動の盛んな里親会には明るい子どもたちの笑顔があるのだろう。

　里親会の運営には困難が伴う。里親の声を集めることにも、自分の声として発信することにも責任が生じる。せっかくイベント等を企画しても参加者が思うように集まらない、声を出しても採用されないことも多いだろう。けれども自分たちの会だと自覚し、「転ばぬ先の杖」の本数を増やすのは里親本人であって、その先に子どもたちの未来があり、子どもたちの杖にもなるのだ。

　先に触れたが、ベテラン里親（メンター）が派遣されピア・サポート（相互支援）を行っている里親会がすでにある。多様化した里親、交流行事に集まりにくい里親、しかし人はそれぞれどこかに所属したいものである。そこを埋めていくのがピア・サポート事業なのではないか。

　いつでも気軽に養育の深い内容が語り合える里親会を、これからも里親同士で大切に育んでいきたい。

（牧野博子）

▶注
1　IFCO（インターナショナル・フォスター・ケア・オーガニゼーション）世界里親大会が4年に一度開催されている。2013年日本大阪で開催された。

▶参考・引用文献
公益財団法人全国里親会ホームページ　https://www.zensato.or.jp/

第 **16** 章

当事者活動と連携

Key Word

ソーシャルメディア／子どもの「声」／ピアサポート／子どもの権利に関する条約

1. 当事者活動の意義と現状

❶ はじめに

社会的養護にかかわる里親、施設職員、児童相談所の職員等（以下、実践者）が「子どものために」している多くの実践が、子どものニーズに合致していないということが起こっているのではないだろうか。まず、社会的養護等経験者◆1（以下、経験者）の「声」を紹介したい。

施設職員について

・なぜ、施設で生活しないといけないのか分からなかった。

・施設を退所した後の子どもはどうなってもいいのかと感じる。

・職員の数が少ない。

・気持ちを言いたくても、言えない子どもがいたが気づいていなかった。

養育里親について

・里親との関係が薄い。さらけ出して相談できるような関係になれなかった。

・家庭のルールを押しつけられるのが嫌だった。

・どこまで甘えていいのか分からなかった。

・里親家庭で過ごせて、良かった。

・信仰を強要されたのが嫌だった。

・一時保護で来た子どもの面倒をみさせられた。

児童相談所について

・接点がない。1年に1回会いにくる人。

・ケースワーカーに話すと、その話が施設職員に伝わるのが嫌だった。

・小学生の時、親にいつ会えるのか聞きたかったが、聞けなかった。

・親と自分の間に立ってくれる人。

・問題の多かった子が優先されていて、ケースワーカーに会いたいと言っても会えなかった。

一時保護所について

・閉鎖的で外の世界が分からないイメージがある。夜早く寝ないといけなかったが、夜が怖かった。

・時間通りに決まったことをしないといけなかった。「あれしなさい、これしなさい」と言われた。

実践者へのメッセージ

・子どもの話をもっと聴いてほしい。言いたくても言えない子どもに話しやすいかかわりをしてくれたら。

・理不尽なことがあっても、しょうがないとあきらめていた。理由を話してほしかった。

・施設を退所した後は、忙しそうで、相談しにくくなった。施設を出た後も相談しやすい環境にしてほしい。

・子ども同士のいじめに気づいてほしい。

・秘密にすると言ったことは、秘密にしてほしい。

　経験者から上記の「声」を聴いてどう感じただろうか。実践者が粉骨砕身し、社会的養護の中にいる子どもたちとかかわっていながら、その尽力が報われていないと感じている方もいるだろう。また、養育のモチベーションが薄れていたり、無気力になっていたり、支配的にかかわってしまうことも想定できる。

　ロジャー・グッドマンは、次のように言っている。「児童養護施設の働きが成功したかどうか判定する最も重要な目安は、退所後に子らがどうなるかということであろう」（Goodman 2006）。

　グッドマンの視点からみると、今、家庭養護や施設で、子どもたちがどのように育っているか、実践者がどのようにかかわっているかによって、その後の子どもたちの人生が大きく左右されるといえる。

　子どもたちとかかわる実践者のみなさんが、どのように日々の実践をよりよくしていくかを考えるうえで、社会的養護当事者活動（以下、当事者活動）の意義を知ることは、その一助となりうると考える。

❷ 当事者活動の取り組みの変遷

　当事者活動を考えるうえで、とても重要な取り組みのひとつが、全国児童養護施設高校生交流会だろう。1988（昭和63）年8月に第1回交流会の開催は、日本の社会的養護にお

いて、当事者の「声」を聴くという歴史の幕あけとなった。

　当時の施設関係者が、施設で生活している高校生を集め、彼らの「声」を聴くという実践を試みたことは、現在の状況を鑑みても、英断であったといえる。しかし、参加する高校生からの「施設内虐待」の訴えを発端に、子どもの権利に関する条約を批准した1994（平成6）年、第7回大会をもって、惜しくも全国的な活動は終了となった。

　今日における、当事者活動の変遷を考えると、当事者の「声」が脅威ととらえられるようになったきっかけのひとつといえるかもしれない。

　児童虐待防止等に関する法が施行された2000（平成12）年の翌年、当事者活動は、新たな展開をみせることとなった。下記に、2001年以降、2010年頃までの代表的な活動を紹介する。

　2001年4月　「さくらネットワークプロジェクト」設立。里親と子どもの架け橋となりたいとの思いで、里親家庭や養子縁組で育った経験者たちが運営を開始。

　2001年6月　「Children's Views & Voices」（以下、CVV）発足。児童養護施設で生活している高校生と退所した若者を中心とした居場所活動を開始。

　2006年3月　「児童養護の当事者参加推進勉強会 日向ぼっこ」発足（2008年7月より、特定非営利活動法人日向ぼっこ）。社会的養護当事者主体の勉強会を開始、現在は社会的養護にとどまらず「多様性が尊重される社会の実現」を理念に活動をしている。

　2008年9月　「なごやかサポートみらい」発足（2013年より、特定非営利活動法人なごやかサポートみらい）。名古屋において、経験者が集える場所を目的に活動を開始。

　すべての活動を記載したわけではないが、上記の動きは、当事者自身が「声」を発信しようとし、またそれをサポートする支援者が現れたことが背景にあるといえる。

　また、家庭養護の推進に向けて一石を投じたIFCO2013大阪世界大会◆2では、里親家庭やファミリーホームで生活している高校生から28歳までの若者を対象としたプログラムを大人とは別に実施した。世界や日本各地から約80名のユースが参加し、経験を共有したり、大人や社会に伝えたいことを話したりする時間となった。これを機に、ユースプログラム実現の可能性と必要性を広めることとなった。

　その後の活動については、2の❷で紹介したい。

❸ 当事者活動の意義

　これまで、当事者活動の変遷についてお伝えしたが、そもそも当事者活動の意義はどこにあるのだろうか。下記に当事者活動の意義を①ピアサポート活動の提供、②ケアの質の

向上、③ソーシャルアクションの3つに分けて述べる。

① ピアサポート活動の提供

　ピアサポート活動は、どの分野でも重要性が指摘されているところである。同じような経験をしたもの同士だからこそ経験を共有しやすい、相談しやすい、気軽に集まれるといったメリットがある。実際に、里親会や施設職員向けの研修会などが開催されていることからもその重要性は認識されていると思うが、一方で、子どもたちの集まりというと、ほとんどないのが現状であろう。一部、子どもたちの集まりをしている活動もあるかもしれないが、常に保障された取り組みとは言いにくい現状にある。

　経験者からも、「経験したことがない人に最初から説明するのが億劫だが、経験者ならすぐに私のことを理解してくれるため話しやすい」「今、悩んでいるため、同じような悩みを乗り越えた経験者の話を聴きたい」といった声が聞かれている。

　今、多様な当事者活動が増える中、地域に関係なくインターネット上で同じような経験者と簡単につながれる環境になりつつある。一方で、当事者同士が集まり直接話し合える居場所活動は地域が限定されるため、必要に応じて利用することが難しい状況にある。居場所活動の重要性はよく聞かれるものの、活動の立ち上げや運営について、経験者がすべてを担うことは難しいと考えられる。当事者だけに委ねるのではなく、当事者を中心とし、一緒に活動をしてくれるサポーターが実践者から出てくることが必要不可欠といえる。

② ケアの質の向上

　今、目の前にいる子どもたちの「声」を直接聴くことで、子どもたちの悩みやニーズにいち早く対応でき、よりケアの質が向上できると考えられる。

　しかし、里親家庭、施設の状況によっては、直接子どもの「声」を聴きにくいこともあるだろう。また、措置された当初は、子どもたちも混乱し、気持ちや意見を言語化するのを苦痛に感じたり、低年齢であったり、障害の影響により、言語以外の方法でコミュニケーションを取る場合もあるだろう。

　経験者によっては、渦中にいる時より、自身の経験を整理できている状況の方が、言語化しやすいという声もある。経験者が子どもたちの「声」を代弁し、分かりやすく伝えてくれることは、実践者にとっても役立つであろう。

　当事者活動においては、実践者を批判することのみを目的としているのではなく、当事者活動を子どもと里親・施設職員への架け橋としたい、実践者と連携したいという思いを持って活動している団体（個人含む）が多く見受けられる。

　前述したように、経験者の「声」が脅威ととらえられてきた過去などから学ぶ必要があ

ると感じている。架け橋となりたいという思いで、勇気を持って発信している当事者がいることをここで、お伝えしておきたい。

▶▶▶実践上のヒント

　当事者が経験談を話しやすい環境の整備。経験談を語る機会が増えることで、語ることで傷つく経験者も発生した。知ってほしい、期待に応えたいと思う反面、語ることでしんどくなる、話したいけれど不安といった状況になりやすい。「経験を語るための準備」が必要であることを理解する。

③　ソーシャルアクション

　社会的養護当事者は、マイノリティ（少数者）であるがゆえに、「虐待を受けた子ども」「かわいそうな子ども」といったレッテルを貼られることも多く、テレビなどでも「犯罪者は施設で生活した経験がある」といったストーリーが多く存在している。しかし、親の有無や育つ環境、信頼できる他者との出逢い、継続した関係性を持てているか、成功経験があるかなど、一人ひとり異なっている。マイノリティであることの弊害（「生きづらさ」）について実体験を伝えることで、社会に知ってもらいたいと活動している経験者は多くいる。「私たちは"かわいそうな人"ではない、ひとりの人間なのだ」というメッセージを伝え続けることで、社会の差別や偏見が減り、「生きづらさ」が軽減されることが期待できる。

　また、社会に巣立った後、過酷な状況に置かれている若者を減らしたいという思いを持って活動している経験者もいる。

　これまで、東京都や大阪市、他自治体が実施している社会的養護経験者等退所者調査結果からも、「孤独・孤立感」の高さ、不安定な収入、「金銭管理」や「人間関係」に困っているといった共通の課題が見られる。また、経験者であることを相談しにくいといった声も聞かれている。現在のアフターケアのサービスがより充実される必要性を示している。制度や施策に当事者の「声」を盛り込むことで、子どもや若者のニーズに合った制度構築ができると考える。

▶▶▶実践上のヒント

　アフターケアの制度について身近に、経験者が相談できる場所等の情報を集めているか。自立して一人暮らしを始めた後も、アフターケアが受けられる場所や存在があることを、今生活している子どもたちに伝えるのが大切。

2. 当事者活動の内容

　居場所による当事者活動の実践例として、2001年に設立し、19年にわたり当事者団体としての活動を続けてきた、CVVの取り組み内容を紹介したい。

❶ CVVの取り組み

　CVVは、経験者と経験者でないメンバーで運営しているボランティアグループとして活動し、社会的養護の中で生活している子どもや施設等を退所した若者たちがエンパワメントされる居場所づくりを行っている。CVVの名称には、子どもの視点（Views）と声（Voices）を大切にしたいという思いが込められている。また、キャッチフレーズとして、Voice・Resource・Connectを掲げ、社会的養護の当事者の「声」を聴き、つながりを発信している。また、CVVのモットー5か条を大切に活動している。

① 社会的養護の当事者と社会的養護に関心のある人がともに活動します。
② 社会的養護で育つ子どものさまざまな体験と将来の選択をサポートします。
③ 社会的養護の当事者が気軽に集まれる場をつくります。
④ 社会的養護への理解を深めるため、社会的養護の当事者の声を集め、発信します。
⑤ おもしろく、楽しい場であることを大切にしています。

　事業内容としては、みんなの会（現在施設や里親家庭等で生活している中学・高校生を対象）、よりみち堂（経験者が気軽に集まれる場所として、月1回平日の夕食会を地域の方たちのサポートを得ながら実施）。他には、講演・出版・ブログ発信、ニュースレター「みんなの手紙」発行等啓発事業を実施している。さらに、スタッフ同士で学びを深めるCVV学習会を年に数回実施している。

　設立当初、当事者の話が聞きたいという依頼が増え、当事者が何の準備もなく、無防備なままに自分自身の経験を語るという状況であった。また、当事者が語ることへの児童福祉関係者からの厳しい目や"施設批判"ととらえられることもあり、活動する経験者が徐々に減り存続の危機が何度もあったが、多くの実践者によるサポートがあり現在も活動を続けている。

　当事者活動の代表的な事例を通じて、今後の当事者活動を考えるうえで、活動の継続性や運営については、葛藤や困難さを生じる可能性があることをお伝えした。

▶▶▶実践上のヒント

　児童福祉関係者の中には、子どもの権利は、「わがままを助長する」「子どもにも義務が必要ではないか」といった議論もなされていたこともあった。自身で、子どもの権利について、このような理解をしていないか振り返る。

❷ 新たな当事者活動の芽生え

　前述した通り、近年、当事者活動は多様になりつつある。「社会的養育についてもっと知ってほしい・発信したい」という思いは共通しているものの、団体を作り、グループとして活動するという形態に加え、ソーシャルメディア等を活用した個人活動も増えつつある。

　川瀬信一によれば、当事者活動におけるコミュニティの変化を「属性によるコミュニティ」と「プロジェクト型コミュニティ」に分類できるという（川瀬2019）。

① 属性によるコミュニティでは、CVVのように「社会的養護当事者のための居場所活動」とすることで、同じ属性を持った人が集う居場所としての機能を持っている。相談がしやすい、知りたい情報を得られるという安心感につながっている。また、活動場所も固定化されており、活動の安定性を得やすい。
② プロジェクト型コミュニティでは、解決したい課題への解決方法を共有し、それに共感する人がサポートすることで成り立つ活動といえる。

　SNSの活用、歌やダンス、動画、ホームページの作成等発信方法もさまざまである。
　「そだちとすだち」（2017年〜）では、社会的養護経験者のストーリーを紹介するサイトで、インタビューを通して得た経験者の「声」を紹介している。
　「OUR VOICE OUR TURN JAPAN」（2017年〜）は、一般社団法人Masterpieceが主催している活動である。虐待環境で育った若者や社会的養護経験者自身が「声」を集めた「僕らの声」という冊子を作成し、社会に発信する活動をしている。
　「THE THREE FRAGS希望の狼煙」（2019年〜）では、動画投稿サイトを使って、社会的養護のことを知ってもらう活動をしている。
　また、①をベースに活動開始したものの、②の要素も備えることとなった団体を下記に紹介する。
　「Origin」（2020年〜）は、2019年当初、特別養子縁組当事者として、代表みそぎ氏が個人活動として、養子縁組里親施設職員、養育里親等への出自を伝えることの必要性等、子どもへのかかわりを講演活動等で実施してきた。しかし、養子縁組当事者が集う機会がな

く、「居場所」的な役割を担うニーズの必要性を感じ、団体を設立。今後、新たな発展が期待できる取り組みのひとつといえる。

　このほか、当事者活動に特化している団体ではないが、「IFCA（International Foster Care Alliance）」においては、2012年に活動を開始し、2019年NPO法人を取得、団体の取り組みのひとつとして、社会的養護の当事者ユース（19～27歳）に対し、2013年よりIFCAユースプロジェクトを実施している。

　すべてを紹介するには到底紙幅が足りないが、さまざまな活動があることを知っていただけたのではないか。また、社会的養護は経験していないものの、一時保護の経験者や虐待サバイバーの当事者活動、里親家庭における実子のための当事者活動も今後増えていくであろうと期待している。

▶▶▶実践上のヒント

　現在、インターネット上では多様な当事者活動を検索することができる。現在、養育をしている中での悩みに役立ちそうな内容をインターネットで検索することで、近くに当事者活動が無くても、子どもの知りたい情報を提供することができる。

❸ 今後の発展に向けて

　2016（平成28）年児童福祉法改正以降、当事者の「声」の重要性が認識されつつある。今だからこそ、経験者同士がつながり、声を上げていくことの重要性を感じている。当事者の声を聴くことは、発言内容を聴くだけに留まらず、一人の人間としての存在そのものを受け止めるということにつながると考える。子どもたち一人の「声」は小さくとも、多くの「声」を集め、発信していくことが重要であると考える。

　2018年11月大阪にて、経験者による経験者のためのネットワーク作りを目的に、社会的養護経験者等全国交流会を開催した。現在も継続し、当事者活動の横のつながり作りの機会となっている。子どもたちの小さな「声」を代弁するためにも、それぞれの団体や個人が尊重し合い、多様性が認められる社会的養護経験者等全国ネットワークの構築が急務といえる。さらに、上記の活動が、実践者と子どもたちの架け橋となることで、より良い社会的養護・家庭養護の充実が図られることが期待できる。そのためにも、当事者活動の設立や継続については、制度上においても充分なサポートが必要不可欠である。

（中村みどり）

▶注
1　本章においては、社会的養護当事者は、現在生活している子ども・経験者を含む。社会的養護経験者とは、すでに社会的養護の中にいない人を指している。
2　ＩＦＣＯ（International Foster Care Organisation、国際フォスターケア機構）は、家庭養護の促進と支援を目的に1981年に結成された、国際的なネットワーク。大阪大会では、「家庭養護の推進に向けて協働しよう！」をテーマに開催。

▶参考・引用文献
Children's Views and Voices・長瀬正子『社会的養護の当事者支援ガイドブック～ CVVの相談支援』CVV
Goodman, Roger（2000）*Children of the Japanese State: The Changing Role of Child Protection Institution in Contemporary Japan*, Oxford University Press.（津崎哲雄訳（2006）『日本の児童養護——児童養護学への招待』明石書店）
永野咲（2017）『社会的養護のもとで育つ若者の「ライフチャンス」——選択肢とつながりの保障、「生の不安定さ」からの解放を求めて』明石書店
マイク・スタイン（2011）津崎哲雄訳『英国の社会的養護当事者の人権擁護運動史——意見表明による劣等処遇克服への歩み』明石書店

■コラム

子どもの声から子育てを考える　ナイス！な親プロジェクト―こども＆おとな会議より

「子どもの声から、里親の子育てを考えよう！」

　そんなふうに思いついたのは、東京都中野区の里親仲間と立ち上げた「チャレンジ中野！グローハッピー♡」（現：一般社団法人グローハッピー）の活動で里親向けの研修を行っている時でした。

　2016年、東京大学公共政策大学院主催の社会課題解決アイデアコンテスト「チャレンジ！オープンガバナンス2016」において、私たちの団体は総合グランプリを受賞しました。

　そのアイデアとは、現在ある子育て支援システム（ファミリーサポート制度、ショートステイ制度、里親制度）を結びつけることで地域の子育て支援を整え、さらに、里親や支援者の養育スキルを向上させるステップアップ制度を創るというものでした。

　アイデアを実現するべく、里親向けの研修を行う中で、何を基準にステップアップしたらよいのかという課題がでてきました。

　私自身、里親としての養育では、必要とされる知識とスキルの不足で非常に苦労しました。

　こちらが思う「ナイスな親」が、子どもと同じではないのではないか。里親と里子が過ごす子ども時代の違いから、子どものニーズを正確に把握できていないことが課題ではないかと考えるようになりました。

「子育てのニーズは、子どもに聴くしかない！」

　里親と子どもの感覚の違いを知り、お互いに「ナイス！」と感じられる関係を築くことを目指し、里親家庭で育つ子どもの意見、里親の経験、専門家の知見を合わせ、三位一体で「里親に必要な子育てスキル10カ条」を考える「ナイス！な親プロジェクト―こども＆おとな会議」を、キリン福祉財団の助成のもと1年かけて行いました。

このプロジェクトの目指すことは3つ。

①子どもの思いが尊重され、安心・安全を感じながら育つ環境を作ること

②里親が自分自身の成長に必要な部分を認識し、自分なりのステップアップ方法を見つけること

③里親の直面する養育の難しさと、必要とされるサポートを東京23区の児童相談所設置担当職員へ周知し、今後各区で行われる里親子の支援を充実させること

　方法としては、子どもの意見をまとめる「こども会議」と、里親と専門家の意見をまとめる「おとな会議」を交互に開催し、意見をキャッチボールさせながら10カ条をまとめてくというものです。

　こども会議は、社会的養育を経験した子ども、ユース、里親家庭の実子がこども委員となり、子どもと利害関係のない専門家によるファシリテートのもと、クローズドで安全に語り合う環境を作りました。

　おとな会議は、現役の里親による里親委員、弁護士や精神科医などの専門家委員から構成し、専門家委員による講座で学びを深め、その後に会議を行いました。オブザーバーとして、23区の児童相談所設置職員や地域支援者なども参加できるオープン会議という形式にしました。

「子どもの考えるナイスな社会」

　最終的におとな会議からは、里親として目指す子育てを実現するために必要なスキルとして「里親の子育てスキル12カ条」がまとめられました。

　一方、こども会議からは、「里親のスキルを考えるって、子育ての責任を親だけに任せた、ただの親批判になると思う。私の親は虐待をしていたけど、もしかしたら困っていたのかもしれない。誰にも頼れなかったのかもしれない」という意見から、里親だけでなく、社会全体がナイスになってほしいという願いを込めて、「子どもの考えるナイスな社会」

がまとめられました。

　「子どもの考えるナイスな社会」から、いくつかメッセージを紹介します。

■社会的養育を経験したこども委員（ユース）より、里親へ
「あなたの当たり前は私達の当たり前ではない。里親家庭において、短期間を過ごす子も、長期で過ごす子も、ひとり一人違う環境で生きている。それぞれの経験を尊重してほしい」

■里親家庭で育つこども委員（実子）より、里親をする親へ
「無理に親にならなくていい。親も子も別の個性をもっている。完璧な親を目指しても、子どもの理想とは限らないから、無理をしないで。人として、子どもになって欲しい姿を見せて欲しい」

■里親家庭で育つこども委員（里子）より、児童相談所へ
「自分の受けるサービスを選ばせてください！　決断に十分な情報、体験、時間をください。一度決めたことが無理だと感じたら、再度選ばせて！　私たちには、今、選ぶ自由がないから」

　「子どもの考えるナイスな社会」は、言葉選びからまとめまで、すべてこども委員の手によるものです。こども委員の手によるものです。さまざまな経験をした子どもたちの言葉は、時として鋭く、非常に切れ味があります。しかし、子どもが心から伝えたい言葉や、その裏側にある経験に目を向けないことには、子どもの望む育ちを守ることはできません。
　このプロジェクトでこども委員が教えてくれたことをもとに、私たち大人が力を合わせ、子どもに「ナイス！」と言ってもらえる時代を作っていきたいですね。

（齋藤直巨）

資　料

● 「フォスタリング機関（里親養育包括支援機関）及びその業務に関する
　 ガイドライン」について

（平成 30 年 7 月 6 日付子発 0706 第 2 号厚生労働省子ども家庭局長通知「『フォスタ
リング機関（里親養育包括支援機関）及びその業務に関するガイドライン』について」
より）

◉ フォスタリング機関（里親養育包括支援機関）及びその業務に関するガイドラ
　 イン

（平成30年7月6日付子発0706第2号厚生労働省子ども家庭局長通知「『フォスタリング機関（里親養育包括支
援機関）及びその業務に関するガイドライン』について」より）

　平成28年の児童福祉法等の一部を改正する法律（平成28年法律第63号）において、子どもが
権利の主体であることが位置付けられるとともに、子どもの家庭養育優先原則が明記された。ま
た、都道府県が行うべき里親に関する業務（フォスタリング業務）が具体的に位置付けられた。

　児童福祉法等の抜本的な改正を受けて、平成29年8月に「新たな社会的養育の在り方に関す
る検討会」において、今後の社会的養育の在り方を示す「新しい社会的養育ビジョン」が取りま
とめられた。

　同ビジョンにおいては、愛着形成の必要など、子どもの発達ニーズから考え、乳幼児期を最優
先にしつつ全年齢層にわたり、里親委託率の向上に向けて、受け皿となる里親を増やすとともに、
質の高い里親養育を実現することが求められている。

　このため、今般、質の高い里親養育を実現するため、フォスタリング業務の在り方をできる限
り具体的に提示することを目的として、都道府県（児童相談所）が行うべきフォスタリング業務
の実施方法及び留意点等を示すとともに、当該業務を民間機関に委託する場合における留意点及
び民間機関と児童相談所との関係の在り方等について示した「フォスタリング機関（里親養育包
括支援機関）及びその業務に関するガイドライン」を別添のとおり取りまとめたので、通知する。

　貴職におかれては、内容について御了知いただき、児童相談所はじめ管内の市区町村、フォス
タリング業務を担う民間機関等の関係機関に対し周知を図るとともに、別途通知している「都道
府県社会的養育推進計画」の策定と併せて、包括的な里親養育支援体制の構築に向けて、一層の
取組をお願いする。

　なお、本通知は、地方自治法（昭和22年法律第67号）第245条の4第1項の規定に基づく技術
的助言である。

（別添）

フォスタリング機関（里親養育包括支援機関）及びその業務に関するガイドライン

Ⅰ．ガイドラインの目的

○　平成28年に改正された児童福祉法（昭和22年法律第164号）（以下「法」という。）においては、
　子どもが権利の主体であることを位置付けるという大きな視点の転換がされるとともに、子ど
　もの家庭養育優先原則が明記された。また、都道府県が行うべき里親に関する業務（フォスタ
　リング業務）が具体的に位置付けられた。これらの抜本的な改正を受けて、厚生労働大臣の下
　に設置された「新たな社会的養育の在り方に関する検討会」は、「新しい社会的養育ビジョン」
　をとりまとめた。同ビジョンにおいては、愛着形成の必要など、子どもの発達ニーズから考え、
　乳幼児期を最優先にしつつ全年齢層にわたり、里親委託率の向上に向けて、受け皿となる里親

を増やすとともに、質の高い里親養育を実現することが求められている。

○　質の高い里親養育においては、里親制度は「子どものための制度である」との共通認識の下、子どもに対し、安全で愛情ある養育者の下で、発達段階に応じたニーズを満たすことのできる、家庭と同様の継続的な養育環境を提供し、子どもが健やかに成長することが保障されなければならない。子どもの希望や気持ちに耳が傾けられ、子どもが個人として尊重され、その自己肯定感が高められるよう、個々のニーズや生い立ちに応じたケアが提供されるべきである。

　　　里親には、子どもについての情報を十分に得ながら、親からの虐待による影響や心身の障害などに配慮し、社会資源を十分活用して養育を行うことが望まれる。また、子どもの利益に反しない限り、実親や祖父母、きょうだい等の親族等との交流や関係構築が行われるようにすべきである。

　　　子どもの権利を保障し、教育や地域社会への参加を通じて、子どもに対し、経験と能力を伸ばす機会が提供されるようにすべきである。

○　このため、里親が、子どもに最善の養育を提供するために適切な支援を受けられるようにすべく、里親制度に対する社会の理解をより一層促進するとともに、里親のリクルート、研修、支援などを里親とチームとなって一貫して担うフォスタリング機関（里親養育包括支援機関）による包括的な支援体制を構築することが不可欠である。

○　本ガイドラインは、質の高い里親養育を実現するため、フォスタリング業務の在り方をできる限り具体的に提示することを目的として策定した。以下、都道府県（児童相談所）が行うべきフォスタリング業務の実施方法及び留意点等を示すとともに、当該業務を民間機関に委託する場合における留意点及び民間機関と児童相談所との関係の在り方等について示すものである。今後も引き続き、フォスタリング業務の実践を通じた知見を蓄積する中で、内容を精査し、さらに役立つガイドラインになるよう順次改定していく。

○　なお、フォスタリング業務の実施に当たっては、関係法令及び本ガイドラインに定めるもののほか、「里親委託ガイドラインについて」（平成23年3月30日付け雇児発0330第9号厚生労働省雇用均等・児童家庭局長通知（最終改正平成30年3月30日））、「児童相談所運営指針」（平成2年3月5日付け児発第133号厚生省児童家庭局長通知（最終改正平成30年3月30日））、「里親及びファミリーホーム養育指針」（平成24年3月29日付け雇児発0329第1号厚生労働省雇用均等・児童家庭局長通知）を踏まえるものとする。

Ⅱ．フォスタリング業務とその重要性

①　フォスタリング業務の目的

○　フォスタリング業務の目的は、

・　より多くの里親を開拓し、里親との確かな信頼関係を基盤に、里親の持つ養育能力を十分に引き出し、伸ばすことで、質の高い里親養育を実現し、維持すること

・　さらに、里親と子どもが、地域社会の偏見や理解不足のために孤立することのないよう、

関係機関による支援のネットワークを形成し、地域社会の理解を促進することで、子どもの最善の利益の追求と実現を図ることにある。

○　この目的の実現のため、「委託可能な里親を開拓し、育成すること」、「里親との信頼関係を構築し、相談しやすく、協働できる環境を作ること」及び「子どもにとって必要な安定した里親養育を継続できる（不調を防ぐ）こと」をフォスタリング業務の成果目標とし、関係者間で共有する。

② フォスタリング業務の定義

○　フォスタリング業務とは、里親のリクルート及びアセスメント、里親登録前後及び委託後における里親に対する研修、子どもと里親家庭のマッチング、子どもの里親委託中における里親養育への支援、里親委託措置解除後における支援に至るまでの一連の過程において、子どもにとって質の高い里親養育がなされるために行われる様々な支援であり、平成28年改正によって法第11条第4項に規定された里親支援事業（同条第1項第2号へに掲げる業務（※1））に相当する。

（※1）以下のとおり。

・　里親に関する普及啓発を行うこと
・　里親につき、その相談に応じ、必要な情報の提供、助言、研修その他の援助を行うこと
・　里親と法第27条第1項第3号の規定により入所の措置が採られて乳児院、児童養護施設、児童心理治療施設又は児童自立支援施設に入所している児童及び里親相互の交流の場を提供すること
・　法第27条第1項第3号の規定による里親への委託に資するよう、里親の選定及び里親と児童との間の調整を行うこと
・　法第27条第1項第3号の規定により里親に委託しようとする児童及びその保護者並びに里親の意見を聴いて、当該児童の養育の内容その他の厚生労働省令で定める事項について、当該児童の養育に関する計画を作成すること

○　具体的には、以下のような業務がフォスタリング業務に当たる。なお、各業務の詳細については、Ⅵに記載するところによる。

・　里親のリクルート及びアセスメント
・　登録前、登録後及び委託後における里親に対する研修
・　子どもと里親家庭のマッチング
・　里親養育への支援（未委託期間中及び委託解除後のフォローを含む。）

○　なお、法律上、親族里親や養子縁組里親もフォスタリング業務における支援対象に含まれるが、養子縁組成立後の養親及び養子への支援についてはフォスタリング業務には当たらない。

　一方で、養子縁組成立後の養親及び養子への支援については、都道府県（児童相談所）の業務として児童福祉法第11条第1項第2号トに規定されていることから、

・　都道府県（児童相談所）のフォスタリング業務を担う職員が、フォスタリング業務に連続するものとして、養親及び養子への支援を実施することや、

・　フォスタリング業務に付随するものとして、民間フォスタリング機関に委託する
ことも考えられるが、いずれの場合においても、支援の連続性が確保されることが望ましい。

③フォスタリング業務の都道府県知事からの委託

○　フォスタリング業務は、都道府県（児童相談所）の本来業務であるが、法第11条第4項の規定に基づき、都道府県知事（指定都市又は児童相談所設置市（特別区を含む。）の市長を含む。以下同じ。）は、その事務の全部又は一部を、適切に行うことができる者に委託することができる。

○　一連のフォスタリング業務は、里親の強みと課題を理解し、里親や子どもとの間の信頼関係を築く観点から、一貫した体制の下に、継続的に提供されることが望ましい。このため、民間機関にフォスタリング業務を委託する場合には、同項の規定により一部の業務のみを委託することも可能であるが、一連の業務を包括的に委託することが望ましい。

○　フォスタリング業務を民間機関に委託するに当たっては、個人情報の管理が厳格に実施されることを確認するとともに、管理の責任の所在を明らかにするなど、適切な委託契約を締結することが必要である。なお、法第11条第5項において、委託を受けてフォスタリング業務に従事する者について守秘義務が規定されていることに留意すること。

○　都道府県（児童相談所）は、Ⅱ①に掲げるフォスタリング業務の成果目標を踏まえつつ、民間フォスタリング機関による業務の実施状況をモニタリングし、評価するとともに、必要に応じ、適切な指導を行うことが必要である。また、苦情を受け付ける窓口を明確にしておくことが必要である。

○　フォスタリング業務の評価に当たっては、児童相談所、民間フォスタリング機関、里親の各関係当事者に加え、より多角的な評価を行う観点から、例えば里親委託等推進委員会を活用するなど、第三者の立場で評価を行うことができる学識経験者を含めた組織体を構成して行うことが望ましい。

Ⅲ．フォスタリング機関と児童相談所
①　フォスタリング機関の定義

○　このガイドラインにおいて、「フォスタリング機関」とは、一連のフォスタリング業務を包括的に実施する機関をいい、「民間フォスタリング機関」とは、都道府県知事から一連のフォスタリング業務の包括的な委託を受けた民間機関をいう（※2）。

（※2）したがって、里親支援事業実施要綱に基づき、都道府県から「里親支援機関」の指定を受けた民間機関のうち、都道府県知事からフォスタリング業務の包括的な委託を受けた民間機関が「民間フォスタリング機関」として位置付けられることとなる。

○　フォスタリング業務の一部のみを民間機関に委託して実施する場合においては、児童相談所

がフォスタリング機関として位置付けられる。この場合においては、民間機関に委託して実施する業務を含め、児童相談所による一貫した責任体制の下に、フォスタリング業務を包括的に実施することが必要である。その際、児童福祉施設に配置されている里親支援専門相談員による支援においては、児童相談所の対応方針を踏まえ、十分な連携を図ることで、支援の一貫性や整合性が保たれるようにすることが重要である。

<県における取組事例>
　県内の全児童養護施設、乳児院に里親支援専門相談員を配置。毎週1回、児童相談所に里親支援専門相談員が集まって、児童相談所の里親支援担当者と定例会議を持ち、里親家庭の訪問に関する役割分担を行ったり、養育状況や、支援の進捗状況について情報を共有している。
　里親支援専門相談員は、それぞれブロック毎に担当地域を決めているが、情報共有を密に行うことで、その時々の状況に応じた柔軟な役割分担や支援方針の共有を行うことが可能になり、児童相談所の里親支援担当者と里親支援専門相談員が一緒に家庭訪問を行ったり、他の施設の里親支援専門相談員と連携して支援を行うなど、児童相談所を中心に、関係機関が連携・協働して養育支援を提供する仕組みが構築されている。

② 地域の実情に応じたフォスタリング機関の整備
○　上記のとおり、フォスタリング業務は都道府県（児童相談所）の本来業務であり、まずは児童相談所自らが、現行のフォスタリング業務の実施体制を強化し、フォスタリング機関となる場合（児童相談所の一貫した責任体制の下に、フォスタリング業務の一部を民間に委託する場合を含む。）が想定される。他方で、民間フォスタリング機関を活用することも想定される。

○　民間フォスタリング機関には、Ⅳ①に記載するメリットがあることから、各地域におけるNPO法人、児童福祉施設、児童家庭支援センター、里親会その他のフォスタリング業務を行いうる民間機関の状況を踏まえ、民間フォスタリング機関への委託についても積極的に検討し、地域の実情に応じた最も効果的なフォスタリング業務の実施体制を選択する必要がある。なお、地域によっては、支援対象や地域を分けるなどして、児童相談所と民間フォスタリング機関を併用することも考えられる。

○　都道府県は、フォスタリング業務の民間機関への委託の可否を検討するに当たっては、地域における民間機関の現状のみをもって判断するのではなく、包括的にフォスタリング業務を担うことの可能な民間機関を育成するという視点をもって、将来的な民間フォスタリング機関への委託可能性も含め、検討する。

○　児童相談所をフォスタリング機関とする場合であっても、地域と一体となった里親養育支援体制を構築する観点から、フォスタリング業務を実施するに当たっては、児童福祉施設が有する、一時保護やレスパイト・ケア等の機能や親子関係調整、子どもの養育等に関するノウハウや、里親会が有する、相互交流によるスキルアップや里親の孤立防止の機能を積極的に活用す

るなど、民間機関との協働や連携を具体的に構築することが重要である。

○　フォスタリング業務を民間フォスタリング機関に委託して実施する場合は、事前に、児童相談所と民間フォスタリング機関との間で、業務の趣旨・目的、成果目標、役割分担などについて、十分な調整と共有を図ることが必要である。

　　その場合、フォスタリング業務の委託直後においては、例えば、児童相談所の職員が、民間フォスタリング機関の職員とともに面接や家庭訪問といったフォスタリング業務を実施するなど、OJTを実施して、民間フォスタリング機関職員のスキルアップを図ることが重要である。

○　フォスタリング業務を民間フォスタリング機関に委託して実施する場合、民間フォスタリング機関は、支援の効果的な実施の観点から、フォスタリング業務のうち養育里親に関する支援を中心に行うこととするが、養子縁組里親に対する支援については、地域の実情に応じ、必要に応じて実施するものとする。

○　なお、民間フォスタリング機関が養子縁組里親に対する支援を実施しない場合においても、当該支援は児童相談所自ら実施する、又は民間養子縁組あっせん機関等に委託して実施するなど支援のすき間が生じないよう、都道府県が責任を持って支援体制を構築する。

③　民間フォスタリング機関と児童相談所との関係
○　フォスタリング業務を民間フォスタリング機関へ委託する場合であっても、フォスタリング業務全体の最終的な責任は都道府県（児童相談所）が負う。

　　このため、都道府県（児童相談所）においては、フォスタリング業務全体のマネジメントや危機管理について、責任を持って行う必要がある。また、里親登録及び里親委託措置は行政権限の行使であり、その判断の過程において、民間フォスタリング機関は関与するが、その最終判断はあくまで都道府県（児童相談所）が行う。

○　こうした前提を、民間フォスタリング機関と児童相談所との間でしっかりと共有した上で、「質の高い里親養育の実現」というフォスタリング業務の目的を実現するため、民間フォスタリング機関と児童相談所は、信頼関係に基づく良好なパートナーシップを構築し、業務の役割分担や協働して担うべき業務について、地域の実情に応じて整理する。その際、以下の事項に留意が必要である。
・　フォスタリング業務に関する最終責任は児童相談所が負うものであり、児童相談所は、フォスタリング業務に対応する専任職員の配置やチームの設置などに努め、体制を整えること。
・　民間フォスタリング機関と児童相談所は、双方の努力によって信頼関係を構築すべきであること。そのための十分な情報共有や定期的な協議の場が必要であること。
・　民間フォスタリング機関は、日頃から里親との信頼関係の構築に努め、相談しやすい環境を作ることで、里親及び子どものニーズの把握に努め、里親の思いに寄り添った適切なサポートとスーパービジョンを行うこと。
・　里親の思いに寄り添う中で、民間フォスタリング機関は、里親の児童相談所に対する不満

などの訴えを受け止める場面に少なからず直面することが想定される。民間フォスタリング機関は、そうした里親の思いを受け止めた上で、児童相談所と対立的な関係に陥ることのないよう留意し、子どもの権利を擁護する視点に立って、里親及び子どもの状況を客観的に把握、評価し、児童相談所との情報共有を徹底し、児童相談所と協働して問題解決に当たること。

○ なお、フォスタリング業務は、平成28年改正により都道府県（児童相談所）の業務として法に具体的に位置付けられ、里親委託を推進するために、当該業務の実施体制の構築が求められているものである。したがって、基本的には、児童相談所には、これらに対応した体制強化が求められるものであり、当該業務の中心を民間フォスタリング機関に委託する場合であっても、児童相談所の体制強化は引き続き必要であることに留意する。

Ⅳ．フォスタリング機関の担い手及びチーム養育
① 民間フォスタリング機関のメリットと担い手
○ 民間フォスタリング機関には、以下のようなメリットが期待される。
・ 民間機関ならではのリクルート手法によって、多様な里親を開拓できる
・ 委託決定の権限をもつ児童相談所とは異なる立場にあるため、里親とチームを組みやすく、里親の思いに寄り添ったサポートやスーパービジョンが行いやすい
・ 人事異動がある行政機関とは異なり、一定期間の継続性や一貫性を意識した人材の確保及び育成により、フォスタリング業務に関する専門性と経験を蓄積するとともに、里親との継続的な信頼関係を築くことで、高度な実践が可能となる

○ とりわけ、乳児院、児童養護施設等の児童福祉施設は、
・ 乳児院においては、子どもの養育に関する専門性や、一時保護された乳幼児とその実親（実親以外の親権者を含む。以下同じ。）との間の親子関係に関するアセスメント、里親委託の準備や里親養育の支援、家庭復帰に向けた親子関係再構築支援等に関する専門的な対応能力、緊急時のレスパイト・ケアの調整及び受入れ等に関する対応能力等を、
・ 児童養護施設においては、子どもの養育に関する専門性や、親子関係再構築支援や自立支援に関するノウハウ、緊急時のレスパイト・ケアの調整及び受入れ等に関する対応能力等を、それぞれ有していることから、民間フォスタリング機関の有力な担い手のひとつとして期待される。

② チーム養育の重要性
○ 里親個人が責任と負担を一身に負うことなく、子どもに対して重層的なケアを提供するためには、フォスタリング機関を民間機関と児童相談所のいずれが担う場合であっても、里親とフォスタリング機関とがチームを組みながら里親養育を行うこと（以下「チーム養育」という。）が重要である。

○ フォスタリング機関は、子どもの養育に関する里親への支援を十分に行うために、一方的な支援の提供ではなく、双方向の信頼関係の構築に努めるべきである。他方、里親は、里親養育

に関し、養育チーム（チーム養育を行うチームをいう。以下同じ。）の一員として、フォスタリング機関と協働して行うという意識を持つことが必要である。また、十分な専門性と経験を積んだ多職種人材からなるソーシャルワークを継続的に行うことができるような、里親養育の包括的な支援体制の構築に努める。

○　フォスタリング機関にとっては、児童相談所の担当児童福祉司及び児童心理司も養育チームの一員である。さらに、子どもに関係する市区町村（主として子ども家庭福祉主管課や母子保健主管課）、保健センター、乳児院や児童養護施設等（里親支援専門相談員を含む。）、教育委員会、学校や、保育所、幼稚園及び認定こども園等（以下「保育所等」という。）、医療機関、児童家庭支援センター、児童発達支援センター、里親会、民生委員・児童委員等の関係機関についても、支援者として位置づけ（養育チームにこれらの者を含めたものを「応援チーム」という。）、里親養育を理解し支援する地域ネットワークの構築に努める。

③　社会資源の活用

○　子どもの養育で必要となる社会資源の利用については、里親とフォスタリング機関との間で話し合って決めていくことを原則としつつも、実親に知らせておくべき内容が含まれる場合には、あらかじめ児童相談所と協議しておくことが必要となる。障害のある子どもや、医療的ケアの必要な子どもについては特に配慮すべきである。

Ⅴ．フォスタリング機関の職員体制とそれぞれの業務内容

○　フォスタリング機関の職員体制については、支援の対象とする地域の規模や担当ケース数等を踏まえる必要があるが、民間機関がフォスタリング業務を包括的に委託された場合に基本的に必要と考えられる職員（職種）配置としては、統括者、ソーシャルワーカー（※3）、リクルーター、心理職（里親や子どもに対して、専門的な立場から助言）、事務職員が考えられる。また、それぞれの役割を担う職種については、里親のニーズに合わせて、幅広い相談支援が提供できるよう、福祉・保健・医療の様々な専門職がかかわり得る。配置する職員数については、担当する里親家庭数等を考慮する。

（※3）ソーシャルワーカーは、それぞれの機関の体制や支援対象の里親家庭の数等により、アセスメント担当、研修担当、里親養育のサポートやスーパービジョン等の担当といった役割分担や複数配置、兼務等の方法が考えられる。

○　フォスタリング機関を設置する単位は、都道府県単位、児童相談所単位、一定の人口規模単位等様々な形が想定される。また、民間フォスタリング機関が複数の自治体からフォスタリング業務を受託することも想定される。いずれにせよ、地域の実情に応じて、その質を担保できるよう、検討されるべきである。

○　フォスタリング機関のソーシャルワーカーは、里親の養育による成果、すなわち子どもの成長を確認しながら、里親と一緒に不安や悩みと向き合い、里親が自信を持って養育を行えるように取り組む。

○　そのためのソーシャルワーカーの業務は多岐に渡り、相互に関連するものであるが、大別すれば、

　　ⅰ　里親養育のサポート
　　ⅱ　里親養育に関するスーパービジョン
　　ⅲ　里親養育の状況に応じた支援のコーディネート

の3つに整理することができる。

　これらの支援は、いずれも子どもと里親との十分なコミュニケーションの下で築かれた信頼関係を基盤として行わなければならない。

○　スーパービジョンにおいては、より質の高い養育を実現するために、助言、指導等を行うが、その際も、里親の日々の養育の営みを尊重し、承認し、支持することを基盤とすべきである。

○　また、支援のコーディネートにおいては、様々な社会資源について、単なる情報提供に留まらず、子どもと里親が実際にそれらを活用できるようにコーディネートし、行われている支援が効果を上げているかどうか、また、子どもと里親のニーズが充たされているかどうかをモニタリングすることが必要である。

（ⅰ 里親養育のサポートの例示）
・　里親や担当児童福祉司との役割分担の下、子どもの疑問や悩み、訴えを聴くこと
・　子どもの問題行動等に対するガイダンスとサポート
・　里親の疑問や悩み、意見や苦情、養育困難などの訴えを聴くこと
・　実親との面会交流時や措置解除前後の子ども及び里親への心理的なサポート
・　里親家庭における重大な出来事や変化の把握、必要に応じて社会資源などの情報提供　等

（ⅱ 里親養育に関するスーパービジョンの例示）
・　里親養育の様々な場面において、里親の適切な対応を支持、承認すること
・　子どもの養育計画（自立支援計画）を、可能な限り子どもと実親の参加の下、担当児童福祉司及び里親と共に作成・共有し、進捗状況を把握すること
・　実親との面会交流や親子関係再構築支援計画について、可能な限り子どもと実親の参加の下、里親及び担当児童福祉司と協議、調整のうえ、作成すること
・　里親のニーズに添った研修の企画、実施
・　里親による被措置児童等虐待の発生予防の視点を含めた、養育水準のチェックとスキル向上に向けての助言や指導　　　　　　等

（ⅲ 里親養育の状況に応じた支援のコーディネートの例示）
・　子どもや里親が地域で孤立しないように、里親養育を支援する支援体制を地域に構築すること。いわゆる「応援ミーティング」を開催すること
・　レスパイト・ケアの利用を勧奨したり調整したりすること
・　子どもや里親と、学校や保育所等その他の関係機関との間で摩擦や葛藤等が生じた場合に

は、関係調整等の必要な支援を行うこと　　　　　　等

○　フォスタリング機関のソーシャルワーカーは、担当児童福祉司と協働しながら、チーム養育を担うことが重要であり、子どもの権利保障や子どもの意見を聴くことに関する、高度の専門性やバランス感覚が求められる。こうした業務の担い手の育成には、家庭支援専門相談員や基幹的職員を養成・配置してきた実績及びノウハウを持つ乳児院や児童養護施設等が大きく貢献することが期待される。

　　また、豊富な在宅支援の経験を持つ児童家庭支援センターやNPO法人についても、ソーシャルワークに関する専門性と経験を活かして、大きく貢献することが期待される。

○　質の高いフォスタリング業務を実現するためには、フォスタリング業務を担う人材の育成に取り組むことが必要である。今後、国において、フォスタリング業務を担う職員向けの研修プログラムの開発や実施に取り組むとともに、各都道府県においても人材育成の機会の確保に努める。

Ⅵ．フォスタリング業務の実施方法

○　以下に、各フォスタリング業務について、具体的な実施方法やポイントを示す。以下の内容は、主に養育里親を対象として民間フォスタリング機関がフォスタリング業務を行う場合を念頭に記載しているが、児童相談所がフォスタリング機関となる場合においても、この内容に準拠してフォスタリング業務を実施する。

1．里親のリクルート及びアセスメント
①　これまでの取組の検証
○　里親のリクルート活動を考えるに当たっては、各地域で、これまで子どものニーズに合致した里親が十分に確保されなかったのはなぜなのか、里親希望者の年齢層や里親を希望する理由、里親制度を知ったきっかけを把握する等して現状分析を行い、どのような取組が有用なのかを検討することが必要である。

○　特に、児童相談所のこれまでの取組については、児童相談所が里親の広報及び啓発を行い、応募を待つ形を取っている場合も多く、そうした流れの中で応募する里親希望者は、里親登録をしても、子どもを委託されるまでに至らないことがあるとの指摘がある。

○　これは、従来の里親登録を希望する家庭の多くが、養子縁組を念頭に乳児の委託を希望してきたことによるものではないかとの指摘があることも踏まえ、リクルート活動の中で里親制度を周知するに際しては、公的に行う養育の観点から見た里親の役割について、十分な理解が得られるように説明すべきである。

②　里親の認知度の向上に向けた取組
○　里親の認知度については、「聞いたことがある」程度の認識である者が多く、まずは里親制

度についての情報の発信が必要である。

○　中でも、養子縁組里親については、報道や不妊治療の過程等で知ったことをきっかけとして、里親希望者が自ら情報収集を行い、児童相談所に問い合わせをすることが多い一方で、養育里親については、報道等で取り上げられる頻度も少なく、自然にその情報に触れる機会は限られており、里親希望者が自ら情報収集を行うことは少ないとの指摘がある。

○　そうした中で、養育里親を多数開拓するためには、まずは、広く一般市民が養育里親に関する情報に日常生活の中で触れる機会を数多く作り、里親制度に関心を持つきっかけを作ること、「攻めるリクルート」が重要である。
　　そのため、例えば以下のような様々な手段による取組が必要である。なお、国においても、里親制度の普及啓発に積極的に取り組む。

（取組例）
・　ポスターの掲示
・　チラシ、リーフレットの配布
・　ポスティングの実施
・　車内広告の実施
・　テレビ、ラジオにおける番組や広告の放映
・　インターネット（HP、SNSなど）を活用した情報発信
・　市政だより及び回覧板等の活用
・　雑誌、フリーペーパーへの記事掲載
・　街の身近な場所で気軽に説明を聞くことができる場の設定

○　その上で、関心を持っていただいた市民からの問い合わせに迅速に対応するとともに、養育里親のリクルートにおいては、以下の事項に関する説明を通じて、養育里親になることへの不安や負担感を軽減することが重要である。
・　生活費や里親手当等の経済的なサポート
・　子どもの養育を一人で抱え込まずに行えるようなサポート体制
・　事故など万が一のことが起こった時の対応方法
・　週末のみ、短期間のみ養育を行う里親の仕組みもあること（いわゆる週末里親や季節里親）

○　特に、週末里親や季節里親の仕組みを周知することは、社会的養育を必要とする子どもの支援に関わりたいという思いを持ちつつも、様々な生活上の制約から長期の受託は困難であるという理由で里親登録に至っていない市民のニーズを掘り起こすことが期待される。このため、これらの周知に絞ったポスターやチラシ、リーフレットによる広報活動も効果的と考えられる。

○　また、実子のいる家庭に対しては、実子との関係に係る不安を解消することができるよう、経験者の体験を共有する機会を持つなどの工夫を行うべきである。

<NPO 法人における取組事例>
　ソーシャルワーカーは、里親候補者の家庭に実子がいる場合には、その実子を里親家庭の一員として重要な存在と位置づけ、里親もそのことを意識できるよう、働きかけをしている。
　里親委託の打診の際には、実子の意向を必ず確認する。里親養育を始めた後も、実子の気持ちを確認し、生活リズムや楽しみが尊重されているのかを、実子を含めた里親家族とのコミュニケーションの中で把握している。
　実子の成長を里親と一緒に喜んでいくことも大切にしており、その積み重ねを通じて、実子を含む里親家庭にソーシャルワーカーの人となりを知ってもらうことで、協働者としての良好な関係の構築を図っている。その結果、実子も、疑問を感じたときにソーシャルワーカーに相談しやすくなっている。

③ ターゲットと方法
○　フォスタリング機関によるリクルート活動は、制度の周知のみならず、里親登録につながる候補者を獲得することを目的としたものである。

○　登録里親を増加させるためには、児童福祉関係者及び教育関係者等従来のターゲット層に加え、シニア層、30歳代〜40歳代の子育て世代、共働き世帯など、従前より幅広い層に対し、それぞれの特徴を捉え、戦略的にアプローチを行う必要がある。その際、具体的な広報活動における効果的な手法としては、以下のような例が挙げられる。
・　養育里親について伝えることを目的とするポスターについては、養子縁組や週末里親等の周辺の内容を盛り込むと読み手が混乱するため、あえて情報を詰め込まないものとする
・　地域を絞り、集中的に繰り返し情報発信をする
・　やりがいや身近さを訴え、ポジティブなメッセージを発信する
・　パンフレット等のツールのデザインにおいても、福祉関係者だけではなく、広く一般市民の興味、関心を得ることを重視した工夫を行う

○　リクルートの結果、候補となった家庭には、個別に家庭訪問を行うなど、応募の当初から、フォスタリング機関担当者と里親希望者の信頼関係を構築することを意図して関わることで、養育チームとしての一体感を醸成しやすくするよう努める。

○　また、現在、多くの地域で、里親委託を必要とする子どもたちの個々のニーズにかかわらず、里親のリクルートやアセスメント、登録が進み、マッチングの際にようやく候補となる子どもと里親の相性や条件の問題が焦点となっているとの指摘がある。児童相談所は、どのような里親をどの程度必要としているのか、具体的にフォスタリング機関と共有しておくことが必要である。子どものニーズに応えられる養育者像を基に、具体的な里親候補者を獲得するために、乳児院をはじめとする児童福祉施設が、フォスタリング機関として、ボランティアや地域活動を通じた地域住民との関わりや、学校等の関係機関とのつながりなどを活かしてリクルートを行うことで、将来的に養育チームが組みやすくなるという利点がある。

○　子どものニーズとして考慮すべきものとしては、子ども自身の年齢、里親委託が必要な期間、被虐待体験、実親やきょうだいとの関係、障害の有無、医療的ケアの必要及び行動特性等が挙げられる。こうした様々な要素を考慮しながら、多様なニーズの受け皿となり得る里親のリクルートを行う。

○　なお、地域における里親家庭の孤立を防ぎ、里親養育の応援チームを形成していく観点からは、里親のリクルートと併せて、子どもにかかわる関係者（市区町村、学校、保育所等、医療機関等）の理解や協力が必要不可欠である。そのため、社会的養護、特に里親委託の下にある子どもについて、市民も含め広く広報、啓発を行うとともに、関係者に対するコンサルテーションを行う体制を整えるべきである。

<乳児院における取組事例>
　施設ケアに従事していた職員をリクルーターとして配置・育成し、乳幼児を対象とする養育里親のリクルートを開始した。チラシ・ポスターづくり、パンフレット作成等について、それぞれの目的を考えながら実施した。例えば、チラシについては、最初の問い合わせをしてもらうことが目的であり、これを読んで里親になることを決心してもらうことまでは目的としていないことについて認識を共有した。
　また、その掲示・配布場所についてもできる限り広範な方々の目に触れるような工夫を行った。例えば、コンビニ、スーパー、銀行、有名そば店等での掲示・配布を行ったほか、スーパー、郵便局等でのイベントなどを活用した。
　チラシについては、市と協議の上、回覧板による市内全戸への回覧を早い段階で実施した。さらに、問い合わせのあった者に送付するパンフレットに関しては、その内容に留意しつつ、できるだけ速やかに送付し、送付後は反応がなければ乳児院から連絡するよう努め、月ごとの問い合わせ目標数等を設定してリクルートを展開している。
　問い合わせが増えることを漫然と待つのではなく、施設で現に養育している子どものために里親を探すという強い思いをもって、積極的に地域に出て行くことが、この取組の強みとなっている。また、リクルート活動を通して里親になることを希望された方々からは「乳児院という専門機関の支援のもとで一緒に子どもを養育できるということであれば、私にもできるのではないかと思った」といった声も聞かれており、子どもの養育に関わる専門機関である乳児院がフォスタリング機関となることのメリットが発揮されている。

<県における取組事例>
　里親制度の広報に当たり、県全域に支部を持ち、社会福祉法人と連携する生活協同組合の協力を得ている。具体的には、主に子育て中の世帯で、食や暮らしに関心の高い層に対し、直接広報できるという生協の強みを活かし、毎月発行される機関誌（1800部）に、里親制度や里親家庭の子どもたちについて紹介するコーナーを設けたほか、大規模な講演会や募集説明会、里親と地域住民が交流する「里親カフェ」などを開催し、継続的なリクルート活動を展開している。
　また、市内の産婦人科医院では、不妊治療を受けている夫婦を主なターゲットに、養子

縁組制度及び養育里親制度を新たな選択肢の一つとして検討してもらうため、医院内での講座（年2回）の実施や体験談の共有、チラシの配布等の広報活動を行っている。

＜NPO法人における取組事例＞

　リクルート活動に当たり、問い合わせから最終的に登録に至るのは全体のおよそ3％弱であるという実践経験から、逆算して問い合わせ件数の目標設定をし、問い合わせの段階では、里親としての資質は問わず、まずはその増加に努めている。

　その達成に向けて、地域ごとの特徴に合わせて複数の戦略を立てるとともに、新たな問い合わせ件数、初回訪問件数、アセスメント及びトレーニング受講中の候補者数、登録件数等について、毎週末に厳密な進捗管理を行っている。また、問い合わせの結果、候補者となった方に対しては、丁寧なアセスメントとトレーニングを行い、最終的な里親登録について調整している。

　リクルート活動に際しては、里親希望者は複数回、様々なルートで情報を得て、初めて問い合わせを行う傾向にあることから、チラシ、ポスター、SNS等の発信手段に係るデザインを統一し、共通したイメージの形成に努めている。併せて、里親をめぐる地域の現状をイメージできるような内容とするとともに、養育里親という「生き方」を選びたくなるよう、養育里親が求められていること及びポジティブなイメージをわかり易く発信することを心がけている。

　また、どの発信手段においても、連絡先をわかりやすく明記し、基本的に24時間365日いつでも問い合わせが受けられるようにしている。問い合わせのあった方へのアプローチについては、電話であればその場で、電子メール等であれば翌日までに対応するなど、速やかに行っている。

---

④　里親希望者へのガイダンス

○　里親希望者に対しては、里親制度について丁寧に説明することはもとより、里親委託を必要とする子どもたちのニーズや行動特性と併せて、次に掲げる事項を説明し、里親の役割について理解を促す。その際、子どもの成長及び発達にとっての家庭養育の重要性や、養育に関わる多様な支援者の必要性、地域社会の中での養育の重要性を、里親が正しく理解できるよう配慮する。

・　子どもの健全な成長と発達のためには、特定の大人との安定かつ継続した関係を提供すべきであること。特に愛着関係の基盤が形成される乳幼児期の養育環境は、その後の心理・情緒面の成長に大きく影響すること。

・　子どもは特定の大人や、多様な養育支援者との安定した関係を持つことで、自己が他者に受け入れられているとの安心感や信頼関係が得られ、自己肯定感や自信を持つことができるものであること。

・　一方で、里親委託後、一定の時間の経過の中で、子どもの問題行動が表面化することがあるが、それは安心かつ安全な環境において起こりうるものであること。

・　慣れ親しんだ環境から引き離されることが子どもに喪失感をもたらす可能性があること。

・　実親との協働は子どもの健やかな成長に貢献するものであること。年齢や発達に応じて、ルーツの説明を含む生い立ちの整理を行っていく必要があること。養育里親の場合は、家庭

復帰を前提としていること、実親や親族等との面会交流は子どもの権利であることについて理解し、里親の役割を子どもの視点で考えること。

・　子どもは家庭生活の中で、人間関係の構築や家庭の一員としての役割を担うこと、様々な場面に対処することを通じて、人との信頼関係や将来の家庭を築く基盤を得るものであること。

・　年齢や発達に応じて、子どもの気持ちを配慮、尊重しながら生活支援、自立支援を行っていく必要があること。家庭のみならず地域社会においても多様な経験の機会を与え、子どもの自立を支援すべきであること。また、地域社会に対し、必要なときには支援を求めるべきであること。

・　地域で孤立することなく、必要に応じ地域からの支援が受けられるよう、地域での良好な関係作りに努めること。また、子どもが地域社会からも成長及び発達に必要なものを獲得することを理解し、学校及び保育所等の所属先はもとより、地域の子どもとの関係作りを積極的に行うこと。

・　子どもは必ず成長するものであること。それは大きな成果であり、喜びであること。

⑤ 里親希望者のアセスメント

○　里親希望者に対しては、里親の適性評価を含めたアセスメントを実施する。すなわち、ガイダンス等の過程において、里親になろうとする動機が、里親制度の趣旨や、希望する里親種別と合っているかどうか等、里親としての適性を丁寧に確認していく。その際、アセスメントの的確な実施がマッチングの前提となることに十分に留意する。

○　アセスメントに当たっては、里親家庭の調査を実施する。調査に当たっては、深くプライバシーに踏み込む必要があるため、その必要性を説明し、里親希望者の了解を得る。また、里親になる上での自覚や理解を促す場ともなることから、委託後に予想される子どもの行動や家族関係の変化などを具体的に伝え、里親希望者自身が考える機会とすることが必要である。
　その際、家庭訪問調査は必ず行い、居住環境や近隣の環境について把握するとともに、同居している家族にも面会し、できるだけ意向を確認する。

○　調査の過程で、子どもの養育に不安が感じられる場合でも、価値観の変容や子どもへの理解が進むことが期待できるようであれば、里親育成の観点で面接等を重ねることも必要である。当初は十分な理解が得られない場合であっても、調査面接や研修を通じて、子どもの養育や里親制度についての受け止めや理解を深める過程に寄り添うことが、里親希望者のアセスメントを丁寧に行うことにつながることに留意する。

○　アセスメントにおいては、里親として子どもを迎えたことで、家族関係や夫婦関係、生活リズムに変化が生じる可能性があることについて、家族で助け合って乗り越えられるかを見極めることが求められる。

○　また、里親の子どもの養育に対する考え方に偏りがないかどうかを確認していく。具体的には、大切にしていること、妥協できないことや、育ってきた文化、地域の風習、信仰、家族観

等を調査や研修等の過程で引き出すとともに、マッチングや委託後の支援のために、里親のこうした考え方について児童相談所との間で共通理解を持っておくことが必要である。

○　アセスメントに当たっての着眼点は、以下の通りである。
・　社会的養護を必要とする子どもやその実親に対する適切な理解があり、誤解や偏見はないか
・　養育里親の場合は、養子縁組とは異なり、子どもと実親等との関係を尊重することが求められることについて理解があるか
・　多様な文化や価値観を受け入れる寛容度はあるか
・　里親委託が公的な養育であることについての理解があるか
・　精神的な安定感があるか。適切なストレス対処行動がとれるか
・　自己評価が適切にできているか
・　家族、親族及び友人との人間関係が適切に構築できているか。これらの者の理解やサポートが得られるか
・　養育チームを組むために必要なコミュニケーション力があり、困ったときに助けを求めることができそうか

○　なお、里親希望者の調査については、上記のほか、「里親委託ガイドライン」を参照の上、面接及び家庭訪問により実施し、調査者を含め複数の専門職で行う。また、必要に応じ、再調査の実施や、里親登録に向けての課題を理解してもらうための面接を重ねる。
　　民間フォスタリング機関における調査については、措置権者である児童相談所も、家庭訪問及び面接調査に少なくとも一回は同席するなど、その内容を直接確認することが必要である。

＜アセスメントにおけるチェックポイントの具体例＞

社会性	疎通性・理解度	夫婦関係・家族関係
予約をしての来所である 予約時間に合わせて来所できる 遅れる場合には連絡を入れることができる	質問に対して、的確な回答ができる 里親相談受付票に的確に記入ができている	里親登録について、家族間で思いを共有できている
来所時の服装などが適切である 人との距離の取り方が適切である 関係機関との協力について、前向きに捉えられる	社会的養護の一環の制度であるということ、子どものための制度ということを理解している	不妊治療についての考えや現状の受け止めについて、夫婦間で合意がある
オープンで健康的な会話の雰囲気がある	里親になりたい理由が自己都合だけではない 子どもを選びたい／実親との交流は拒否したいといった考えに固執しない	夫婦のお互いが自分の意見を述べ合うことができている 実子がいる場合は、実子に対して的確な説明ができている（または、説明する必要があることを理解している）
一方的な持論の展開や自己主張に終始しない	家庭内に様々な変化が生じることに思い至ることができる 年齢、経済面、健康状況、就労状況など、自分たちの現状に応じた選択ができる	親族や職場等に説明を行い、理解を得る必要があることを理解している 単身の場合は、近くにサポートが得られる親族や知人がいる

2. 登録前、登録後及び委託後における里親に対する研修

○　里親希望者には、調査と並行して里親登録前に研修の受講が必要であることを説明し、受講を促す。また、研修受講後は、研修で習得した内容や反省点について、面接等で言語化し、里親制度に対する理解を確認していくべきである。

○　里親登録後の研修を実施するに当たっては、里親のスキルアップを目指すとともに、アセスメントの機会としても活用し、調査だけでは把握できない里親の強みや課題を捉え、マッチングに活かす。

○　里親委託後の研修を実施するに当たっては、里親養育の中で、実際に里親が直面していることを取り扱うなど実践的な内容とすることが必要である。また、里親の相互交流はスキルアップに有効であり、テーマ別研修や、レクリエーションの機会を取り入れ、里親同士のピアサポートを通じて、知識の定着や互助関係の醸成に努める。

○　なお、いずれの研修においても、養育技術や、真実告知等の里親養育を行う際に生じる課題だけではなく、子どもの権利保障、里親養育の最低基準及び被措置児童等虐待の防止等についても扱うこととし、理解や遵守を求めることが不可欠である。また、必ず演習を組み入れ、得た知識、気づき及び疑問等について里親間で話し合わせることで、理解を促す。研修担当者については、里親に対して研修内容を実践に活かすよう促すことができ、研修後も継続して支援者として協働できる者を選定することが効果を高める。

養育のスキルアップをはかるためのテーマ別研修の例

（里親登録前）
・虐待のトラウマやアタッチメント理論についての研修
・子どもの発達、発達障害についての理解を促す研修
・思春期の子どもの理解についての研修
・子どもの権利擁護、虐待防止についての研修
・里親養育の最低基準についての研修

（里親登録後・委託後）
・「問題行動」とされる子どもの行動についての研修
・LGBTの子どもや若者を理解する研修
・真実告知やライフストーリーワークについての研修
・実親の心情について理解を深めるための研修
・親子関係再構築支援と里親の役割についての研修
・養育の振り返りをとおして、里親の強みや課題を知る研修
・自立後の関わりについて考える研修

3．子どもと里親家庭のマッチング

○　子どもと里親家庭のマッチングは、フォスタリング業務の中でも、里親委託の成否を左右する極めて重要な要素である。子ども、実親及び里親に対して、十分な情報の提供を行うとともに、里親家庭と子どもの熟慮のための期間を確保することが必要である。

○　フォスタリング機関は、リクルート、アセスメント及び研修において把握した里親家庭に関する情報を、児童相談所は、子どもの行動特性や子ども及び実親のニーズに関する情報を、子どもが児童福祉施設に入所している又は一時保護委託がなされている場合には、当該児童福祉施設におけるアセスメント情報を、それぞれ持ち寄り、役割分担を含めて十分に話し合い、細部にわたる情報共有に努めながら、適切なマッチングを図るべきである。

○　委託前交流支援の段階では、里親に対し、個人情報の保護に十分留意しつつ、子どもに関する情報や養育上の留意点を伝えたうえで、面会等の交流を実施し、子どもと里親の関係づくりを段階的に行っていく。また、里親家庭における子どもを迎える準備を支援するとともに、子どもに対しても、生活環境の変化を受け入れ安心して里親家庭で生活できるよう、子どもの気持ちを大切にしながら、必要に応じた支援を行う。施設からの移行の場合、外泊を行う際は、外泊期間中に家庭訪問を実施するなどして、状況の把握に努める。

○　こうした過程を経て、児童相談所は、フォスタリング機関によるアセスメントを十分踏まえた上で、里親委託措置を決定する。

○　なお、里親に一時保護委託を行う場合は、事前の情報が少なく、交流期間もないことから、委託後のフォローは特にきめ細かに行う必要がある。

＜児童相談所・児童養護施設（里親支援専門相談員）・児童家庭支援センターの連携事例＞

　児童相談所が、里親委託とする方針を決めた後、児童養護施設への一時保護委託を活用し、約3か月間、子どもの生活支援を行いながら、児童養護施設の里親支援専門相談員と児童家庭支援センターが連携してマッチングを進めた。

　マッチングに当たっては、児童相談所の支援方針の下に、里親支援専門相談員が支援しつつ、プレイルームを活用して面会を重ね、外出や外泊と段階的に交流を深めた。さらに、里親支援専門相談員が子どもとの関わり方などを里親に伝え、里親からの悩みに答える作業を繰り返し、里親と子どもの関係構築をサポートしながら、丁寧に里親委託につなげた。

　里親委託後も、児童相談所と連携し、レスパイト・ケアの積極的な受入れ、実親との面会交流の拠点としてのプレイルームの活用、里親支援専門相談員による子どもと里親双方への支援の継続などを行っている。

4．里親養育への支援

① 基本的な視点

○　里親委託後も、フォスタリング機関は、引き続き里親家庭との信頼関係の構築に努める。特

に委託直後におけるきめ細やかな支援を行うことで里親養育に対する見通しや安心感をもたらすことが重要である。

　また、里親養育が里親家庭という私的な生活の場で担われるということを十分に理解し、里親家庭に敬意を表しながら、支援に当たるべきである。その上で、里親家庭への支援に際しては、児童相談所との情報共有と連携は必須であり、フォスタリング機関は、必要に応じ児童相談所の担当者とともに家庭訪問を行うなどの対応を行う。

○　また、委託決定の権限をもつ児童相談所には相談しづらいといった里親の声があることも踏まえ、日常の細かな相談については、フォスタリング機関が相談機能を担うことができるよう、里親が相談しやすい環境を作ることが必要である。このことは、養育チームにおいて、チームで養育しているという意識を強め、里親の安心感を高めることにもつながる。一方で、実親による引き取りに関する判断はもとより、子どもの発達面及び情緒面の評価等については、児童相談所の関与が必要である。こうした場面に備え、児童相談所への報告やケース協議は密に行うとともに、関係機関との調整が適切に行われるよう留意する。

○　子どもへの支援としては、児童相談所の児童福祉司や児童心理司が実施する面接で行うものや、フォスタリング機関のソーシャルワーカーや心理職が実施する面接がある。そのため、子どもに対しては、それぞれの目的を明らかにし、どの人が自分の何を支援してくれるのか、どの問題を相談するときは誰が適切なのかがわかるように説明すべきである。また、実親との交流については、委託前に子どもに対し丁寧に説明するとともに、可能な限り子どもの意見を尊重すべきである。

○　子どもが思春期になると、里親に距離を置いたり、反抗したりする場面も増えてくるが、そのような場面において、フォスタリング機関のソーシャルワーカーは、子どもの気持ちや考えの聞き役となるとともに、子どもと里親の関係改善のきっかけを作り、調整役となることが期待される。

○　なお、支援に当たっては、子どもの成長を養育チーム全体で確認するとともに、子どもを含めてその成長を評価すべきである。

② 定期的な家庭訪問や電話
○　里親登録時、研修時及び委託時を通じて、定期的な家庭訪問や電話で養育状況の把握を行うことは、児童相談所及びフォスタリング機関の責務である。また、家庭訪問や電話を受け入れることは、養育者の権利であると同時に義務であり、このことを里親に伝え、同意を得る。その際、定期的な家庭訪問の目的、訪問時の面接内容及び頻度などを明確にしておく。

（参考）「里親委託ガイドライン」においては、訪問頻度について、「委託直後の2か月間は2週に1回程度、委託の2年後までは毎月ないし2か月に1回程度、その後は概ね年2回程度訪問する。そのほか、里親による養育が不安定になった場合などには、これに加えて必要に応じて訪

問する。」とされている。

○　家庭訪問においては、ソーシャルワーカー等は、養育状況を把握し、里親が行っている努力に敬意を払いつつ、その内容を傾聴するとともに、必要な情報の提供を行う。また、子どもの意向を尊重しつつ、できる限り、子どもの生活空間を見せてもらうとともに、直接、子どもと里親の状況を確認する。なお、委託直後の密な支援が必要な時期には、訪問の頻度を高く設定し、養育期間や子どもの年齢等に応じて計画的、定期的に訪問することとし、養育状況に応じ、訪問頻度の増加や、電話の活用による密な状況把握に努めるなど、柔軟に対応することが求められる。

○　里親は、児童相談所の家庭訪問の際、「関係がうまくいっているかどうかを見に来ている」等、評価されていると捉えがちであり、子どもを養育している中で感じる不安や、子どもとの関係がうまくいっていないことを隠そうとする心理が働くことがある。フォスタリング機関が児童相談所とは別の立場で里親支援を行うことのメリットとして、こうした心理に配慮しつつ、養育について相談しやすい体制が構築できること、子どもとの関係が深刻な状態になる前に具体的な支援が提供できることや、不調に至る前に関係を修復して不適切な養育を予防できることが挙げられる。こうしたメリットを活かすべく、フォスタリング機関では担当者と里親の信頼関係を築くことに重点を置き、児童相談所との情報共有を徹底すべきである。

③　里親養育の状況に応じた支援のコーディネート
○　定期的な家庭訪問等による養育状況の把握と、里親・子どもとの信頼関係をベースにして、フォスタリング機関は個々の里親家庭の抱える課題、予見される課題、ニーズを把握し、これに対応する支援を提供すべきである。この支援は、フォスタリング機関だけで対応できるものではなく、フォスタリング機関には、様々な支援のコーディネートを行うことが求められる。

○　具体的なコーディネートの例としては、児童相談所や市区町村へのつなぎ、地域の社会資源の紹介、手続き等に関する具体的な支援、子どもが通う保育所等や学校等との調整、レスパイト・ケアや家事支援の活用、研修や里親の相互交流の場の紹介及び参加調整などが挙げられる。

○　このような支援を複数の機関で連携して展開するためには、活用可能な社会資源の状況を日頃から把握し、関係機関とのネットワークを形成し、支援が円滑に受けられるような関係づくりに努めることが必要である。具体的には、里親委託直後に「応援ミーティング」を実施するなどして、各機関の支援のマネジメント、各機関のメンバーとの顔合わせ、里親家庭と各機関が互いに知り合い、情報を共有する機会を設けるとともに、こうした機会を継続的に設けるべきである。

○　対応の難しい子どもを抱えている場合、里親が被害感や行き詰まりを感じていることもある。誠実に時間をかけて気持ちを聴き取り、大切にされたという実感を持つことができるように関わるべきである。レスパイト・ケアについては、支援が必要な状況にもかかわらず、責任感か

ら利用を躊躇することのないよう、委託前に支援を求めることの大切さを伝えるとともに、利用の声かけを行う。また、レスパイト・ケアを活用する場合、できる限り、子どもにとっての負担とならないよう、例えば、あらかじめ子どもとレスパイト・ケアの受入先との交流を行うことや、日頃から交流のある特定の里親家庭を活用すること、子どもがかつて入所していた施設を活用することが考えられる。

○ 子どものニーズに関する支援としては、教育、医療、障害に関するものが中心になる。軽微な傷病については、児童相談所及び実親に必ずしも報告しなければならないものではないが、特別支援教育や一定以上の医療行為については、児童相談所及び実親への報告が必要となるほか、実親の同意が必要となる場合もある。障害児通所支援に関しては、通常は市区町村が受給者証を発行し契約が行われるが、里親に委託された子どもの場合は、児童相談所の意見を求め、市区町村の措置を受けることとなっていることに留意が必要である。なお、レスパイト・ケアのサービスの提供自体は、必ずしもフォスタリング機関が行わなければならないものではないが、施設がフォスタリング機関を担う場合には、レスパイト・ケアのサービスの提供を含めた一体的な支援ができるというメリットがある。

○ どれほど丁寧にアセスメントやマッチングを行ったとしても、里親が想定していなかった課題が表出することもある。里親の柔軟性を引き出し、里親が子どものニーズに敏感に気づくことができるよう、里親を含めた養育チームのスキルアップの機会を持つべきである。

<レスパイト・ケアの積極的な活用と関係機関の連携事例>
　児童相談所と連携しながら、養育里親のレスパイト・ケアの受入れを積極的に行う中で、里親支援専門相談員が子どもの変化を的確にキャッチし、里親や児童相談所への伝達、里親家庭への訪問、児童相談所への面接の依頼などを行い、子どもへの支援に努めている。併設の児童家庭支援センターでは、地域支援の拠点としての強みを活かして、学校との連携も図っている。

<関係者の連携（里親家庭応援会議）による支援事例>
・　支援対象の子ども
　　子どもは2歳。低体重で出生し、母子保健制度による健診や児童相談所による発達検査において、発達が遅れていくことが予測された。
・　委託調整
　　児童相談所より、当該子どもの発達について丁寧に説明した上で、里親へ委託を打診。当該里親は特別養子縁組を希望していたが、養育里親として関係機関の支援を継続的に受けられることを前提に委託を受け入れた。
・　里親支援機関
　　乳児院に付置されている児童家庭支援センターが受託。
・　支援のコーディネート
　　担当児童福祉司は、当該里親の同意を得て、当該里親が居住する市の家庭児童相談室

の相談員に状況を説明し、里親委託後の支援として、市による当該子どもの発達状況の
フォローを行うこと、療育教室や保育所を利用できるようにすることなどを求めた。

　併せて、児童相談所が、市母子保健関係・家庭支援関係課、保育所、民生委員・児童
委員、地域里親会、里親支援機関、乳児院の里親支援専門相談員による「里親家庭応援
会議」を定期的に開催した。

　児童相談所と協議の上、里親支援機関と乳児院の里親支援専門相談員が隔週で訪問す
るとともに、里親から相談があれば随時訪問する体制や、療育教室に同行するなどの見
守り体制を整えた。養育状況は県が開催する「里親支援事業実務者会議」にて報告、共
有した。里親支援機関の心理訪問支援員の支援を得て、児童相談所及び里親が自立支援
計画を作成した。

　里親支援機関が呼びかけ、特別養子縁組成立後の家庭や、養子縁組里親として里親委
託を受けている家庭の交流機会である「里ママサロン」を開催し、交流の機会をもうけ
た。この際、里親支援機関が保育を行うことにより、当該子どもの様子の観察を行い、
必要な支援の把握を実施した。さらに、児童家庭支援センターが行う「子育てサロン」
への参加を呼びかけた。

④　子どもと実親との関係性に関する支援
○　法第3条の2において、「児童が家庭において心身ともに健やかに養育されるよう、児童の
保護者を支援しなければならない」とされており、この規定は、子どもが里親に委託された後
も同様に適用される。また、法第48条の3において、「施設長及び里親等は、入所・委託児童
やその保護者に対し、関係機関と連携しつつ、親子の再統合等のための支援を行わなければな
らない」旨が規定されており、フォスタリング機関には、子どもの養育者である里親が、実親
との協働の大切さを見失うことのないように支援し、実親を協働に招き入れる働きをすること
も期待されている。面会交流等の場面において、里親、実親及び養育チームの構成員が互いを
尊重し合い、安定した協働関係を形成することが、子どもの不安の緩和にも資することも考慮
し、積極的な支援を行うべきである。

○　実親は、里親委託を決断した後も、その選択について悩んだり、親としての自分を否定的に
捉えたり、子どもを養育できない自分に自信をなくし、劣等感や罪悪感を抱いていることがあ
る。また、里親に子どもを取られてしまうのではないかと恐れることや、子どもとの関係が変
化することへの不安感を持つことも多い。こうした実親の気持ちを受容し、整理することや、
里親委託の目的や今後の見通しについて、可能な限り実親の参加の下で検討し、共有するべき
である。

○　里親に対しても、子どものパーマネンシー保障及び権利保障のために、実親との交流が重要
であることについて、十分に認識してもらうため、様々な研修の機会を通して、具体的に伝え
る。併せて、里親委託の時点においては、家庭復帰の目処や計画はもちろん、子どもと実親と
の面会交流について、頻度、場所、内容及び交流方法を明確にするとともに、子どもを担当す
る児童福祉司、フォスタリング機関のソーシャルワーカー、里親、実親及び子ども本人の間で

共有しておくべきである。

○　子どもが要保護状態に至った背景や、実親と子どもの関係性は様々であり、子どもと実親の面会交流そのものに制限が必要な場合もある。また、里親と実親が直接連絡を取ることや、里親の個人情報を実親に提供することについては、リスクが高いと判断した場合には、必要に応じ調整を行う。

○　子どもが実親との面会交流の前後に不安定になることは、たとえ親子関係が良好であっても生じうる。交流前後の子どもの心の動きについて、里親が受け止め、適切な対応を行えるよう支援する。

○　実親の多くが様々な生活問題を抱えていることを踏まえれば、これに巻き込まれれば、子どもの養育や里親家庭の生活が不安定になりかねない。フォスタリング機関は、こうした状況が生じないよう、里親の実親への対応に関し、子ども、実親及び里親それぞれの立場から状況を把握し、必要に応じて調整を行う役割を担う。

○　なお、児童福祉施設は、面会交流の支援について、これまで実践してきた親子関係再構築支援に関するノウハウや知見の蓄積があるほか、宿泊も含めた親子交流の場の提供も可能であるなど、面会交流の調整や立ち会いの役割を担うために必要な資源を有していることから、これを十分に活用すべきである。

⑤　里親家庭での養育が不安定になった場合や虐待など不適切な養育があった場合の対応
○　委託までに丁寧な準備を行い、フォスタリング機関による継続的な支援の下で子どもの養育を実施していても、里親と子どもの生活においては様々なことが起こりうる。また、不適切な養育により、里親委託を解除する判断が必要となる場合もある。

○　里親の委託前のアセスメントにかかわらず、実際に養育が始まってから里親の課題が判明することもある。同様に、子どもの委託前のアセスメントも、一時保護所や施設といった集団場面でのアセスメントが中心であり、家庭環境で初めて表出されるものもある。実親も同様で、里親委託後に、事情が変化することは大いにあり、予定していた委託期間が変更になる等、様々な状況の変化が想定される。

○　里親養育の継続又は委託解除若しくは措置変更のいずれの方針を採るかの判断は非常に難しく、フォスタリング機関の専門性や児童相談所との連携の質が問われる。こうした状況を里親、フォスタリング機関及び児童相談所が連携して適切に解決していくことは、専門性と連携の質を高めることにもつながる。また、判断には一定の時間がかかることが想定されるが、里親と子どもの関係が不安定な状態で生活をともにしていることに留意し、早急に対応すべきである。

○　里親家庭での養育困難については、ⅰ子どもの養育上の要因、ⅱ里親及び里親家庭側の要因、

ⅲ実親との関係に関する要因が挙げられ、それぞれについて、次のような対応が必要である。

（ⅰ　子どもの養育上の要因による場合）

・　子どもの言動、里親に向けられる態度、学校及び保育所等でのトラブルが挙げられる。こうした要因に対して、里親が養育困難を感じ、里親の心身の疲弊やバーンアウトが生じる、又は不適切な養育に発展するといったことが起こりうる。子どもの言動の背景は、元の家庭でのルールや文化に根ざしたものから、発達障害、愛着障害、虐待による心身の影響まで様々である。特に、虐待ケースの場合は、トラウマの再現性に影響された対人関係様式やコミュニケーションのパターンが里親家庭においても再演されることがしばしばあり、知らず知らずに里親が巻き込まれてしまう。

・　また、里親家庭での養育過程において、生い立ちについて十分に知らされておらず、思春期になって、これらの事実に触れることによって、子どもが動揺し、不安定になることもある。

・　まず行うべき予防策としては、養育上の難しさや困難を、里親が早い段階で、フォスタリング機関のソーシャルワーカーに相談できるようにすることであり、そのためには、委託時に想定される子どもの特徴や行動パターンについて、あらかじめ具体的に知らせておくべきである。

・　生い立ちや実親の状況等を子どもに伝えることについては、子どもの年齢や発達の状況に応じ、その伝え方や時期について、十分に相談しておくとともに、現にこうした問題に直面した時には、里親がひとりで悩みや葛藤を抱え込むことのないよう、日頃からの相談しやすい環境づくりに努める。

・　さらには、委託前には想定していなかった問題行動が表われることもある。里親は予想外の子どもの行動に戸惑い、知らせてくれなかった児童相談所に対する不信感が高まりかねないが、フォスタリング機関のソーシャルワーカーは、担当児童福祉司や担当児童心理司と十分な連携を保ちつつ、里親の労を労いながら、十分な説明と明確な対応策を提案するとともに、今後の見通しを伝える等、里親と信頼関係が維持できるように努める。その際、子どもと里親の双方から聞き取りを行い、それを踏まえた援助方針を検討すべきである。

・　また、学校や保育所等に対し、フォスタリング機関が同行して子どもの理解や対応について説明することで、子どもが様々な場面で起こすトラブルを里親だけで解決しなければならないといった事態を回避することができる。

・　里親にとって、児童相談所に子どもの養育がうまくいっていないことを相談することは、里親としての適性やスキルの評価を下げることになるのでは、といった心理的な抵抗がある場合もある。フォスタリング機関は、児童相談所とは別の立場で養育にかかわることで、里親から日頃の悩みや不安について相談を受け、不調に至る前に適切な支援を提供しやすくなる。レスパイト・ケアや一時保護の活用を促すとともに、子どもの成長を的確かつ正当に評価して喜び合う、といった丁寧な支援を行い、里親養育の不調を未然に防ぐことが期待される。

・　施設から里親委託に移行した子どもについては、施設がレスパイト・ケアの受入先として対応すること等により、里親養育の不調の防止のほか、子どもの成長をより具体的に評価す

る役割も担うことができる。レスパイト・ケアについては、子どもとの関係構築を通じて、里親委託継続の可能性を探るなど、積極的に活用されることが期待される。
・　養育困難な状況の克服は、里親のスキルアップや子どもの理解を深めるチャンスになりうることから、フォスタリング機関は、問題の解決後、里親及び子どもとともに振り返りを行う。一方、解決が困難で、里親家庭の疲弊や不適切な養育の状況、里親に対するネガティブな感情が子どもから表われた際には、フォスタリング機関と児童相談所双方で十分に情報を共有しながら、対応方針を検討する。

（ⅱ　里親及び里親家庭側の要因による場合）
・　里親又は同居家族の事故、病気、介護、死亡、転勤、失業、配偶者間の不和や離婚など様々な事態が生じる可能性がある。絶えず変化する里親の家庭状況が、子どもの養育に影響を及ぼすことに留意し、フォスタリング機関は、里親家庭のモニタリングを定期的に行う。
・　フォスタリング機関のソーシャルワーカーは、里親家庭に大きな出来事や変化が生じた際には、逐次報告を受けるような信頼関係を日常的に保っておくことが必要であり、地域の社会資源や支援制度等に関する必要な情報提供や支援を心がける。
・　家族の関係性、夫婦間の人間関係や実子に関連して生じる問題も、子どもの養育に影響を及ぼす可能性がある。里親自身が、精神的な余裕が少なくなり、委託されている子どもに抱くネガティブな感情やストレスについて、ソーシャルワーカーに相談することができるような関係性を構築すべきである。

（ⅲ　実親との関係による要因による場合）
・　実親と子どもの関係、実親と里親の関係又は実親と児童相談所の関係の変化により、養育困難となる事態も生じる可能性がある。里親家庭での生活が安定し、子どもの感情表現や言語表現が活発になるにつれ、子どもと実親の関係も変化する。その結果、実親と子どもの関係に影響を与え、実親が予定よりも早い家庭復帰を求めたり、子どもが家庭復帰を求めたりすることがある。実親の影響を受けることで子どもに変化が生じ、そのことを里親が養育困難と感じることもある。里親、フォスタリング機関のソーシャルワーカー及び担当児童福祉司が情報を共有し、子どもと実親の関係の変化を見落とさないようにしなければならない。こうした変化を踏まえ、養育チームとして、常に子どもにとって最も望ましい養育方針となっているかをアセスメントし、里親養育の継続か家庭復帰か、また、里親養育を継続する場合にはその養育方針について、改めて検討する。

○　虐待を受けて心身に深い痛手を負っている子どもや、何らかの事情で家庭における養育が困難になり、里親に委託された子どもに対し、安全なはずの里親家庭において、虐待が行われるということは絶対にあってはならない。フォスタリング機関は、里親や子どもの小さな変化を見逃さず、早期に状況を把握し、必要な支援を行うことにより、委託された子どもへの虐待の発生予防に努める。その際、里親自身のみならず、同居家族からの虐待の可能性があり得ることにも留意して対応する。不適切な養育が疑われる場合には、適時適切な対応を行うとともに、児童相談所と情報を共有し、迅速に今後の対応方針を検討する。

⑥　里親委託が不調となった場合の対応

○　児童相談所は、里親委託の継続又は委託解除若しくは措置変更の判断に当たり、フォスタリング機関によるアセスメントを踏まえることになるため、フォスタリング機関は、その判断に資するよう、十分なアセスメントを行う。

○　委託解除は、子どもにとって、現在の生活環境の喪失体験であり、次の養育の場への適応が必要となるため、養育チームとして、子どもに対し、事情に応じた丁寧かつ十分な説明を行うとともに、意見を聴くことに努め、子どもの尊厳を大切にし、子どもが無力感や罪悪感をもたないように配慮すべきである。

○　加えて、次の養育の場への移行においては、児童相談所が中心となって、新しい環境への適応がしやすいよう丁寧に支援する。また、委託解除後の子どもへの対応については、子どもの心理的ダメージに留意し、子どものケアについて具体的に検討のうえ、時機を逃さず対応することが必要である。

○　里親についても十分にフォローするべきであり、時機をみて、時間をかけて、不調に至った要因、経緯、背景等を振り返り、整理することにより、不調を当該里親の責任に帰することなく、養育チーム全体として受け止められるよう支援することが大切である。課題整理やスキルアップを試みた上で、次の委託の可能性を探ることが、里親の自信の回復とモチベーションの維持につながる。

⑦　里親の喪失感への配慮

○　委託解除は、里親に一定の喪失感を生み出す。特に、予定外の家庭復帰や委託解除の場合には留意が必要である。里親の喪失感についての配慮が適切になされなければ、委託解除方針に対して、実親や決定を行った児童相談所との関係が不安定になることもある。養育期間の長短に関係なく、子どもとの別離に対する様々な感情がソーシャルワーカーに対して言語化されること、その感情は当然であることとしてサポートされることが、円滑な委託解除につながり、子ども自身も安心して、次の環境に向かうことができる。

○　委託解除前後の里親自身の感情の問題や、委託解除前後に受けられるサポートについては、研修等の場であらかじめ触れておく必要がある。

○　里親の喪失感だけでなく、子どもにとっても、里親家庭での経験を振り返ることは、子ども時代の記憶や記録、思い出といった歴史に空白を作らないようにするために必要であり、児童相談所が中心となって、可能な範囲で里親家庭とのつながりを保ち続けるよう努める。

○　ただし、委託解除後の里親と子どもの関係は、一律に決められるものではない。実親が里親に信頼感を十分持っている前提で、委託解除後も子どもと里親が交流している場合もあるが、実親が里親に対して競合的な感情を持つ場合や、養育者としての自信のなさから、子どもと里

親が交流することを望まない場合もある。このような場合、子どもが実親と里親の間で板挟みになることもあるので、子どもの今後の生活にとって、里親とどのような関わりを持つのが良いのかをアセスメントすることが重要である。その結果、里親には、事情を説明して委託解除後の交流を控えるよう助言する場合もある。

○　そうした場合でも、プライバシーに十分配慮しながら、その後の子どもの様子を里親に伝えることは有用である。例えば、委託解除後であっても、子どもが希望する場合には、当該子どもの実親の了承の下で、手紙の交換、互いの現況を写真で知らせ合うことなどを積極的に検討すべきである。

○　また、里親養育及びチーム養育の振り返りを丁寧に行い、「里親家庭における養育期間があったからこそ、子どもが成長することができた」「子どもが家庭生活を経験出来たことは、子どもの中で生き続ける」といったように、具体的に里親養育の成果を伝えることで、里親の喪失感が軽減されるとともに、里親のスキルアップや次の委託へのモチベーションの継続にもつながる。

VII.「里親支援事業」の活用
1．里親支援事業について
○　平成28年児童福祉法改正で、都道府県（児童相談所）の業務として法定化された里親支援について、里親制度の広報啓発等による里親開拓から、里親と児童のマッチング、里親に対する訪問支援等による自立支援に至る里親支援が実施できるよう、里親支援事業（児童虐待・DV対策等総合支援事業費）が事業化されている。

○　この里親支援事業は、児童福祉法第11条第2項へに掲げる都道府県（児童相談所）の業務を踏まえ、以下の5つの事業内容で構成されている。フォスタリング業務の実施に当たっては、民間フォスタリング機関に委託する場合を含め、都道府県等において、これらの事業を積極的に活用されるよう検討されたい。国としても、本事業の活用状況等を踏まえ、必要な見直しを検討する。

○　また、本事業の実施に際しては、児童相談所の里親担当児童福祉司や施設に配置されている里親支援専門相談員（児童入所施設措置費）と連携した取組により、より効果的な支援が期待できる。

○　なお、この里親支援事業を活用し、養子縁組に関する相談・支援も実施することも可能である。

2．里親支援事業の具体的な内容
○　里親支援事業の具体的な内容は、以下のとおりである。
　　・　里親制度等普及促進事業
　　　　里親制度の広報啓発活動により新たな里親を開拓するとともに、里親に対する登録前の研

修や更新研修等を実施する。

・　里親委託推進等事業

　　委託先の候補となる里親家庭の選定、委託の打診と説明、子どもと里親の面会を実施するとともに、委託児童の自立に向けて、里親や委託児童本人の意向を踏まえ効果的な自立支援計画を作成する。里親等委託調整員及び委託調整補助員を配置することが可能である。また、都道府県管内の新規里親委託件数が15件以上の場合、次の委託件数区分（15件以上30件未満、30件以上45件未満、45件以上）に応じて補助が加算される。

・　里親トレーニング事業

　　未委託里親に対して事例検討やロールプレイ、実習などのトレーニングを実施することにより、養育技術の維持、向上を図る。里親トレーナーを配置することが可能である。

・　里親訪問等支援事業

　　里親家庭や養子縁組家庭などを定期的に訪問し、相談に応じるとともに、子どもの状態の把握や里親等への援助を行う。また、里親等が集い、養育についての話し合い等相互の交流を定期的に行い、情報交換や養育技術の向上を図る。里親等相談支援員及び心理訪問支援員を配置することが可能である。

・共働き家庭里親委託促進事業

　　企業に働きかけ、里親委託と就業の両立が可能となるような仕組みづくりを官民連携の下、共有し、分析・検証し、その成果を全国的に普及拡大する。

おわりに

　私たちが想像することもできなかったコロナ禍の子どもと家族の支援は、子どもの笑顔に支えられながらも、困難ばかりで、手探りの日々です。私の所属する乳児院では、コロナ禍であるため特別な配慮とご協力をいただきながらも、実家族や里親家庭との面会交流が継続され、複数名の子どもたちが、家庭復帰をし、里親家庭での生活をスタートさせています。特に新生児委託では、入所後1〜2週間のうちには、長期外泊となります。乳児院がかかわる時間の長短にかかわらず、子どもと里親家庭をつなぐ取り組みは、いつも緊張し、身が引き締まる時間でもあります。子どもの笑顔がこれからも続くこと、家族となる「縁」が切れることなく子どもの成長の中でつながっていくことを願わずにはいられません。毎年繰り返される里親家庭への委託を重ねていく中で、高校卒業や就職、成人のタイミングで子どもたちが戻ってきてくれて、晴れの姿を見せてくれます。時には、子どもが里親と一緒に訪れ、困っていること、難しくなっていることについて一緒に考える機会をくれます。乳児院は、そういった子どもと家族が自分自身のこれまでの営みと成長を振り返る場所という存在意味もあるのだと思っています。

　子どもと里親家庭への支援は、子どもと里親家庭それぞれに私たちが出会ったときから始まり、ずっと続いていきます。それぞれのストーリーに寄り添いながら、重なり合い、ひとつになっていく営みを見守る仕事なのかもしれません。それはその家族の人生と歴史に触れることになり、とても繊細な世界でもあります。きっと私たちはその魅力に引き付けられて仕事をしているのかもしれません。

　ただし、子どもと里親家庭への取り組みは、子どもとその家族、そして里親家庭それぞれの強みと弱さが混ざり合い形になっていくため、多様で変化に富みます。また、支援をする側の人間の感性とこれまでの営みすら巻き込んでいきます。フォスタリング業務のなかで、「ケースワーク」「アセスメント」「支援」という言葉がぴったりとこないような印象にすらなるのは、そのせいなのかもしれません。

　この巻では、他機関多職種連携とフォスタリング業務に触れられています。「チーム養育」という言葉も多く含まれています。「チーム養育」のメンバーとなる関係機関は多く存在しますが、そのなかでも、子どもと家族が、自身のチームメンバーを選び取れるような工夫も必要となります。そして、私たちかかわる職員は、「その職種にただ配置されたから」ではなく、「その職種や仕事として携わること」に責任が伴うことを忘れてはなり

ません。だからこそ、「専門職」を名乗るからには、選びとられる人であるように日々の研鑽が必要となります。子ども自身、そして里親家庭、ときには実家族も含んだ多様なチーム編成の中で、子どもを見失うことなく、子どもたちがその子らしく伸びやかに成長していく姿を見守ることができるようなフォスタリング機関と多職種連携が求められています。

　この巻のそういった連携のチャレンジはこれからもずっと発展していきます。その成長を止めずそれぞれの強みを活かすことこそ、フォスタリング業務の要です。

　ぜひ、この本に触れていただいたみなさんが、自身のチームメンバーに想いを巡らせながら、つぎの一歩のヒントを得られることを期待し、祈りたいと思います。

2021年7月

長 田 淳 子

▌編集代表

相澤 仁（あいざわ・まさし）

1956 年埼玉県生まれ。

立教大学大学院文学研究科教育学専攻博士課程後期課程満期退学。

国立武蔵野学院長を経て、2016 年 4 月より、大分大学福祉健康科学部教授。

日本子ども家庭福祉学会会長、日本子ども虐待防止学会理事。

『子どもを健やかに養育するために』（共編、2003 年、日本児童福祉協会）、『児童生活臨床と社会的養護』（分担執筆、2012 年、金剛出版）、『やさしくわかる社会的養護シリーズ全 7 巻』（編集代表、2012 ～ 2014 年、明石書店）

▌編集

渡邊 守（わたなべ・まもる）

1971 年生まれ。

Monash University, Master of Social Work 修了。

2005 年より大阪府にて里親登録をし、約 5 年間養育里親として養育を担う。

2010 年より、家庭養護の質の向上のため、里親支援に関わる事業を行う特定非営利活動法人キーアセットの代表を務め現在に至る。

長田淳子（ちょうだ・じゅんこ）

1976 年生まれ。

龍谷大学大学院文学研究科博士後期課程単位取得満期退学。

滋賀県中央子ども家庭相談センター（児童相談所）虐待対応相談員を経て、2005 年より社会福祉法人二葉保育園二葉乳児院入職。里親担当ワーカー・心理療法担当の後、2008 年度より東京都里親支援機関事業を担当し、東京都児童相談センターにて業務を行う。

2020 年より二葉乳児院フォスタリングチーム統括責任者・副施設長。

2013 年から 2020 年まで青山学院女子短期大学非常勤講師「里親養育論」担当。

臨床心理士・精神保健福祉士・公認心理師。養育里親。

▌執筆者一覧〈執筆順、（　）は担当個所〉

長田　淳子　二葉乳児院副施設長・里親支援統括責任者（第 1 章、第 3 章、第 4 章、第 9 章）

渡邊　　守　特定非営利活動法人キーアセット代表（第 1 章、第 4 章、コラム）

河村　千代　二葉乳児院職員（第 2 章）

特定非営利活動法人キーアセット（第 2 章）

佐野多恵子　静岡市里親家庭支援センター主任／フォスタリングアドバイザー（第 2 章）

米沢　普子　公益社団法人家庭養護促進協会主任ケースワーカー（第 3 章）

佐藤　　剛　東京都品川児童相談所児童福祉司／元・厚生労働省児童福祉専門官（第 3 章）

矢内　陽子　社会福祉法人唐池学園ドルカスベビーホーム施設長（第 3 章）

三輪　清子　明治学院大学社会学部准教授（第 5 章）

横堀　昌子　青山学院大学コミュニティ人間科学部教授（第 6 章）

菅野　道英　元・滋賀県彦根子ども家庭相談センター所長（第 7 章、コラム）

安部　計彦　西南学院大学人間科学部教授（第 8 章）

佐藤まゆみ　淑徳大学短期大学部こども学科教授（第 10 章）

奥田　晃久　明星大学教育学部教育学科特任教授（第 10 章）

花田　悦子　児童養護施設 報恩母の家施設長（第 11 章）

橋本　達昌　全国児童家庭支援センター協議会会長（第 12 章）

山本　朝美　社会福祉法人小鳩会理事長（第 12 章）

石田　芳朗　児童養護施設 至誠学園施設長（第 13 章）

河野　洋子　大分県福祉保健部こども・家庭支援課長（第 14 章）

牧野　博子　NPO 法人里親子支援機関えがお理事長（第 15 章）

中村みどり　Children's Views & Voices 副代表（第 16 章）

長田　浩志　内閣官房（こども政策推進体制検討チーム）内閣審議官（コラム）

藤井　康弘　元・厚生労働省障害保健福祉部長（コラム）

北川　聡子　社会福祉法人麦の子会理事長（コラム）

西尾　寿一　東京都福祉保健局子供・子育て施策推進担当部長（コラム）

相澤　　仁　大分大学福祉健康科学部教授（コラム）

松永　　忠　児童養護施設 光の園施設長（コラム）

齋藤　直巨　一般社団法人グローハッピー代表理事・養育里親（コラム）

シリーズ みんなで育てる家庭養護 里親・ファミリーホーム・養子縁組 **2**

ネットワークによるフォスタリング

2021年8月31日　初版第1刷発行

編集代表　　相　澤　　仁
編　　集　　渡　邊　　守
　　　　　　長　田　淳　子
発 行 者　　大　江　道　雅
発 行 所　　株式会社　明石書店
〒101-0021　東京都千代田区外神田6-9-5
　　　　　　電　話　03（5818）1171
　　　　　　ＦＡＸ　03（5818）1174
　　　　　　振　替　00100-7-24505
　　　　　　https://www.akashi.co.jp/
装丁　　　　　　　　谷川のりこ
印刷・製本　モリモト印刷株式会社

（定価はカバーに表示してあります）　　　　　ISBN978-4-7503-5235-0